VALLE-INCLÁN

FLORES DE ALMENDRO

Prólogo
de
JUAN BAUTISTA BERGUA

Colección **La Crítica Literaria**
www.LaCriticaLiteraria.com

Copyright del texto: ©2010 J. Bergua
Ediciones Ibéricas - Clásicos Bergua - Librería-Editorial Bergua
Madrid (España)

Copyright de esta edición: ©2010 LaCriticaLiteraria.com
Colección La Crítica Literaria
www.LaCriticaLiteraria.com
ISBN: 978-84-7083-147-8

Ediciones Ibéricas - LaCriticaLiteraria.com
Calle Ferraz, 26
28008 Madrid
www.EdicionesIbericas.es
www.LaCriticaLiteraria.com

Impreso por LSI

Todos los derechos reservados. Esta publicación no puede ser reproducida, ni en su totalidad ni en parte, ni ser registrada en, o transmitida por, un sistema de recuperación de información, en ninguna forma ni por ningún medio, sea mecánico, fotoquímico, electrónico, magnético, electroóptico, por fotocopia, o cualquier otro, sin el permiso previo por escrito de la editorial.

Cualquier forma de reproducción, distribución, comunicación pública o transformación de esta obra solo puede ser realizada con la autorización de sus titulares, salvo excepción prevista por la ley. Diríjase a CEDRO (Centro Español de Derechos Reprográficos - www.cedro.org) para más información.

All rights reserved. No part if this book may be reproduced or transmitted in any form, by any means (digital, electronic, recording, photocopying or otherwise) without the prior permission of the publisher.

CONTENIDOS

EL CRÍTICO - Juan Bautista Bergua 5
EL PORQUE DE ESTE LIBRO 7
"FLORES DE ALMENDRO" 13
Juan Quinto 14
La Adoración De Los Reyes 17
El Miedo 20
Tragedia De Ensueño 23
Beatriz 27
Un Cabecilla 36
La Misa De San Electus 39
El Rey De La Máscara 42
Mi Hermana Antonia 46
Del Misterio 57
A Medianoche 60
Mi Bisabuelo 63
Rosarito 67
Comedia De Ensueño 79
Milón De La Arnoya 84
Un Ejemplo 87
Nochebuena 90
Tula Varona 93
Octavia 102
La Condesa De Cela 108
Rosita 120
Eulalia 133
Augusta 146
La Generala 156

LaCriticaLiteraria.com

¡Malpocado! 162

Geórgicas 165

Fue Satanás 168

La Hueste 172

Una Desconocida 174

Hierbas Olorosas 177

La Niña Chole 180

Adega 194

    Primera Estancia 194

    Segunda Estancia 200

    Tercera Estancia 210

    Cuarta Estancia 219

    Quinta Estancia 229

LA CRÍTICA LITERARIA 237

EL CRÍTICO - JUAN BAUTISTA BERGUA

Juan Bautista Bergua nació en España en 1892. Ya desde joven sobresalió por su capacidad para el estudio y su determinación para el trabajo. A los 16 años empezó la universidad y obtuvo el título de abogado en tan sólo dos años. Fascinado por los idiomas, en especial los clásicos, latín y griego, llegó a convertirse en un célebre crítico literario, traductor de una gran colección de obras de la literatura clásica y en un especialista en filosofía y religiones del mundo. A lo largo de su extraordinaria vida tradujo por primera vez al español las más importantes obras de la antigüedad, además de ser autor de numerosos títulos propios.

SU LIBRERÍA, LA EDITORIAL Y LA "GENERACIÓN DEL 27"

Juan B. Bergua fundó la Librería-Editorial Bergua en 1927, luego Ediciones Ibéricas y Clásicos Bergua. Quiso que la lectura de España dejara de ser una afición elitista. Publicó títulos importantes a precios asequibles a todos, entre otros, los diálogos de Platón, las obras de Darwin, Sócrates, Pitágoras, Séneca, Descartes, Voltaire, Erasmo de Rotterdam, Nietzsche, Kant y las poemas épicos de La Ilíada, La Odisea y La Eneida. Se atrevió con colecciones de las grandes obras eróticas, filosóficas, políticas, y la literatura y poesía castellana. Su librería fue un epicentro cultural para los aficionados a literatura, y sus compañeros fueron conocidos autores y poetas como Valle-Inclán, Machado y los de la Generación del 27.

EL PARTIDO COMUNISTA LIBRE ESPAÑOL
Y LAS AMENAZAS DE LA IZQUIERDA

Poco antes de la Guerra Civil Española, en los años 30, Juan B. Bergua publicó varios títulos sobre el comunismo. El éxito, mucho mayor de lo esperado, le llevó a fundar el Partido Comunista Libre Español que llegaría a tener mas de 12.000 afiliados, superando en número al Partido Comunista prosoviético oficial existente. Su carrera política no duró mucho después que estos últimos le amenazaran de muerte viéndose obligado a esconderse en Getafe.

LA CENSURA, QUEMA DE LIBROS
Y SENTENCIA DE MUERTE DE LA DERECHA

Juan B. Bergua ofreció a la sociedad española la oportunidad de conocer otras culturas, la literatura universal y las religiones del mundo, algo peligrosamente progresivo durante la dictadura de Franco, época reacia a cualquier ideología en desacuerdo con la iglesia católica.
En el 1936 el ejército nacionalista de General Franco llegó hasta Getafe, donde Bergua tenía los almacenes de la editorial. Fue capturado, encarcelado y sentenciado a muerte por los Falangistas, la extrema derecha.

Mientras estuvo en la cárcel temiendo su fusilamiento, los falangistas quemaron miles de libros de sus almacenes por encontrarlos contradictorios a la Censura, todas las existencias de las colecciones de la Historia de Las Religiones y la Mitología Universal, los libros sagrados de los muertos de los Egipcios y Tibetanos, las traducciones de El Corán, El Avesta de Zoroastrismo, Los Vedas (hinduismo), las enseñanzas de Confucio y El Mito de Jesús de Georg Brandes, entre otros.

Aparte de los libros religiosos y políticos, los falangistas quemaron otras colecciones como Los Grandes Hitos Del Pensamiento. Ardieron 40.000 ejemplares de La Crítica de la Razón Pura de Kant, y miles de libros más de la filosofía y la literatura clásica universal. La pérdida de su negocio fue un golpe tremendo, el fin de tantos esfuerzos y el sustento para él y su familia…fue una gran pérdida también para el pueblo español.

Protegido por General Mola y exiliado a Francia

Cuando General Emilio Mola, jefe del Ejército del Norte nacionalista y gran amigo de Bergua, recibe el telegrama de su detención en Getafe intercede inmediatamente para evitar su fusilamiento. Le fue alternando en cárceles según el peligro en cada momento. No hay que olvidar que durante la guerra civil, los falangistas iban a buscar a los "rojos peligrosos" a las cárceles, o a sus casas, y los llevaban en camiones a las afueras de las ciudades para fusilarlos.

¿El General y "El Rojo"? Su amistad venia de cuando Mola había sido Director General de Seguridad antes de la guerra civil. En 1931, tras la proclamación de la Segunda República, Mola se refugió durante casi tres meses en casa de Bergua y para solventar sus dificultades económicas Bergua publicó sus memorias. Mola fue encarcelado, pero en 1934 regresó al ejército nacionalista y en 1936 encabezó el golpe de estado contra la República que dio origen a la Guerra Civil Española. Mola fue nombrado jefe del Ejército del Norte de España, mientras Franco controlaba el Sur.

Tras la muerte de Mola en 1937, su coronel ayudante dio a Bergua un salvoconducto con el que pudo escapar a Francia. Allí siguió traduciendo y escribiendo sus libros y comentarios. En 1959, después de 22 años de exilio, el escritor regresó a España y a sus 65 años comenzó a publicar de nuevo hasta su fallecimiento en 1991. Juan Bautista Bergua llegó a su fin casi centenario.

Escritor, traductor y maestro de la literatura clásica, todas sus traducciones están acompañadas de extensas y exhaustivas anotaciones referentes a la obra original. Gracias a su dedicado esfuerzo y su cuidado en los detalles, nos sumerge con su prosa clara y su perspicaz sentido del humor en las grandes obras de la literatura universal con prólogos y notas fundamentales para su entendimiento y disfrute.

Cultura unde abiit, libertas nunquam redit.
Donde no hay cultura, la libertad no existe.

El Editor

EL PORQUE DE ESTE LIBRO

Este libro debe en gran parte su aparición a don Luis Ruiz Contreras.

Suele don Luis venir a vernos todas las mañanas que sale de su casa, y una de ellas me dijo al entrar:

—Vengo de ver a Valle-Inclán, que está enfermo. No sé cómo vive. Es decir, sí lo sé: vive a fuerza de espíritu, porque no tiene sino la piel y los huesos. Además, anda mal de dinero. Vosotros, que vendéis ahora tanto libro, ¿por qué no le publicáis algo? Además de hacerle un favor, sería seguramente para vosotros un buen negocio. Valle, como sabéis mejor que yo, es de los pocos que aun se venden. Por supuesto, se vende porque debe venderse y se seguirá vendiendo durante mucho tiempo, pues lejos de agotarse, diríase que desde "Tirano Banderas" ha empezado lo más consistente de su obra.

—Por mi parte—respondí—no hay inconveniente alguno. Es más, tengo el propósito de emprender la publicación de una biblioteca parecida a la "Biblioteca de Bolsillo"; es decir, barata y bien presentada, pero exclusivamente de literatura moderna, y bien pudiéramos romper fuego con un libro suyo.

—¿Le digo entonces que he hablado contigo y que aceptas en principio?

—Desde luego.

—Pues esta misma tarde volveré a su casa. Tenía que llevarle unos libros que le he prometido, y con este motivo no lo dejaré para mañana. Se alegrará.

—Me parece muy bien.

—Lo malo es que si quieres cosa inédita no sé si te la podrá dar. Tiene, por lo que me ha dicho, algo de la serie del "Ruedo Ibérico" entre manos; pero apenas esbozado.

—No hace falta que sea nuevo precisamente—repliqué—. Como la base de esta biblioteca que tengo en planta han de ser obras seleccionadas de entre lo ya publicado, por lo menos en un principio (que precisamente mi propósito es dar lo mejor de los autores contemporáneos en ediciones bellas, íntegras y a bajo precio), Valle-Inclán, podía cedernos, por ejemplo, todos los cuentos de su primera época.

—Me parece una buena idea.

Esa serie de narraciones primorosas que después ha barajado con gran habilidad repartiéndolas en ocho o diez libros, incluso intercalando unas en otras, como "¡Malpocado!" (que es tal vez lo que más me gusta de él), y "Egloga", que metió luego en "Adega" (que también es bellísima); la misma, por cierto, que sin otras alteraciones que unos motivos ornamentales al gusto italiano y una letra mayor, integra "Flor de Santidad" en una edición posterior.

—Pues vaya a verle cuando quiera y dígaselo.

—Sí, sí; quedará un tomo muy bonito.

Aquella misma tarde me llamó don Luis por teléfono.

—Acabo de hablar con Valle y se ha puesto muy contento. Te espera mañana a las once. Si no puedes ir, avísale y dale tú hora.

—Puedo e iré. Gracias, don Luis.

A las once en punto subía las escaleras de la casa de la plaza del Progeso donde vivía el admirable escritor.

Me recibió en la alcoba. Llevaba varios días en la cama. Don Luis no había exagerado al decir que no tenía sino la piel y los huesos. Se adivinaba un esqueleto bajo la inmaculada camisa de seda blanca que le cubría. Pero los ojos, tras las gafas enormes, tenían una vida extraordinaria. Y ojos, cabellos, barba y gafas, todo tan desproporcionado con la carita amarilla que más se adivinaba que se veía bajo la imponente exuberancia pilosa, daban al un poco extraño conjunto un tinte de pulcritud y un sello de originalidad sumamente agradable.

Me tendió una mano cuya frialdad y delgadez daba pena.

—Fuí amigo de su padre, Bergua. De esto hace años. De recién llegado a Madrid. Le recuerdo muy bien. Era un hombre no tan sólo extraordinariamente simpático y muy inteligente, sino de gratísima presencia. Entonces iba yo con frecuencia su librería, que era, no como ahora, sino muy pequeñita y formando una rinconada con la casa inmediata de la calle que entonces era de Capellanes, rinconada que su padre utilizaba como escaparate, pues no tenía otro. Usted tal vez no lo recuerde, pues hace, como le digo, mucho tiempo.

—Le agradezco a usted el piropo, don Ramón, pero no lo merezco. Estoy arañando los cuarenta y esto que usted dice sería allá por el novecientos, de modo que me acuerdo, me acuerdo perfectamente.

—Si, por entonces. Y por entonces sería también cuando la agrandó y cuando tiraron la casa que formaba la rinconada y todas las que seguían, ampliando la calle, a la que llamaron de Mariana Pineda.

—Exacto.

—Usted, por su parte, ha dado el salto de librero a editor.

—No había más remedio. El campo de librero me resultaba un poco reducido aquí, donde tan pocos libros se venden. De editor puede volarse más alto. Si se acierta, claro está.

—Usted va bien encaminado. Sobre todo, que tiene usted una base más sólida para este negocio que la que suelen tener los editores españoles, que todo lo fían en el dinero o en la suerte. Y, claro, el editor que tropieza con un buen director literario; es decir, que encuentra lo que le falta: cabeza, se hace de oro (Zerolo ha hecho ganar millones a la casa Garnier, de París), y el que no, se hunde, a menos que se enamore de él la Fortuna.

—Para mí es una gran ventaja el haber sido previamente librero muchos años, pues conozco lo que el mercado de libros necesita y lo que el público quiere.

—Y algo más, Bergua, algo más. Pero vamos a lo que le trae. Me ha dicho Contreras que quiere usted recoger en un volumen todos los cuentos de mi primera época.

—Eso había pensado.

—Me parece muy bien la idea. Será para darlos en su "Biblioteca de Bolsillo", ¿verdad?

—En otra parecida que pienso inaugurar precisamente con usted, don Ramón.

—Pues le diré a usted que lo siento, porque me hubiese gustado que fuese en la de Bolsillo. Creo que le va a ser a usted difícil hacer otra con el éxito de ésta, que es un verdadero acierto. No creo que nadie, dado su precio, sobre todo, sea capaz de hacer más ni mejor. Además, me halagaba, la verdad—siguió sonriendo—, codearme con los clásicos universales, ¡qué caramba!

—Entonces vamos a hacer una cosa: Usted me va a autorizar para publicar sus cuentos, ora en la nueva colección, ora en la de Bolsillo, por si acaso aquélla se retrasase.

—Por supuesto. Y ya le digo que preferiría fuese en ésta. Además, claro que ello es meterme un poco en lo que no me importa, pero, ¿para qué hacer otra colección si en ésta, que ya tiene usted acreditada, cabe todo lo literario perfectamente? ¿No ha publicado usted ya en ella "Las Canciones de Bilitis", por ejemplo? Por cierto, que ha hecho usted una traducción de la que puede estar orgulloso.

—Gracias, don Ramón.

—No es un cumplido, sino una verdad. Yo he hecho algunas traducciones...

—Del prodigioso Queiroz.

—Sí, y sé lo que cuesta hacer una buena traducción. Creo que más que una cosa original.

—Puede usted asegurarlo. Para mí también, traducir, traducir bien, claro está, es dificilísimo. Tan difícil, que créame que es un verdadero problema el encontrar buenos traductores.

—Como que hace falta conocer muy bien ambos idiomas, el propio y el del que se traduce.

—Y algo más. Hace falta ser escritor. Al menos para las traducciones literarias. Sin ello resultará una versión menos que mediana por bien que se conozca el idioma del que se traduce. Y aun creo que hace falta más, y es estar muy familiarizado con el autor al que se vierte al castellano.

—Familiarizado e identificado. Le aseguro a usted que para mí hubiera sido verdaderamente abrumador traducir a otro que a Queiroz, que tanto me ha gustado siempre.

—Bueno, a lo que íbamos. Usted siga mi consejo y no se meta en lanzar otra colección, ya que el éxito de ésta es seguro.

—Me parece que le voy a hacer a usted caso.

—Sí, hombre, sí. ¿Y sabe usted lo que también me gustaría que reuniese usted en otro tomo de mis obras?

—Qué sé yo.

—Pues las Sonatas.

—¡Ya lo creo! ¡Quedaría precioso!

—Pues si este ensayo no le sale a usted mal, que no le saldrá, se lo garantizo, haremos las Sonatas.

Y como me hiciese gracia la seguridad que tenía en el éxito de sus libros y me viese sonreír, siguió muy animado:

—Si le hablo a usted con esta certeza es porque tengo motivos para ello. Mis libros, en ediciones económicas, se venderán por millares; como se ha vendido "La guerra carlista", publicada por la C. I. A. P., a pesar de ser horrible la edición. ¿Sabe usted a cuál me refiero?

—Sí, a esos tomos de una cincuenta, feos de formato, de papel, de todo, y con esas portadas abominables.

—Pues han hecho de "La guerra carlista" no sé cuántas ediciones.

—Entonces yo haré el doble.

—No le quepa a usted la menor duda. Y tras las Sonatas aun haremos un tercer volumen que reúna, a mi juicio, lo mejor de cuanto he escrito.

—A ver, a ver, ¿qué es lo que estima usted más de su obra?

—"Cara de Plata", "Aguila de Blasón" y "Romance de Lobos". Los tres quedarían a maravilla en un tomo de los suyos.

—Pues así será.

Convinimos el precio y me despedí de él.

—Hasta mañana, pues, don Ramón. Feliz de haberle conocido personalmente.

—Y yo a usted, Bergua. Hasta mañana. No me falte, que ando aún peor de dinero que de salud.

—No tenga usted cuidado.

Y ya trasponía la puerta de la alcoba cuando me llamó.

—¡Bergua!

—Dígame, don Ramón.

—No hemos hablado nada sobre una cosa importantísima. ¿Qué título le va usted a poner al libro? ¿Ha pensado usted en esto?

—No, la verdad—dije volviendo sobre mis pasos.

—Pues no hay que echarlo en saco roto, porque es esencial. Los títulos son la cara de los libros, y una cara bella para hombres y libros es la mejor recomendación. A mí los títulos me preocupan siempre mucho, y si le dijese que algunos me han costado más que los libros mismos, puede que no mintiese.

—En parte, tiene usted razón.

—¿En parte? ¡En todo!—replicó vivamente.

—Los libros de usted, don Ramón—dije con toda sinceridad—, se venderían hasta sin título.

—¿Es que le parece a usted poco título mi nombre?

—También es verdad.

—No obstante, me preocupo mucho de este detalle, como le digo. ¿Qué efecto le haría a usted en un buen cuadro un manchón de pintura?

—El efecto de deslucirle, evidentemente.

—Pues eso creo yo que hace un título feo, soso o inexpresivo.

—Lo que quiere decir, don Ramón, que tendrá usted que ayudarme a rebautizar a sus primeros hijos espirituales.

—Sí, tenemos que pensarlo despacio hasta dar con algo que les convenga a todos y que...

Algo más dijo, pero yo no seguía ya el hilo de sus palabras. Con esa rapidez con que el pensamiento bucea, como un buen, nadador, por entre su propia trama en busca de luz, una idea había nacido en mi espíritu, engendrada por lo que yo mismo acababa de decir: "sus primeros hijos..." Idea que apenas nacida tomó cuerpo y se me escapó presurosa por los labios.

—¿Y si le pusiéramos por título "Flores de almendro", don Ramón?
—Flores de almendro...
—Claro. ¿No son las flores del almendro las primeras que todos los años anuncian la primavera? ¿Y no son esos cuentos las primeras flores de su genio de escritor? Entonces...
—¡Aceptado!—saltó interrumpiéndome— Aceptado, sí, señor, aceptado. ¡Flores de almendro! ¡Flores de almendro!... ¡Claro está! Y además es bonito... Y suena bien... ¡Flores de almendro!

Y así nació el título del libro que tiene en la mano, y el libro mismo, lector.

JUAN B. BERGUA

VALLE-INCLÁN

"FLORES DE ALMENDRO"

Juan Quinto

Micaela la Galana contaba muchas historias de Juan Quinto, aquel bigardo que, cuando ella era moza, tenía estremecida toda la tierra de Salnés. Contaba cómo una noche, a favor del oscuro, entró a robar en la Rectoral de Santa Baya de Cristamilde. La Rectoral de Santa Baya está vecina de la iglesia, en el fondo verde de un atrio cubierto de sepulturas y sombreado de olivos. En este tiempo de que hablaba Micaela, el rector era un viejo exclaustrado, buen latino y buen teólogo. Tenía fama de ser muy adinerado, y se le veía por las ferias chalaneando caballero en una yegua tordilla, siempre con las alforjas llenas de quesos. Juan Quinto, para robarle, había escalado la ventana, que en tiempo de calores solía dejar abierta el exclaustrado. Trepó el bigardo gateando por el muro, y cuando se encaramaba sobre el alféizar con un cuchillo sujeto entre los dientes, vió al abad incorporado en la cama y bostezando. Juan Quinto saltó dentro de la sala con un grito fiero, ya el cuchillo empuñado. Crujieron las tablas de la tarima con ese pavoroso prestigio que comunica la noche a todos los ruidos. Juan Quinto se acercó a la cama, y halló los ojos del viejo frailuco abiertos y sosegados que le estaban mirando:

—¿Qué mala idea traes, rapaz?

El bigardo levantó el cuchillo:

—La idea que traigo es que me entregue el dinero que tiene escondido, señor abad.

El frailuco rió jocundamente:

—¡Tú eres Juan Quinto!

—Pronto me ha reconocido.

Juan Quinto era alto, fuerte, airoso, cenceño. Tenía la barba de cobre, y las pupilas verdes como dos esmeraldas audaces y exaltadas. Por los caminos, entre chalanes y feriantes, prosperaba la voz de que era muy valeroso, y el exclaustrado conocía todas las hazañas de aquel bigardo que ahora le miraba fijamente, con el cuchillo levantado para aterrorizarle.

—Traigo prisa, señor abad. ¡La bolsa o la vida!

El abad se santiguó:

—Pero tú vienes trastornado. ¿Cuántos vasos apuraste, perdulario? Sabía tu mala conducta, aquí vienen muchos feligreses a dolerse.... ¡Pero, hombre, no me habían dicho que fueses borracho!

Juan Quinto gritó con repentina violencia:

—¡Señor abad, rece el Yo Pecador!

—Rézalo tú, que más falta té hace.

—¡Que le siego la garganta! ¡Que le pico la lengua! ¡Que le como los hígados!

El abad, siempre sosegado, se incorporó en las almohadas:

—¡No seas bárbaro, rapaz!. ¿Qué provecho iba a hacerte tanta carne cruda?

—¡No me juegue de burlas, señor abad! ¡La bolsa o la vida!

—Yo no tengo dinero, y si lo tuviese tampoco iba a ser para ti. ¡Anda a cavar la tierra!

Juan Quinto levantó el cuchillo sobre la cabeza del exclaustrado:

—Señor abad, rece el Yo Pecador.

El abad acabó por fruncir el áspero entrecejo:

—No me da la gana. Si estás borracho, anda a dormirla. Y en lo sucesivo aprende que a mí se me debe otro respeto por mis años y por mi dignidad de eclesiástico.

Aquel bigardo atrevido y violento quedó callado un instante, y luego murmuró con la voz asombrada y cubierta de un velo:

—¡Usted no sabe quién es Juan Quinto!

Antes de responderle, el exclaustrado le miró de alto abajo con grave indulgencia:

—Mejor lo sé que tú mismo, mal cristiano.

Insistió el otro con impotente rabia:

—¡Un león!

—¡Un gato!

—¡Los dineros!

—No los tengo.

—¡Que no me voy sin ellos!

—Pues de huésped no te recibo.

En la ventana, rayaba el día, y los gallos cantaban quebrando albores. Juan Quinto miró a la redonda, por la ancha sala donde el tonsurado dormía, y descubrió una gaveta:

—Me parece que ya di con el nido.

Tosió el frailuco:

—Malos vientos tienes.

Y comenzó a vestirse muy reposadamente y a rezar en latín. De tiempo en tiempo, a par que se santiguaba, dirigía los ojos al bandolero, que iba de un lado al otro cateando. Sonreía socarrón el frailuco y murmuraba a media voz, una voz grave y borbollona:

—Busca, busca. ¡No encuentro yo con el claro día y has de encontrar tú a tentones!...

Cuando acabó de vestirse salió a la solana por ver cómo amanecía. Cantaban los pájaros, estremecíanse las hierbas, todo tornaba a nacer con el alba del día. El abad gritóle al bigardo, que seguía cateando en la gaveta:

—Tráeme el breviario, rapaz.

Juan Quinto apareció con el breviario, y al tomárselo de las manos, el exclaustrado le reconvino lleno de indulgencia:

—Pero ¿quién te aconsejó para haber tomado este mal camino? ¡Ponte a cavar la tierra, rapaz!

—Yo no nací para cavar la tierra. ¡Tengo sangre de señores!

—Pues compra una cuerda y ahórcate, porque para robar tampoco sirves.

Con estas palabras bajó el frailuco las escaleras de la solana, y entró en la iglesia para celebrar su misa. Juan Quinto huyó galgueando a través de unos maizales, pues se venía por los montes la mañana y en la fresca del día muchos campanarios saludaban a Dios. Y fué en esta misma mañana ingenua y fragante cuando robó y mató a un chalán en el camino de Santa María de Meis. Micaela la Galana, en el final del cuento, bajaba la voz santiguándose, y con un murmullo de su boca sin dientes recordaba la genealogía de Juan Quinto:

—Era de buenas familias. Hijo de Remigio de Bealo, nieto de Pedro, que acompañó al difunto señor en la batalla del Puente San Payo. Recemos un Padrenuestro por los muertos y por los vivos.

La Adoración De Los Reyes

Vinde, vinde, Santos Reyes,
vereil, a joya millor,
un meniño
como un brinquiño,
tan bunitiño,
qua o nacer nublou o sol!

Desde la puesta del sol se alzaba el cántico de los pastores en torno de las hogueras, y desde la puesta del sol, guiados por aquella otra luz que apareció inmóvil sobre una colina, caminaban los tres Santos Reyes. Jinetes en camellos blancos, iban los tres en la frescura apacible de la noche atravesando el desierto. Las estrellas fulguraban en el cielo, y la pedrería de las coronas reales fulguraba en sus frentes. Una brisa suave hacía flamear los recamados mantos: el de Gaspar era de púrpura de Corinto; el de Melchor era de púrpura de Tiro; el de Baltasar era de púrpura de Menfis. Esclavos negros, que caminaban a pie enterrando sus sandalias en la arena, guiaban los camellos con una mano puesta en el cabezal de cuero escarlata. Ondulaban sueltos los corvos rendajes y entre sus flecos de seda temblaban cascabeles de oro. Los tres Reyes Magos cabalgaban en fila: Baltasar el egipcio iba delante, y su barba luenga, que descendía sobre el pecho, era a veces esparcida sobre los hombros... Cuando estuvieron a las puertas de la ciudad arrodilláronse los camellos, y los tres Reyes se apearon, y despojándose de las coronas hicieron oración sobre las arenas.

Y Baltasar dijo:

—¡Es llegado el término de nuestra jornada!...

Y Melchor dijo:

—¡Adoremos al que nació Dios de Israel!...

Y Gaspar dijo:

—¡Los ojos le verán y todo será purificado en nosotros!...

Entonces volvieron a montar en sus camellos y entraron en la ciudad por la Puerta Romana, y guiados por la estrella llegaron al establo donde había nacido el Niño. Allí los esclavos negros, como eran idólatras y nada comprendían, llamaron con rudas voces:

—¡Abrid!... ¡Abrid la puerta a nuestros señores!

Entonces los tres Reyes se inclinaron sobre los arzones y hablaron a sus esclavos. Y sucedió que los tres Reyes les decían en voz baja:

—¡Cuidad de no despertar al Niño!

Y aquellos esclavos, llenos de temeroso respeto, quedaron mudos, y los camellos, que permanecían inmóviles ante la puerta, llamaron blandamente con la pezuña, y casi al mismo tiempo aquella puerta de viejo y oloroso cedro se abrió sin ruido. Un anciano de calva sien y nevada barba asomó en el umbral: sobre el armiño de su cabellera luenga y nazarena temblaba el arco de una aureola; su túnica era azul y bordada de estrellas como el cielo de Arabia en las noches serenas, y el manto era rojo, como el mar de Egipto, y el báculo en que se apoyaba era de oro, florecido en lo alto con tres lirios blancos de plata. Al verse en su presencia, los tres Reyes se inclinaron. El anciano sonrió con el candor de un niño y franqueándoles la entrada dijo con santa alegría:

—¡Pasad!

Y aquellos tres Reyes, que llegaban de Oriente en sus camellos blancos, volvieron a inclinar las frentes coronadas, y, arrastrando sus mantos de púrpura y cruzadas las manos sobre el pecho, penetraron en el establo. Sus sandalias bordadas de oro producían un armonioso rumor. El Niño, que dormía en el pesebre sobre rubia paja centena, sonrió en sueños. A su lado hallábase la Madre, que le contemplaba de rodillas con las manos juntas: su ropaje parecía de nubes, sus arracadas parecían de fuego y, como en el lago azul de Genezaret, rielaban en el manto los luceros de la aureola. Un ángel tendía sobre la cuna sus alas de luz, y las pestañas del Niño temblaban como mariposas rubias, y los tres Reyes se postraron para adorarle, y luego besaron los pies del Niño. Para que no se despertase, con las manos apartaban las luengas barbas, que eran graves y solemnes como oraciones. Después se levantaron, y volviéndose a sus camellos le trajeron sus dones: oro, incienso, mirra.

Y Gaspar dijo al ofrecer el oro:

—Para adorarte venimos de Oriente.

Y Melchor dijo al ofrecerle el incienso:

—¡Hemos encontrado al Salvador!

Y Baltasar dijo al ofrecerle la mirra:

—¡Bienaventurados podemos llamarnos entre todos los nacidos!

Y los tres Reyes Magos, despojándose de sus coronas, las dejaron en el pesebre a los pies del Niño. Entonces sus frentes tostadas por el sol y los vientos del desierto se cubrieron de luz, y la huella que había dejado el cerco bordado de pedrería era una corona más bella que sus coronas labradas en Oriente... Y los tres Reyes Magos repitieron como un cántico:

—¡Este es!... ¡Nosotros hemos visto su estrella!

Después se levantaron para irse, porque ya rayaba el alba. La campiña de Belén, verde y húmeda, sonreía en la paz de la mañana con el caserío de sus aldeas disperso, y los molinos lejanos desapareciendo bajo el emparrado de las puertas, y las montañas azules y la nieve en las cumbres. Bajo aquel sol amable que lucía sobre los montes iba por los caminos la gente de las aldeas: un pastor guiaba sus carneros hacia las praderas de Gamalea; mujeres cantando volvían del pozo de Efraín con las ánforas llenas; un viejo cansado picaba la yunta de sus vacas, que se detenían mordisqueando en los vallados, y el humo blanco parecía salir de entre las higueras. Los esclavos negros hicieron arrodillar los camellos y cabalgaron los tres Reyes Magos. Ajenos a todo temor se tornaban a sus tierras, cuando fueron advertidos por el cántico lejano de una vieja y una niña que, sentadas a la puerta de un molino, estaban desgranando espigas de maíz. Y era éste el cantar remoto de las dos voces:

> Camiñade, Santos Reyes,
> por camiños desviados,
> que pollos camiños reas
> Herodes mandou soldados.

El Miedo

Ese largo y angustioso escalofrío que parece mensajero de la muerte, el verdadero escalofrío del miedo, sólo lo he sentido una vez. Fué hace muchos años, en aquel hermoso tiempo de los mayorazgos, cuando se hacía información de nobleza para ser militar. Yo acababa de obtener los cordones de caballero cadete. Hubiera preferido entrar en la Guardia de la Real Persona; pero mi madre se oponía, y, siguiendo la tradición familiar, fuí granadero en el regimiento del Rey. No recuerdo con certeza los años que hace, pero entonces apenas me apuntaba el bozo y hoy ando cerca de ser un viejo caduco. Antes de entrar en el regimiento, mi madre quiso echarme su bendición. La pobre señora vivía retirada en el fondo de una aldea, donde estaba nuestro pazo solariego, y allá fuí sumiso y obediente. La misma tarde que llegué mandó en busca del prior de Brandeso para que viniese a confesarme en la capilla del pazo. Mis hermanas María Isabel y María Fernanda, que eran unas niñas, bajaron a coger rosas al jardín, y mi madre llenó con ellas los floreros del altar. Después me llamó en voz baja para darme su devocionario y decirme que hiciese examen de conciencia.

—Vete a la tribuna, hijo mío. Allí estarás mejor...

La tribuna señorial estaba al lado del Evangelio y comunicaba con la biblioteca. La capilla era húmeda, tenebrosa, resonante. Sobre el retablo campeaba el escudo concedido por ejecutorias de los Reyes Católicos al señor de Bradomín, Pedro Aguiar de Tor, llamado el Chivo y también el Viejo. Aquel caballero estaba enterrado a la derecha del altar: el sepulcro tenía la estatua orante de un guerrero. La lámpara del presbiterio alumbraba día y noche ante el retablo, labrado como joyel de reyes: los áureos racimos de la vid evangélica parecían ofrecerse cargados de fruto. El santo tutelar era aquel piadoso Rey Mago que ofreció mirra al Niño Dios: su túnica de seda bordada de oro brillaba con el resplandor devoto de un milagro oriental. La luz de la lámpara, entre las cadenas de plata, tenía tímido aleteo de pájaro prisionero como si se afanase por volar hacia el Santo. Mi madre quiso que fuesen sus manos las que dejasen aquella tarde a los pies del Rey Mago los floreros cargados de rosas, como ofrenda de su alma devota. Después, acompañada de mis hermanas, se arrodilló ante el altar: yo desde la tribuna solamente oía el murmullo de su voz, que guiaba moribunda las avemarías; pero cuando a las niñas les tocaba responder, oía todas las palabras rituales de la oración. La tarde agonizaba y los rezos resonaban en la silenciosa oscuridad de la capilla, hondos, tristes y augustos como un eco de la Pasión. Yo me adormecía en la tribuna. Las niñas fueron a sentarse en las gradas del altar: sus vestidos eran albos como el lino de los paños litúrgicos. Yo sólo distinguí una sombra que rezaba bajo la lámpara del presbiterio: era mi madre, que sostenía entre sus manos un libro abierto y leía con la cabeza inclinada. De tarde en tarde, el viento mecía la cortina de un alto ventanal: yo entonces veía en el cielo, ya oscuro, la faz de la luna, pálida y sobrenatural como una diosa que tiene su altar en los bosques y en los lagos...

Mi madre cerró el libro dando un suspiro, y de nuevo llamó a las niñas. Vi pasar sus sombras blancas a través del presbiterio y columbré que se arrodillaban a los lados de mi madre. La luz de la lámpara temblaba con un débil resplandor sobre las manos que volvían a sostener abierto el libro. En el silencio la voz leía piadosa y lenta. Las niñas escuchaban, y adiviné sus cabelleras sueltas sobre la albura del ropaje y cayendo a los lados del rostro iguales, tristes, nazarenas. Habíame adormecido, y de pronto me sobresaltaron los gritos de mis hermanas. Miré y las vi en medio del presbiterio abrazadas a mi madre. Gritaban despavoridas. Mi madre las asió de la mano y huyeron las tres. Bajé presuroso. Iba a seguirlas y quedé sobrecogido de terror. En el sepulcro del guerrero se entrechocaban los huesos del esqueleto. Los cabellos se erizaron en mi frente. La capilla había quedado en el mayor silencio, y oíase distintamente el hueco y medroso rodar de la calavera sobre su almohada de piedra. Tuve miedo como no lo he tenido jamás, pero no quise que mi madre y mis hermanas me creyesen cobarde, y permanecí inmóvil en medio del presbiterio, con los ojos fijos en la puerta entreabierta. La luz de la lámpara oscilaba. En lo alto mecíase la cortina de un ventanal, y las nubes pasaban sobre la luna, y las estrellas se, encendían y se apagaban como nuestras vidas. De pronto, allá lejos, resonó festivo ladrar de perros y música de cascabeles. Una voz grave y eclesiástica llamaba:

—¡Aquí, Carabel! ¡Aquí, Capitán!...

Era el prior de Brandeso que llegaba para confesarme. Después oí la voz de mi madre, trémula y asustada, y percibí distintamente la carrera retozona de los perros. La voz grave y eclesiástica se elevaba lentamente, como un canto gregoriano:

—Ahora veremos qué ha sido ello... Cosa del otro mundo no; lo es, seguramente... ¡Aquí, Carabel! ¡Aquí, Capitán!...

Y el prior de Brandeso, precedido de sus lebreles, apareció en la puerta de la capilla:

—¿Qué sucede, señor grañadero del rey?

Yo repuse con la voz ahogada:

—¡Señor prior, he oído temblar el esqueleto dentro del sepulcro!...

El prior atravesó lentamente la capilla: era un hombre arrogante y erguido. En sus años juveniles también había sido granadero del rey. Llegó hasta mí, sin recoger el vuelo de sus hábitos blancos, y afirmándome una mano en el hombro y mirándome la faz descolorida, pronunció gravemente:

—¡Que nunca pueda decir el prior de Brandeso que ha vísto temblar a un granadero del rey!...

No levantó la mano de mi hombro, y permanecimos inmóviles, contemplándonos sin hablar. En aquel silencio oímos rodar la calavera del guerrero. La mano del prior no tembló. A nuestro lado los perros enderezaban las orejas con el cuello espeluznado. De nuevo oímos rodar la calavera sobre su almohada de piedra. El prior me sacudió:

—¡Señor granadero del rey, hay que saber si son trasgos o brujas!...

Y se acercó al sepulcro y asió las dos anillas de bronce empotradas en una de las losas, aquella que tenía el epitafio. Me acerqué temblando. El prior me miró sin desplegar los labios. Yo puse mi mano sobre la suya en una anilla y tiré. Lentamente alzamos la piedra. El hueco, negro y frío, quedó ante nosotros. Yo vi que la árida y amarillenta calavera aun se movía. El prior alargó un brazo dentro del sepulcro para cogerla. Después, sin una palabra y sin un gesto, me la entregó. La recibí temblando. Yo estaba en medio del presbiterio y la luz de la lámpara caía sobre mis manos. Al fijar los ojos las sacudí con horror. Tenía entre ellas un nido de culebras que se desanillaron silbando, mientras la calavera rodaba con hueco y liviano son todas las gradas del presbiterio. El prior me miró con sus ojos de guerrero, que fulguraban bajo la capucha como bajo la visera de un casco:

—Señor granadero del rey, no hay absolución... ¡Yo no absuelvo a los cobardes!

Y con rudo empaque salió sin recoger el vuelo de sus blancos hábitos talares. Las palabras del prior de Brandeso resonaron mucho tiempo en mis oídos: resuenan aún. ¡Tal vez por ellas he sabido más tarde sonreír a la muerte como a una mujer!...

Tragedia De Ensueño

(Han dejado abierta la casa y parece abandonada... El niño duerme fuera, en la paz de la tarde que agoniza, bajo el emparrado de la vid. Sentada en el umbral, una vieja mueve la cuna con el pie, mientras sus dedos arrugados hacen girar el huso de la rueca. Hila la vieja, copo tras copo, el lino moreno de su campo. Tiene cien años: el cabello, plateado; los ojos, faltos de vista; la barbeta, temblorosa.)

LA ABUELA.— ¡Cuántos trabajos nos aguardan en este mundo! Siete hijos tuve, y mis manos tuvieron que coser siete mortajas... Los hijos me fueron dados para que conociese las penas de criarlos, y luego, uno a uno, me los quitó la muerte cuando podían ser ayuda de mis años. Estos tristes ojos aun no se cansan de llorarlos. ¡Eran siete reyes, mozos y gentiles!... Sus viudas volvieron a casarse, y por delante de mi puerta vi pasar el cortejo de sus segundas bodas, y por delante de mi puerta vi pasar después los alegres bautizos... ¡Ah! Solamente el corro de mis nietos se deshojó como una rosa de mayo... ¡Y eran tantos, que mis dedos se cansaban hilando día y noche sus pañales!... A todos los llevaron por ese camino donde cantan los sapos y el ruiseñor. ¡Cuánto han llorado mis ojos! Quedé ciega viendo pasar sus blancas cajas de ángeles ¡Cuánto han llorado mis ojos y cuánto tienen todavía que llorar! Hace tres noches que aúllan los perros a mi puerta. Yo esperaba que la muerte me dejase este nieto pequeño, y también llega por él... ¡Era, entre todos, el que más quería!... Cuando enterraron a su padre aun no era nacido; cuando enterraron a su madre aun no era bautizado... ¡Por eso era, entre todos, el que más quería!... Ibale criando con cientos de trabajos. Tuve una oveja blanca que le servía de nodriza, pero la comieron los lobos en el monte... ¡Y el nieto mío se marchita como una flor! ¡Y el nieto mío se muere lenta, lentamente, como las pobres estrellas, que no pueden contemplar el amanecer!

(La vieja llora y el niño se despierta. La vieja se inclina sollozando sobre la cuna, y con las manos temblorosas la recorre a tientas, buscando dónde está la cabecera. Al fin se incorpora con el niño en brazos: le oprime contra el seno, árido y muerto, y lloran hilo a hilo sus ojos ciegos; con las lágrimas detenidas en el surco venerable de las arrugas, canta por ver de acallarle. Canta la abuela una antigua tonadilla. Al oírla se detienen en el camino tres doncellas que vuelven del río, cansadas de lavar y tender, de sol a sol, las ricas ambas de hilo de Arabia. Son tres hermanas azafatas en los palacios del rey: la mayor se llama Andara; la mediana, Isabela; la pequeña, Aladina.)

LA MAYOR.—¡Pobre abuela, canta para matar su pena!
LA MEDIANA.—¡Canta siempre que llora el niño!
LA PEQUEÑA.—¿Sabéis vosotras por qué llora el niño?... Aquella oveja blanca que le criaba se extravió en el monte, y por eso llora el niño...

LAS DOS HERMANAS.-¿Tú le has visto?... ¿Cuándo fué que le has visto?
LA PEQUEÑA.—Al amanecer le vi dormido en la cuna. Está más blanco que la espuma del río donde nosotras lavamos. Me parecía que mis manos al tocarle se llevaban algo de su vida, como si fuese un aroma que las santificase.
LAS DOS HERMANAS.—Ahora al pasar nos detendremos a besarle.
LA PEQUEÑA.—¿Y qué diremos cuando nos interrogue la abuela?... A mí me dió una tela hilada y tejida por sus manos para que la lavase, y al mojarlase la llevó la corriente...
LA MEDIANA.—A mí me dió un lenzuelo de la cuna, y al tenderlo al sól se lo llevó el viento...
LA MAYOR.—A mí me dió una madeja de lino, y, al recogerla del zarzal donde la había puesto a secar, un pájaro negro se la llevó en el pico...
LA PEQUEÑA.—¡Yo no sé qué le diremos!...
LA MEDIANA.—Yo tampoco, hermana mía.
LA MAYOR.—Pasaremos en silencio. Como está ciega no puede vernos.
LA MEDIANA.—Su oído conoce las pisadas.
LA MAYOR.—Las apagaremos en la hierba.
LA PEQUEÑA.—Sus ojos adivinan las sombras.
LA MAYOR.—Hoy están cansados de llorar.
LA MEDIANA.—Vamos, pues, todo por la orilla del camino, que es donde la hierba está crecida.

(Las tres hermanas, Andara, Isabela y Aladina, van en silencio andando por la orilla del camino. La vieja levanta un momento los ojos sin vista; después sigue meciendo y cantando al niño. Las tres hermanas, cuando han pasado, vuelven la cabeza: se alejan y desaparecen, una tras otra, en la revuelta. Allá, por la falda de la colina, asoma un pastor. Camina despacio, y al andar se apoya en el cayado: es muy anciano, vestido todo de pieles, con la barba nevada y solemne: parece uno de aquellos piadosos pastores que adoraron al Niño Jesús en el Establo de Belén.)

EL PASTOR.—Ya se pone el sol. ¿Por qué no entras en la casa con tu nieto?
LA ABUELA.—Dentro de la casa anda la muerte... ¿No la sientes batir las puertas?
EL PASTOR.—Es el viento que viene con la noche...
LA ABUELA.—¡Ah!... ¡Tú piensas que es el viento!... ¡Es la muerte!...
EL PASTOR.—¿La oveja no ha parecido?
LA ABUELA.—La oveja no ha parecido, ni parecerá...
EL PASTOR.—Mis zagales la buscaron dos días enteros... Se han cansado ellos y los canes...
LA ABUELA.—¡Y el lobo ríe en su cubil!...
EL PASTOR.—Yo también me cansé buscándola.
LA ABUELA.—¡Y todos nos cansaremos!... Solamente el niño seguirá llamándola en su lloro, y seguirá, y seguirá...

EL PASTOR.—Yo escogeré en mi rebaño una oveja mansa.
LA ABUELA.—No la hallarás Las ovejas mansas las comen los lobos.
EL PASTOR.—Mi rebaño tiene tres canes vigilantes. Cuando yo vuelva del monte, le ofreceré al niño una oveja con su cordero blanco.
LA ABUELA.—¡Ah! ¡Cuánto temía que la esperanza llegase y se cobijara en mi corazón como en un nido viejo abandonado bajo el alar!...
EL PASTOR.—La esperanza es un pájaro que va cantando por todos los corazones.
LA ABUELA. — Soy una pobre desvalida, pero mientras conservasen tiento mis dedos, hilarían para su regalo cuanta lana diere la oveja. ¡Pero no vivirá el nieto mío!... Hace ya tres días, desde que aúllan los perros, cuando le alzo de la cuna siento batir sus alas de ángel como si quisiese aprender a volar...

(Vuelve a llorar el niño, pero con un vagido cada ves más débil y desconsolado; vuelve su abuela a mecerle con la antigua tonadilla. El pastor se aleja lentamente, pasa por un campo verde, donde están jugando a la rueda... Canta el corro infantil la misma tonadilla que la abuela; al deshacerse, unas niñas con la falda llena de flores se acercan a la vieja, que no las siente, y sigue meciendo a su nieto. Las niñas se miran en silencio y se sonríen. La abuela deja de cantar y acuesta al nieto en la cuna.)

LAS NIÑAS.—¿Se ha dormido, abuela?
LA ABUELA.—Sí; se ha dormido.
LAS NIÑAS.—¡Qué blanco está!... ¡Pero no duerme, abuela!... Tiene los ojos abiertos... Parece que mira una cosa que no se ve...
LA ABUELA. — ¡Una cosa que no se ve!... ¡Es la otra vida!...
LAS NIÑAS.—Se sonríe y cierra los ojos...
LAS ABUELA.—Con ellos cerrados seguirá viendo lo mismo que antes veía. Es su alma blanca la que mira.
LAS NIÑAS.—¡Se sonríe!... ¿Por qué se sonríe con los ojos cerrados?..
LA ABUELA.—Sonríe a los ángeles.

(Una ráfaga de viento pasa sobre las sueltas cabelleras, sin ondularlas. Es un viento frío que hace llorar los ojos de la abuela. El nieto permanece inmóvil en la cuna. Las niñas se alejan pálidas y miedosas, lentamente, en silencio, cogidas de la mano.)

LA ABUELA.—¿Dónde estáis?... Decidme: ¿Se sonríe aún?
LAS NIÑAS.—No, ya no se sonríe...
LA ABUELA.—¿Dónde estáis?
LAS NIÑAS.—Nos vamos ya...

(Se sueltan las manos y huyen. A lo lejos suena una esquila. La abuela se encorva escuchando... Es la oveja-familiar, que vuelve para que mame el niño: llega como el don de un Rey Mago, con las ubres llenas de bien. Reconoce los lugares y se acerca con dulce balido: trae el vellón peinado por los tojos y las zarzas del monte. La vieja extiende sobre la cuna las manos para levantar al niño. ¡Pero las pobres manos arrugadas, temblonas y seniles hallan que el niño está yerto!)

LA ABUELA.—¡Ya me has dejado, nieto mío! ¡Qué sola me has dejado! ¡Oh! ¿Por qué tu alma de ángel no puso un beso en mi boca y se llevó mi alma cargada de penas?... Eras tú como un ramo de blancas rosas en esta capilla triste de mi vida... Si me tendías los brazos eran las alas inocentes de los ruiseñores que encantan en el cielo a los Santos Patriarcas; si me besaba tu boca, era una ventana llena de sol que se abría sobre la noche... ¡Eras tú como un cirio de blanca cera en esta capilla oscura de mi alma!... ¡Vuélveme al nieto mío, muerte negra!... ¡Vuélveme al nieto mío!...

(Con los brazos extendidos, entra en la casa desierta seguida de la oveja. Bajo el techado resuenan sus gritos. Y el viento anda a batir las puertas.)

Beatriz

I. Cercaba el palacio un jardín señorial, lleno de noble recogimiento. Entre mirtos seculares, blanqueaban estatuas de dioses: ¡pobres estatuas mutiladas! Los cedros y los laureles cimbreaban con augusta melancolía sobre las fuentes abandonadas: algún tritón, cubierto de hojas, borboteaba a intervalos su risa quimérica, y el agua temblaba en la sombra con latido de vida misteriosa y encantada.

La condesa casi nunca salía del palacio: contemplaba el jardín desde el balcón plateresco de su alcoba, y con la sonrisa amable de las devotas linajudas le pedía a fray Angel, su capellán, que cortase las rosas para el altar de la capilla. Era muy piadosa la condesa. Vivía como una priora noble retirada en las estancias tristes y silenciosas de su palacio, con los ojos vueltos hacia el pasado: ¡ese pasado que los reyes de armas poblaron de leyendas heráldicas! Carlota Elena Aguiar y Bolaño, condesa de Porta-Dei, las aprendiera cuando niña deletreando los rancios nobiliarios. Descendía de la casa de Barbanzón, una de las más antiguas y esclarecidas, según afirman ejecutorias de nobleza y cartas de hidalguía signadas por el señor rey Don Carlos I. La condesa guardaba como reliquias aquellas páginas infanzonas aforradas en velludo carmesí, que de los siglos pasados hacían gallarda remembranza con sus grandes letras floridas, sus orlas historiadas, sus grifos heráldicos, sus emblemas caballerescos, sus cimeras empenachadas y sus escudos de dieciséis cuarteles, miniados con paciencia monástica, de gules y de azur, de oro y de plata, de sable y de sinopie.

La condesa era unigénita del célebre marqués de Barbanzón, que tanto figuró en las guerras carlistas. Hecha la paz después de la traición de Vergara—nunca los leales llamaron de otra suerte al convenio—, el marqués de Barbanzón emigró a Roma. Y como aquellos tiempos eran los hermosos tiempos del Papa-Rey, el caballero español fué uno de los gentiles-hombres extranjeros con cargo palatino en el Vaticano. Durante muchos años llevó sobre sus hombros el manto azul de los guardias nobles, y lució la bizarra ropilla acuchillada de terciopelo y raso. ¡El mismo arreo galán con que el divino Sanzio retrató al divino César Borgia!

Los títulos del marqués de Barbanzón, conde de Gondarín y señor de Goa, extinguiéronse con el buen caballero don Francisco. Xavier Aguiar y Bendaña, que maldijo en su testamento, con arrogancias de castellano leal a toda su descendencia, si entre ella había uno solo que, traidor y vanidoso, pagase lanzas y anatas a cualquier señor rey que no lo fuese por la Gracia de Dios. Su hija admiró llorosa la soberana gallardía de aquella maldición que se levantaba del fondo de su sepulcro, y acatando la voluntad paterna, dejó perderse los títulos que honraran veinte de sus abuelos, pero suspiró siempre por aquel marquesado de Barbanzón. Para consolarse solía leer, cuando sus ojos estaban menos cansados, el nobiliario del Monje de Armentáriz, donde se cuentan los orígenes de tan esclarecido linaje.

Si más tarde tituló de condesa, fué por gracia pontificia.

II. La mano atezada y flaca del capellán levantó el blasonado cortinón de damasco carmesí:

—¿Da su permiso la señora condesa?

—Adelante, fray Angel.

El capellán entró. Era un viejo alto y seco, con el andar dominador y marcial. Llegaba de Barbanzón, donde había estado cobrando los florales del mayorazgo. Acababa de apearse en la puerta del palacio, y aun no se descalzara las espuelas. Allá en el fondo del estrado, la suave condesa suspiraba tendida sobre el canapé de damasco carmesí. Apenas se veía dentro del salón. Caía la tarde adusta e invernal. La condesa rezaba en voz baja, y sus dedos, lirios blancos aprisionados en los mitones de encaje, pasaban lentamente las cuentas de un rosario traído de Jerusalén. Largos y penetrantes alaridos llegaban al salón desde el fondo misterioso del palacio: agitaban la oscuridad, palpitaban en el silencio como las alas del murciélago Lucifer... Fray Angel se santiguó:

—¡Válgame Dios! ¿Sin duda el demonio continúa martirizando a la señorita Beatriz?

La condesa puso fin a su rezo, santiguándose con el crucifijo del rosario, y suspiró:

—¡Pobre hija mía! El demonio la tiene poseída. A mí me da espanto oírla gritar, verla retorcerse como una salamandra en el fuego... Me han hablado de una saludadora que hay en Celtigos. Será necesario llamarla. Cuentan que hace verdaderos milagros.

Fray Angel, indeciso, movía la tonsurada cabeza:

—Sí que los hace, pero lleva veinte años encamada.

—Se manda el coche, fray Angel.

—Imposible por esos caminos, señora.

—Se la trae en silla de manos.

—Unicamente. ¡Pero es difícil, muy difícil! La saludadora pasa del siglo... Es una reliquia...

Viendo pensativa a la condesa, el capellán guardó silencio: era un viejo de ojos enfoscados y perfil aguileño, inmóvil como tallado en granito. Recordaba esos obispos guerreros que en las catedrales duermen o rezan a la sombra de un arco sepulcral. Fray Angel había sido uno de aquellos cabecillas tonsurados, que robaban la plata de sus iglesias para acudir en socorro de la facción. Años después, ya terminada la guerra, aún seguía aplicando su misa por el alma de Zumalacárregui. La dama, con las manos en cruz, suspiraba. Los gritos de Beatriz llegaban al salón en ráfagas de loco y rabioso ulular. El rosario temblaba entre los dedos pálidos de la condesa, que, sollozante, musitaba casi sin voz:

—¡Pobre hija! ¡Pobre hija!

Fray Angel preguntó:

—¿No estará sola?

La condesa cerró los ojos lentamente, al mismo tiempo que, con un ademán lleno de cansancio, reclinaba la cabeza en los cojines del canapé:

—Está con mi tía la generala y con el señor penitenciario, que iba a decirle los exorcismos.
—¡Ah! Pero ¿está aquí el señor penitenciario?
La condesa respondió tristemente:
—Mi tía le ha traído.
Fray Angel habíase puesto en pie con extraño sobresalto:
—¿Qué ha dicho el señor penitenciario?
—Yo no le he visto aún.
—¿Hace mucho que está ahí?
—Tampoco lo sé, fray Angel.
—¿No lo sabe la señora condesa?
—No... He pasado toda la tarde en la capilla. Hoy comencé una novena a la Virgen de Bradomín. Si sana a mi hija, le regalaré el collar de perlas y los pendientes que fueron de mi abuela la marquesa de Barbanzón.

Fray Angel escuchaba con torva inquietud. Sus ojos, enfoscados bajo las cejas, parecían dos alimañas montesas azoradas. Calló la dama suspirante. El capellán permaneció en pie:

—Señora condesa, voy a mandar ensillar la mula, y esta noche me pongo en Celtigos. Si se consigue traer a la saludadora, debe hacerse con gran sigilo. Sobre la madrugada ya podemos estar aquí.

La condesa volvió al cielo los ojos, que tenían un cerco amoratado:
—¡Dios lo haga!

Y la noble señora, arrollando el rosario entre sus dedos pálidos, levantóse para volver al lado de su hija. Un gato que dormitaba sobre el canapé saltó al suelo, enarcó el espinazo y la siguió maullando... Fray Angel se adelantó: la mano atezada y flaca del capellán sostuvo el blasonado cortinón. La condesa pasó con los ojos bajos, y no pudo ver cómo aquella mano temblaba.

III. Beatriz parecía una muerta: con los párpados entornados, las mejillas muy pálidas y los brazos tendidos a lo largo del cuerpo, yacía sobre el antiguo lecho de madera legado a la condesa por fray Diego Aguiar, un obispo de la noble casa de Barbanzón tenido en opinión de santo. La alcoba de Beatriz era una gran sala entarimada de castaño, oscura y triste. Tenía angostas ventanas de montante donde arrullaban las palomas, y puertas monásticas, de paciente y arcaica ensambladura, con clavos danzarines en los floreados herrajes.

El señor penitenciario y Misia Carlota, la generala, retirados en un extremo de la alcoba, hablaban muy bajo. El canónigo hacía pliegues al manteo. Sus sienes calvas, su frente marfileña, brillaban en la oscuridad. Rebuscaba las palabras como si estuviese en el confesonario, poniendo sumo cuidado en cuanto decía y empleando largos rodeos para ello. Misia Carlota le escuchaba atenta, y entre sus dedos, secos como los de una momia, temblaban las agujas de madera y el ligero estambre de su calceta. Estaba pálida, y, sin interrumpir al señor penitenciario, de tiempo en tiempo repetía anonadada:

—¡Pobre niña! ¡Pobre niña!

Como Beatriz lloraba suspirando, se levantó para consolarla. Después volvió al lado del canónigo, que con las manos cruzadas y casi ocultas entre los pliegues del manteo parecía sumido en grave meditación. Misia Carlota, que había sido siempre dama de gran entereza, se enjugaba los ojos y no era dueña de ocultar su pena. El señor penitenciario le preguntó en voz baja:

—¿Cuándo llegará ese fraile?
—Tal vez haya llegado.
—¡Pobre condesa! ¿Qué hará?
—¡Quién sabe!
—¿Ella no sospecha nada?
—¡No podía sospechar!...
—Es tan doloroso tener que decírselo...

Callaron los dos. Beatriz seguía llorando. Poco después entró la condesa, que procuraba parecer serena: llegó hasta la cabecera de Beatriz, inclinóse en silencio y besó la frente yerta de la niña. Con las manos en cruz, semejante a una dolorosa, y los ojos fijos, estuvo largo tiempo contemplando aquel rostro querido. Era la condesa todavía hermosa, prócer de estatura y muy blanca de rostro, con los ojos azules y las pestañas rubias, de un rubio dorado que tendía leve ala de sombra en aquellas mejillas tristes y altaneras. El señor penitenciario se acercó:

—Condesa, necesito hablar con ese fray Angel.

La voz del canónigo, de ordinario acariciadora y susurrante, estaba llena de severidad. La condesa se volvió sorprendida:

—Fray Angel no está en el palacio, señor penitenciario.

Y sus ojos azules, aun empañados de lágrimas, interrogaban con afán, al mismo tiempo que sobre los labios marchitos temblaba una sonrisa amable y prudente de dama devota. Misia Carlota, que estaba a la cabecera de Beatriz, se aproximó muy quedamente:

—No hablen ustedes aquí... Carlota, es preciso que tengas valor.
—¡Dios mío! ¿Qué pasa?
—¡Calla!

Al mismo tiempo llevaba a la condesa fuera de la estancia. El señor penitenciario bendijo en silencio a Beatriz, y sin recoger sus hábitos talares salió detrás. Misia Carlota quedó en el umbral: inmóvil y enjugándose los ojos, contempló desde allí cómo la condesa y el penitenciario se alejaban por el largo corredor; después, santiguándose, volvió sola al lado de Beatriz, y posó su mano de arrugas sobre la frente tersa de la niña:

—¡Hijita mía, no tiembles!... ¡No temas!...

Cabalgó en la nariz los quevedos con guarnición de concha, abrió un libro de oraciones, por donde marcaba el registro de seda azul ya desvanecida, y comenzó a leer en alta voz:

Oración

¡Oh Tristísima y Dolorosísima Virgen María, mi Señora, que siguiendo las huellas de vuestro amantísimo Hijo, y mi Señor Jesucristo, llegasteis al Monte Calvario, donde el Espíritu Santo quiso regalaros como en monte de mirra, y os ungió Madre del linaje humano! Concededme, Virgen María, con la Divina Gracia, el perdón de los pecados y apartad de mi alma los malos espíritus que la cercan, pues sois poderosa para arrojar a los demonios de los cuerpos y las almas. Yo espero, Virgen María, que me concedáis lo que os pido, si ha de ser para vuestra mayor gloria y mi salvación eterna. Amén.
Beatriz repitió:
—¡Amén!

IV. Los ojos del gato, que hacía centinela al pie del brasero, lucían en la oscuridad. La gran copa de cobre bermejo aun guardaba entre la ceniza algunas ascuas mortecinas. En el fondo apenas esclarecido del salón, sobre los cortinajes de terciopelo, brillaba el metal de los blasones bordados: la puente de plata y los nueve roeles de oro que Don Enrique III diera por armas al señor de Barbanzón Pedro Aguiar de Tor, llamado el Chivo y también el Viejo. Las rosas marchitas perfumaban la oscuridad, deshojándose misteriosas en antiguos floreros de porcelana que imitaban manos abiertas. Un criado encendía los candelabros de plata que había sobre las consolas. Después la condesa y el penitenciario entraban en el salón. La dama, con ademán resignado y noble, ofreció al eclesiástico asiento en el canapé, y, trémula y abatida por oscuros presentimientos, se dejó caer en un sillón.. El canónigo, con la voz ungida de solemnidad, empezó a decir:
—Es un terrible golpe, condesa...
La dama suspiró:
—¡Terrible, señor penitenciario!
Quedaron silenciosos. La condesa se enjugaba las lágrimas que humedecían el fondo azul de sus pupilas. Al cabo de un momento murmuró, cubierta la voz por un anhelo que apenas podía ocultar:
—¡Temo tanto lo que usted va a decirme!
El canónigo inclinó con lentitud su frente pálida y desnuda, que parecía macerada por las graves meditaciones teológicas:
—¡Es preciso acatar la voluntad de Dios!
—¡Es preciso!... Pero ¿qué hice yo para merecer una prueba tan dura?
—¡Quién sabe hasta dónde llegan sus culpas! Y los designios de Dios, nosotros no los conocemos.
La condesa cruzó las manos dolorida:
—Ver a mi Beatriz privada de la gracia, poseída de Satanás.
El canónigo la interrumpió:

—¡No; esa niña no está poseída!... Hace veinte años que soy penitenciario en nuestra Catedral, y un caso de conciencia tan doloroso, tan extraño, no lo había visto. ¡La confesión de esa niña enferma todavía me estremece!

La condesa levantó los ojos al cielo:

—¡Se ha confesado! Sin duda Dios Nuestro Señor quiere volverle su gracia. ¡He sufrido tanto viendo a mi pobre hija aborrecer todas las cosas santas! Porque antes estuvo poseída, señor penitenciario.

—No, condesa, no lo estuvo jamás.

La condesa sonrió tristemente, inclinándose para buscar su pañuelo, que acababa de perdérsele. El señor penitenciario lo recogió de la alfombra: era menudo, mundano y tibio, perfumado de incienso y estoraque, como los corporales de un cáliz.

—Aquí está, condesa.

—Gracias, señor penitenciario.

El canónigo sonrió levemente. La llama de las bujías brillaba en sus anteojos de oro. Era alto y encorvado, con manos de obispo y rostro de jesuíta: tenía la frente desguarnida, las mejillas tristes, el mirar amable, la boca sumida, llena de sagacidad. Recordaba el retrato del cardenal Cosme de Ferrara que pintó el Perugino. Tras leve pausa, continuó:

—En este palacio, señora, se hospeda un sacerdote impuro, hijo de Satanás...

La condesa le miró horrorizada:

—¿Fray Angel?

El penitenciario afirmó inclinando tristemente la cabeza, cubierta por el solideo rojo, privilegio de aquel Cabildo:

—Esa ha sido la confesión de Beatriz. ¡Por el terror y por la fuerza han abusado de ella!...

La condesa se cubrió el rostro con las manos, que parecían de cera; sus labios no exhalaron un grito. El penitenciario la contemplaba en silencio. Después continuó:

—Beatriz ha querido que fuese yo quien advirtiese a su madre. Mi deber era cumplir su ruego. ¡Triste deber, condesa! La pobre criatura, de pena y de vergüenza, jamás se hubiera atrevido. Su desesperación al confesarme su falta era tan grande, que llegó a infundirme miedo. ¡Ella creía su alma condenada, perdida para siempre!

La condesa, sin descubrir el rostro, con la voz ronca por el llanto, exclamó:

—¡Yo haré matar al capellán! ¡Le haré matar! ¡Y a mi hija no la veré más!

El canónigo se puso en pie lleno de severidad:

—Condesa, el castigo debe dejarse a Dios y en cuanto a esa niña, ni una palabra que pueda herirla, ni una mirada que pueda avergonzarla.

Agobiada, yerta, la condesa sollozaba como una madre ante la sepultura abierta de sus hijos. Allá fuera, las campanas de un convento volteaban alegremente, anunciando la novena que todos los años hacían las monjas a la seráfica fundadora. En el salón, las bujías lloraban sobre las arandelas doradas, y en el borde del brasero apagado dormía, roncando, el gato.

V. Los gritos de Beatriz resonaron en todo el palacio... La condesa estremecióse oyendo aquel plañir, que hacía miedo en el silencio de la noche, y acudió presurosa. La niña, con los ojos extraviados y el cabello destrenzándose sobre los hombros, se retorcía: su rubia y magdalénica cabeza golpeaba contra el entarimado, y de la frente yerta y angustiada manaba un hilo de sangre. Retorcíase bajo la mirada muerta e intensa del Cristo: un Cristo de ébano y marfil, con cabellera humana, los divinos pies iluminados por agonizante lamparilla de plata. Beatriz evocaba el recuerdo de aquellas blancas y legendarias princesas, santas de trece años ya tentadas por Satanás. Al entrar la condesa, se incorporó con extravío, la faz lívida, los labios trémulos como rosas que van a deshojarse. Su cabellera apenas cubría la candidez de los senos:

— Mamá! ¡Mamá! ¡Perdóname!

Y le tendía las manos, que parecían dos blancas palomas azoradas. La condesa quiso alzarla en los brazos:

—¡Sí, hija, sí! Acuéstate ahora.

Beatriz retrocedió con los ojos horrorizados, fijos en el revuelto lecho:

—¡Ahí está Satanás! ¡Ahí duerme Satanás! Viene todas las noches. Ahora vino y se llevó mi escapulario. Me ha mordido en el pecho. ¡Yo grité, grité! Pero nadie me oía. Me muerde siempre en los pechos y me los quema.

Y Beatriz mostrábale a su madre el seno de blancura lívida, donde se veía la huella negra que dejan los labios de Lucifer cuando besan. La condesa, pálida como la muerte, descolgó el crucifijo y le puso sobre las almohadas:

—¡No temas, hija mía! ¡Nuestro Señor Jesucristo vela ahora por ti!

—¡No! ¡No!

Y Beatriz se estrechaba al cuello de su madre. La condesa arrodillóse en el suelo; entre sus manos guardó los pies descalzos de la niña, como si fuesen dos pájaros enfermos y ateridos. Beatriz, ocultando la frente en el hombro de su madre, sollozó:

—Mamá querida, fué una tarde que bajé a la capilla para confesarme... Yo te llamé gritando... Tú no me oíste... Después quería venir todas las noches, y yo estaba condenada...

—¡Calla, hija mía! ¡No recuerdes!

Y las dos lloraron juntas, en silencio, mientras sobre la puerta de arcaica ensambladura y floreados herrajes arrullaban dos tórtolas que fray Angel había criado para Beatriz... La niña, con la cabeza apoyada en el hombro de su madre, trémula y suspirante, adormecióse poco a poco. La luna de invierno brillaba en el montante de las ventanas y su luz blanca se difundía por la estancia. Fuera se oía el viento, que sacudía los árboles del jardín, y el rumor de una fuente.

La condesa acostó a Beatriz en el canapé, y silenciosa, llena de amoroso cuidado, la cubrió con una colcha de damasco carmesí, ese damasco antiguo, que parece tener algo de litúrgico. Beatriz suspiró sin abrir los ojos. Sus manos quedaron sobre la colcha: eran pálidas, blancas, ideales, transparentes a la luz; las venas azules dibujaban una flor de ensueño. Con los ojos llenos de lágrimas, la condesa ocupó un sillón que había cercano. Estaba tan abrumada, que casi no podía pensar, y rezaba confusamente, adormeciéndose con el resplandor de la luz que ardía a los pies del Cristo, en un vaso dé plata. Ya muy tarde entró Misia Carlota, apoyada en su muleta, con los quevedos temblantes sobre la corva nariz. La condesa se llevó un dedo a los labios indicándole que Beatriz dormía, y la anciana se acercó sin ruido, andando con trabajosa lentitud:

—¡Al fin descansa!
—Sí.
—¡Pobre alma blanca!

Sentóse y arrimó la muleta a uno de los brazos del sillón. Las dos damas guardaron silencio; sobre el montante de la puerta la pareja de tórtolas seguía arrullando.

VI. A medianoche llegó la saludadora de Celtigos. La conducían dos nietos ya viejos, en un carro de bueyes, tendida sobre paja. La condesa dispuso que dos criados la subiesen. Entró salmodiando saludos y oraciones. Era vieja, muy vieja, con el rostro desgastado como las medallas antiguas, y los ojos verdes, del verde maléfico que tienen las fuentes abandonadas donde se reúnen las brujas. La noble señora salió a recibirla hasta la puerta, y temblándole la voz preguntó a los criados:

—¿Visteis si ha venido también fray Angel?

En vez de los criados respondió la saludadora con el rendimiento de las viejas que acuerdan el tiempo de los mayorazgos:

—Señora mi condesa, yo sola he venido, sin más compaña que la de Dios.
—Pero ¿no fué a Celtigos un fraile con el aviso?...
—Estos tristes ojos a nadie vieron.

Los criados dejaron a la saludadora en un sillón. Beatriz la contemplaba: los ojos sombríos, abiertos como sobre un abismo de terror y de esperanza. La saludadora sonrió con la sonrisa yerta de su boca desdentada:

—¡Miren con cuánta atención está la blanca rosa! No me aparta la vista.

La condesa, que permanecía de pie en medio de la estancia, interrogó:

—Pero ¿no vió a un fraile?
—A nadie, mi señora.
—¿Quién llevó el aviso?
—No fué persona de este mundo. Ayer de tarde quedéme dormida, y en el sueño tuve una revelación. Me llamaba la buena condesa moviendo su pañuelo blanco, que era después una paloma volando, volando para el cielo.

La dama preguntó temblando:

—¿Es buen agüero eso?...
—¡No hay otro mejor, mi condesa! Díjeme entonces entre mí: Vamos al palacio de tan gran señora.

La condesa callaba. Después de algún tiempo, la saludadora, que tenía los ojos clavados en Beatriz, pronunció lentamente:

—A esta rosa galana le han hecho mal de ojo. En un espejo puede verse, si a mano lo tiene la señora.

La condesa le entregó un espejo guarnecido de plata antigua. Levantóle en alto la saludadora, igual que hace el sacerdote con la hostia consagrada, lo empañó echándole el aliento, y con un dedo tembloroso trazó el círculo del Rey Salomón. Hasta que se borró por completo tuvo los ojos fijos en el cristal:
—La condesita está embrujada. Para ser bien roto el embrujo han de decirse las doce palabras que tiene la oración del Beato Electus, al dar las doce campanadas del mediodía, que es cuando el Padre Santo se sienta a la mesa y bendice a toda la cristiandad.

La condesa se acercó a la saludadora: el rostro de la dama parecía el de una muerta, y sus ojos azules tenían el venenoso color de las turquesas:
—¿Sabe hacer condenaciones?
—¡Ay mi condesa, es muy grande pecado!
—¿Sabe hacerlas? Yo mandaré decir misas y Dios se lo perdonará.
La saludadora meditó un momento:
—Sé hacerlas, mi condesa.
—Pues hágalas...
—¿A quién, mi señora?
—A un capellán de mi casa.
La saludadora inclinó la cabeza:
—Para eso hace menester del breviario.

La condesa salió y trajo el breviario de fray Angel. La saludadora arrancó siete hojas y las puso sobre el espejo. Después, con las manos juntas, como para un rezo, salmodió:
—¡Satanás! ¡Satanás! Te conjuro por mis malos pensamientos, por mis malas obras, por todos mis pecados. Te conjuro por el aliento de la culebra, por la ponzoña de los alacranes, por el ojo de la salamantiga. Te conjuro para que vengas sin tardanza y en la gravedad de aqueste círculo del Rey Salomón te encierres, y en él te estés sin un momento te partir, hasta poder llevarte a las cárceles tristes y escuras del infierno el alma que en este espejo agora vieres. Te conjuro por este rosario que yo sé profanado por ti y mordido en cada una de sus cuentas. ¡Satanás! ¡Satanás! Una y otra vez te conjuro.

Entonces el espejo se rompió con triste gemido de alma encarcelada. Las tres mujeres, mirándose silenciosas, con miedo de hablar, con miedo de moverse, esperan el día, puestas las manos en cruz. Amanecía cuando sonaron grandes golpes en la puerta del palacio. Unos aldeanos de Celtigos traían a hombros el cuerpo de fray Angel, que al claro de la luna descubrieran flotando en el río... ¡La cabeza yerta, tonsurada, pendía fuera de las andas!

Un Cabecilla

De aquel molinero viejo y silencioso que me sirvió de guía para visitar las piedras célticas del monte Rouriz guardo un recuerdo duro, frío y cortante como la nieve que coronaba la cumbre. Quizá más que sus facciones, que parecían talladas en durísimo granito, su historia trágica hizo que con tal energía hubiéseme quedado en el pensamiento aquella cara tabacosa que apenas se distinguía del paño de la montera. Si cierro los ojos, creo verle: era nudoso, seco y fuerte como el tronco centenario de una vid; los mechones grises y desmedrados de su barba recordaban esas manchas de musgo que ostentan en las ocacidades de los pómulos las estatuas de los claustros desmantelados; sus labios de corcho se plegaban con austera indiferencia; tenía una perfil inmóvil y pensativo, una cabeza inexpresiva de relieve egipcio. ¡No, no lo olvidaré nunca!

Había sido un terrible guerrillero. Cuando la segunda guerra civil, echóse al campo con sus cinco hijos, y en pocos días logró levantar una facción de gente aguerrida y dispuesta a batir el cobre. Algunas veces fiaba el mando de la partida a su hijo Juan María y se internaba en la montaña, seguro, como lobo que tiene en ella su cubil. Cuando menos se le esperaba, reaparecía cargado con su escopeta llena de ataduras y remiendos, trayendo en su compañía algún mozo aldeano de aspecto torpe y asustadizo que, de fuerza o de grado, venía a engrosar las filas. A la ida y a la vuelta solía recaer por el molino para enterarse de cómo iban las familias, que eran los nietos, y de las piedras que molían. Cierta tarde de verano llegó y hallólo todo en desorden. Atada a un poste de la parra, la molinera desdichábase y llamaba inútilmente a sus nietos, que habían huido a la aldea; el galgo aullaba, con una pata maltrecha en el aire; la puerta estaba rota a culatazos, y el grano y la harina alfombraban el suelo; sobre la artesa se veían aún residuos del yantar interrumpido, y en el corral la vieja hucha de castaño revuelta y destripada... El cabecilla contempló tal desastre sin proferir una queja. Después de bien enterarse, acercóse a su mujer murmurando con aquella voz desentonada y caótica de viejo sordo:

—¿Vinieron los negros?

—¡Arrastrados se vean!

—¿A qué horas vinieron?

—Podrían ser las horas de yantar. ¡Tanto me sobresalté, que se me desvanece el acuerdo!

—¿Cuántos eran? ¿Qué les has dicho?

La molinera sollozó más fuerte. En vez de contestar, desatóse en denuestos contra aquellos enemigos malos que tan gran destrozo hacían en la casa de un pobre que con nadie del mundo se metía. El marido la miró con sus ojos cobrizos de gallego desconfiado:

—¡Ay, demonio! ¡No eres tú la gran condenada que a mí me engaña! Tú les has dicho dónde está la partida.

Ella seguía llorando sin consuelo:

—¡Arrepara, hombre, de qué hechura esos verdugos de Jerusalén me pusieron! ¡Atada mismamente como Nuestro Señor!

El guerrillero repitió, blandiendo, furioso, la escopeta;

—¡A ver cómo respondes, puñela! ¿Qué les has dicho?

—¡Pero considera, hombre!

Calló dando un gran suspiro, sin atreverse a continuar, tanto la imponía la faz arrugada del viejo. El no volvió a insistir. Sacó el cuchillo, y cuando ella creía que iba a matarla, cortó las ligaduras, y sin proferir una palabra la empujó obligándola a que le siguiese. La molinera no cesaba de gimotear:

—¡Ay! ¡Hijos de mis entrañas! ¿Por qué no había de dejarme quemar en unas parrillas antes de decir dónde estábais? Vos, como soles. Yo, una vieja con los pies para la cueva. Precisaba de andar mil años peregrinando por caminos y veredas para tener perdón de Dios. ¡Ay mis hijos! ¡Mis hijos!

La pobre mujer caminaba angustiada, enredados los toscos dedos de labradora en la mata cenicienta de sus cabellos. Si se detenía, mesándoselos y gimiendo, el marido, cada vez más sombrío, la empujaba con la culata de la escopeta, pero sin brusquedad, sin ira, como a vaca mansísima nacida en la propia cuadra que por acaso cerdea. Salieron de la era abrasada por el sol de un día de agosto, y después de atravesar los prados del pazo de Melías, se internaron en el hondo camino de la montaña. La mujer suspiraba:

—¡Virgen Santísima, no me desampares en esta hora!

Anduvieron sin detenerse hasta llegar a una revuelta donde se alzaba un retablo de ánimas El cabecilla encaramóse sobre un bardal y oteó receloso cuanto de allí alcanzaba a verse del camino. Amartilló la escopeta, y, tras de asegurar el pistón, se santiguó con lentitud respetuosa de cristiano viejo:

—Sabela, arrodíllate junto al Retablo de las Benditas.

La mujer obedeció temblando. El viejo se enjugó una lágrima:

—Encomiéndate a Dios, Sabela.

—¡Ay, hombre, no me mates! ¡Espera tan siquiera a saber si aquellas prendas padecieron mal alguno!

El guerrillero volvió a pasarse la mano por los ojos, luego descolgó del cinto el clásico rosario de cuentas de madera, con engaste de alambrillo dorado, y diósele a la vieja, que lo recibió sollozando. Aseguróse mejor sobre el bardal, y murmuró austero:

—Está bendito por el señor obispo de Orense, con indulgencia para la hora de la muerte.

El mismo se puso a rezar con monótono y frío bisbiseo. De tiempo en tiempo echaba una inquieta ojeada al camino. La molinera se fué poco a poco serenando. En el venerable surco de sus arrugas quedaban trémulas las lágrimas; sus manos, agitadas por tembleIqueteo senil, hacían oscilar la cruz y las medallas del rosario; inclinóse golpeando el pecho y besó la tierra con unción. El viejo murmuró:

—¿Has acabado?

Ella juntó las manos con exaltación cristiana:

— ¡Hágase, Jesús, tu divina voluntad!

Pero cuando vió al terrible viejo echarse la escopeta a la cara y apuntar, se levantó despavorida y corrió hacia él con los brazos abiertos:

—¡No me mates! ¡No me mates, por el alma de...!

Sonó el tiro, y cayó en medio del camino con la frente agujereada. El cabecilla alzó de la arena ensangrentada su rosario de faccioso, besó el crucifijo de bronce, y sin detenerse a cargar la escopeta huyó en dirección de la montaña. Había columbrado hacía un momento, en lo alto de la trocha, los tricornios enfundados de los guardias civiles.

Confieso que cuando el buen Urbino Pimentel me contó en Viana esta historia terrible temblé recordando la manera violenta y feudal con que despedí en la Venta de Brandeso al antiguo faccioso, harto de acatar la voluntad solapada y granítica de aquella esfinge, tallada en viejo y lustroso roble.

La Misa De San Electus

Las mujeruoas que llenaban sus cántaros en la fuente comentaban aquella desgracia con la voz asustada. Eranse tres mozos que volvían cantando del molino, y a los tres habíales mordido el lobo rabioso que bajaba todas las noches al casal. Los tres mozos, que antes eran encendidos como manzanas, ahora íbanse quedando más amarillos que la cera. Perdido todo contento, pasaban los días sentados al sol, enlazadas las flacas manos en torno de las rodillas, con la barbeta hincada en ellas. Y aquellas mujerucas que se reunían a platicar en la fuente cuando pasaban ante ellos solían interrogarles:

—¿Habéis visto al saludador de Cela?
—Allá hemos ido todos tres.
—¿No vos ha dado remedio?
—Para este mal no hay remedio:
—Vos engañáis, rapaces. Remedio lo hay para todas las cosas queriendo Dios.

Y se alejaban las mujerucas encorvadas bajo sus cántaros, que goteaban el agua, y quedábanse los tres mozos mirándolas con ojos tristes y abatidos, esos ojos de los enfermos a quienes les están cavando la hoya. Ya llevaban así muchos días, cuando con el aliento de una última esperanza se reanimaron y fueron juntos por los caminos pidiendo limosna para decirle una misa a San Electus. Cuando llegaban a la puerta de las casas hidalgas, las viejas señoras mandaban socorrerlos, y los niños, asomados a los grandes balcones de piedra, los interrogábamos:

—¿Hace mucho que fuisteis mordidos?
—Cumpliéronse tres semanas el día de San Amaro.
—¿Es verdad que veníais del molino?
—Es verdad, señorines.
—¿Era muy de noche?
—Como muy de noche no era, pero iba cubierta la luna y todo el camino hacía oscuro.

Y los tres mozos, luego de recibir la limosna, seguían adelante. Tornaban a recorrer los caminos y a contar en todas las puertas la historia de cómo el lobo les había mordido. Cuando juntaron la bastante limosna para la misa, volviéronse a su aldea. Era al caer de la tarde, y caminaban en silencio por aquella vereda del molino donde les saliera el lobo. Los tres mozos sentían un vago terror. No se había puesto el sol y el borroso creciente de la luna ya asomaba en el cielo. La tarde tenía esa claridad triste y otoñal que parece llena de alma. El arco iris cubría la aldea, y los cipreses oscuros y los álamos de plata parecían temblar en un rayo de anaranjada luz. Los tres mozos caminaban en hilera, y sólo se oía el choclear de sus madreñas. Antes de entrar en la aldea se detuvieron en la Rectoral, que era una casona vieja situada en la orilla del camino. El abad se paseaba en la solana, y ellos subieron ¡humildes, quitándose las monteras:

—¡A la paz de Dios, señor abad!

—¡A la paz de Dios!
—Aquí venimos para que le diga una misa al glorioso San Electus.
—¿Habéis juntado buena limosna?
—Son muchos a pedir y pocos a dar, señor abad.
—¿Cuándo queréis que se diga la misa?
—Como querer, queríamos mañana.
—Mañana se dirá, pero ha de ser con el alba, porque tengo pensado ir a la feria...
Después los tres mozos se despedían agradecidos, con una salmodia triste. Siempre en silencio, caminando en hilera, entraron en la aldea, y guarecidos en un pajar pasaron la noche. Al amanecer, el que se despertó primero llamó a los otros dos:
—¡Alzarse, rapaces!
Se incorporaron penosamente, con los ojos llenos de angustia y la boca hilando babas. Los dos gimieron; el uno dijo:
—¡No puedo moverme!
Y el otro:
—¡Por compasión, ayudadme!
Y sollozaron medio sepultados en la paja, fijos sus ojos tristes y cavados en el compañero que estaba de pie, y se quejaron alternativamente; el uno:
—¡Sácame al sol, que aquí muero de frío!
Y el otro:
—¡Por el alma de tus difuntos, no nos dejes en este desamparo!
Sus voces sonaban iguales. El compañero les interrogaba, asustado:
—¿Qué vos sucede?
Y las voces estranguladas gemían:
—¡Por caridad, sácanos al sol!
El compañero acudió a valerles, pero como tenía las piernas baldadas, fué preciso dejarlos allí con la puerta del pajar abierta, para que las almas caritativas que pasasen pudiesen socorrerlos. Al despedirse de ellos lloraba el compañero:
—Ya tocan para la misa: yo la oiré por vosotros. No desesperéis, que a todos querrá sanarnos el glorioso San Electus.
Salió, y por el camino seguía oyendo las dos voces estranguladas que parecían una sola:
—¡Líbrame de penar, glorioso San Electus!
—¡Glorioso San Electus, no me dejes morir en estas pajas como un can!
A la puerta de la iglesia un niño aldeano tocaba a misa tirando de una cadena. Estaba abierta la puerta, y el abad, todavía por revestir, arrodillado en el presbiterio. Algunas viejas en la sombra del muro rezaban. Tenían tocadas sus cabezas con los mantelos, y de tiempo en tiempo resonaba una tos. El mozo atravesó la iglesia procurando amortiguar el ruido de sus madreñas, y en las gradas del altar se arrodilló haciendo la señal de la cruz. El niño que tocaba la campana vino a encender las velas. Poco después el abad salía revestido y comenzaba la misa. El mozo, acurrucado en las gradas del presbiterio, rezaba devoto: caído en tierra

recibió la bendición. Cuando volvió al pajar caminaba arrastrándose, y durante todo aquel día el quejido de tres voces, que parecían una sola, llenó la aldea, y en la puerta del pajar hubo siempre alguna mujeruca que asomaba curiosa. Murieron en la misma noche los tres mozos, y en unas andas, cubiertas con sábanas de lino, los llevaron a enterrar en el verde y oloroso cementerio de San Clemente de Brandeso.

El Rey De La Máscara

El cura de San Rosendo de Gondar, un viejo magro y astuto, de perfil monástico y ojos enfoscados y parduscos como de alimaña montés, regresaba a su rectoral a la caída de la tarde, después del rosario. Apenas interrumpían la soledad del campo, aterido por la invernada, algunos álamos desnudos. El camino, cubierto de hojas secas, flotaba en el rosado vapor de la puesta solar. Allá, en la revuelta, alzábase un retablo de ánimas, y la alcancía destinada a la limosna mostraba, descerrajada y rota, el vacío fondo. Estaba la rectoral aislada en medio del campo, no muy distante de unos molinos: era negra, decrépita y arrugada, como esas viejas mendigas que piden limosna, arrostrando soles y lluvias, apostadas a la vera de los caminos reales. Como la noche se venía encima con negros barruntos de ventisca y agua, el cura caminaba de prisa, mostrando su condición de cazador. Era uno de aquellos cabecillas tonsurados que, después de machacar la plata de sus iglesias y santuarios para acudir en socorro de la facción, dijeron misas gratuitas por el alma de Zumalacárregui. A pesar de sus años, conservábase erguido; llevaba ambas manos metidas en los bolsillos de un montecristo azul, sombrerazo de alas e inmenso paraguas rojo bajo el brazo. Halagando el cuello de un desdentado perdiguero que hacía centinela en la solana, entró el párroco en la cocina a tiempo que una moza aldeana, de ademán brioso y rozagante, ponía la mesa para la cena:

—¿Qué se trajina, Sabel?

—Vea, señor tío...

Y Sabel, sonriente, un poco sofocada por el fuego, con el floreado pañuelo anudado en la nuca para contener la copiosa madeja castaña, con la camisa de estopa arremangada, mostrando hasta más arriba del codo los brazos blancos, blanquísimos, rubia como una espiga, mohína como un recental, frondosa como una rama verde y florida, mostraba sobre la boca del pote la fuente de rubias filloas, el plato clásico y tradicional con que en Galicia se festeja el antruejo. Católas el cura con golosina de viejo regalón, y después, sentándose en un banquillo al calor de la lumbre, sacó de la faltriquera un trenzado de negrísimo tabaco, que picó con la uña, restregando el polvo entre las palmas, procediendo siempre con mucha parsimonia. Hallábase todavía en esta tarea cuando los tenaces ladridos del perro, que corría venteando de un lado a otro, parándose a arañar con las manos en la puerta, le obligaron a levantarse para averiguar la causa de semejante alboroto:

—¡Condenado animal!

Sabel murmuró un poco inmutada:

—¿Estará rabioso?

—¡Rabioso, buena gana! Si estuviese rabioso no ladraba así.

A esta sazón rompió a tocar en la vereda tan estentórea y desapacible murga, que parecía escapada del infierno: repique de conchas y panderos, lúgubres mugidos de bocina, sones estridentes de guitarros destemplados, de triángulos, de calderos. Abrió Sabel la ventana, escudriñando en la oscuridad:

—¡Pues si es una mascarada!

Apenas divisaron a la moza los murguistas, empezaron a aullar dando saltos y haciendo piruetas, penetrando en la casa con el vocerío y llaneza de quien lleva la cara tapada. Eran hasta seis hombres, tiznados como diablos, disfrazados con prendas de mujer, de soldado y de mendigo: antiparras negras, larguísimas barbas de estopa, sombrerones viejos, manteos remendados, todos guiñapos sórdidos, húmedos, asquerosos, que les hacían de repugnante agüero. En unas angarillas traían un espantajo, vestido de rey o emperador, con corona de papel y cetro de caña; por rostro pusiéronle groserísima careta de cartón, y el resto del disfraz lo completaba una sábana blanca.

Instóles el cura con tosca cortesía a que se descubriesen y bebieran un trago, mas ellos lo rehusaron farfullando cumplimientos acompañados de visajes, genuflexiones y cabeceos grotescos. Habían posado las angarillas en tierra y asordaban la cocina, embullando muy zafiamente al eclesiástico y a la moza, que no por eso dejaban de celebrarlo con risa franca y placentera; solamente el perro, guarecido bajo el hogar, enseñaba los dientes y se desataba en ladridos. El párroco insistía en que habían de probar el vino de su cosecha, y acabó por incomodarse, mejor no se hacía en diez leguas a la redonda, era puro como lo daba Dios, sin porquerías de aguardientes, ni de azúcares, ni de campeche... Encendió un farolillo, descolgó una llave mohosa de entre otras muchas que colgaban de la ennegrecida viga, y descendió la escalerilla que conducía a la bodega. Desde abajo se le oyó gritar:

—¡Sabel! Trae el jarro grande.

—¡Voy, señor tío!

Sabel apartó del fuego la sartén, descolgó el jarro y desapareció por la oscura boca, que la tragó como un monstruo. Entonces, uno de los enmascarados se acercó a la ventana y la abrió lentamente, procurando no hacer ruido. Una ráfaga de viento apagó el candil, dejando la habitación a oscuras. Sólo se distinguía el fulgor rojo, sangriento, de la brasa, y la diabólica fosforescencia de las pupilas del gato, que balanceaba dulcemente la cola adormilado sobre la caldeada piedra del hogar. De repente reinó profundo silencio. Una voz murmuró muy bajo:

—¡No pasa un alma!

—Pues andando...

Buscaron a tientas la puerta y desaparecieron como sombras. En la escalerilla de la bodega resonaban ya las pisadas de los huéspedes. Sabel venía delante y se detuvo, sin atreverse a andar en la oscuridad. Por la ventana que los otros habían dejado abierta alcanzaba a ver el cielo anubarrado y el camino blanco por la nieve, sobre el cual caía trémulo y melancólico el lunar:

—¡Se han ido!

Y Sabel tuvo miedo sin saber por qué. El cura, que venía detrás con el farolillo, repuso jovial:

—¡Qué granujas! Ya volverán.

¿Cómo no habían de volver? Allí en medio de la cocina estaba el rey, grotesco en su inmóvil gravedad, con su corona de papel, su cetro de caña, el blanco manto de estopa, la bufonesca faz de cartón... Sabel, ya repuesta, adelantó algunos pasos y le acercó el jarro a los labios:

—¿Quieres beber, señor rey?

Al separarlo, después de un segundo, la careta se corrió hacia abajo, descubriendo una frente amarilla, unos ojos vidriados, pavorosos, horribles:

—¡María Santísima!

Y la moza, horrorizada, retrocedió hasta tropezar con la pared. El cura la increpó:

—¡Qué damita eres tú!

—No..., no..., señor tío... ¡Pero es un difunto!

Y, estrechándose contra el viejo, se aproximaba palpitante, con ese miedo de las mujeres aldeanas que las impulsa a mirar, a acercarse, en vez de cerrar los ojos y de huir. El párroco tiró de la careta con resolución. Luego alzó el farol, proyectando la luz sobre el inmóvil y blanco enmascarado. Le contempló atentamente, dilatados los ojos por ávida mirada de estupor, y bajando el farolillo, que temblaba en su mano agitada por baileteo senil, murmuró en voz demudada y ronca:

—¿Tú le conoces, muchacha?

Ella respondió:

—Es el señor abad de Bradomín.

—Sí... Mañana le aplicaremos la misa por el alma.

Sabel temblaba con todos sus miembros, y gemía preguntando qué hacían, lamentando su mala estrella, lo que iba a ser de ellos si la justicia se enteraba:

—¡Tío..., señor tío! Podemos avisar en el molino.

El cura meditó un momento:

—No, ahí menos que en ninguna parte. Me parece que conocí a los dos hijos del molinero. Pero podemos enterrarlo en el corral, junto a los naranjos.

—¿Y si lo descubren los perros como al criado del vinculero de Sobran? ¿No se recuerda?

—Pues con él aquí no hemos de estarnos. ¿Hay tojo?

—Alguno hay.

Entonces el párroco fué a la ventana y la cerró, cuidando de poner la tranca, y lo mismo hizo con la puerta.

—Ahora cumple hacer callar a ese perro. Al que llame no se le contesta. ¡Así se hunda la casa! ¿Entiendes?

Quitóse el levitón, y empuñando una horquilla bajó a la bodega. A poco volvió con un inmenso haz de tojo y otro de paja; los dejó caer de golpe delante de Sabel, que estaba acurrucada junto a la lumbre, gimiendo con la cara pegada a las rodillas, y la ordenó que pusiese fuego al horno. La rapaza se enderezó sumisa, sin dejar de temblar, pálida como un espectro... No tardaron las llamas, con música de chisporroteos y crujidos de leña seca, en cubrir la chata y negra boca del horno: se alargaban llegando hasta el medio de la cocina, como una bocanada de aliento inflamado; sus encendidos reflejos daban a la lívida faz del muerto apariencia de vida. El cura le desató de las angarillas, y haciendo a Sabel que se apartase, metióle de cabeza en el horno; pero como estaba rígido, fué preciso esperar a que se carbonizase el tronco para que el resto pudiese entrar. Cuando desaparecieron los pies, empujados por la horquilla con que el párroco atizaba la lumbre, Sabel, casi exánime, se dejó caer en el banco:

—¡Ay! ¡Nuestro Señor, qué cosa tan horrible!

El cura le dijo que si bebía un vaso de vino cobraría ánimo, y para darle ejemplo se llevó el jarro a la boca, donde lo tuvo buen espacio. Sabel seguía lloriqueando:

—¡De por fuerza lo mataron para robarlo! Otra cosa no pudo ser. ¡Un bendito de Dios que con nadie se metía! ¡Bueno como el pan! ¡Respetuoso como un alcalde mayor! ¡Caritativo como no queda otro ninguno! ¡Virgen Santísima, qué entrañas tan negras! ¡Madre Bendita del Señor!

De pronto cesó en su planto, se levantó, y con esa previsión que nace de todo recelo, barrió la ceniza y tapó la negra boca del horno, con las manos trémulas. El cura, sentado en el banco, picaba otro cigarrillo, y murmuraba con sombría calma:

—¡Pobre Bradomín! ¡Vaiate Dios la hornada!

Mi Hermana Antonia

I. ¡Santiago de Galicia ha sido uno de los santuarios del mundo, y las almas todavía guardan allí los ojos atentos para el milagro!...

II. Una tarde, mi hermana Antonia me tomó de la mano para llevarme a la catedral. Antonia tenía muchos años más que yo, era alta y pálida, con los ojos negros y la sonrisa un poco triste. Murió siendo yo niño. Pero ¡cómo recuerdo su voz y su sonrisa y el hielo de su mano cuando me llevaba por las tardes a la catedral!... Sobre todo, recuerdo sus ojos y la llama luminosa y trágica con que miraban a un estudiante que paseaba en el atrio, embozado en una capa azul. Aquel estudiante a mí me daba miedo: era alto y cenceño, con cara de muerto y ojos de tigre, unos ojos terribles bajo el entrecejo fino y duro. Para que fuese mayor su semejanza con los muertos, al andar le crujían los huesos de la rodilla. Mi madre le odiaba, y por no verle tenía cerradas las ventanas de nuestra casa, que daban al atrio de las Platerías. Aquella tarde recuerdo que paseaba, como todas las tardes, embozado en su capa azul. Nos alcanzó en la puerta de la catedral, y, sacando por debajo del embozo su mano de esqueleto, tomó agua bendita y se la ofreció a mi hermana, que temblaba. Antonia le dirigió una mirada de súplica, y él murmuró con una sonrisa:

—¡Estoy desesperado!

III. Entramos en una capilla donde algunas viejas rezaban las Cruces. Es una capilla grande y oscura, con su tarima llena de ruidos bajo la bóveda románica. Cuando yo era niño, aquella capilla tenía para mí una sensación de paz campesina. Me daba un goce de sombra como la copa de un viejo castaño, como las parras delante de algunas puertas, como una cueva de ermitaño en el monte. Por las tardes siempre había corro de viejas rezando las Cruces. Las voces, fundidas en un murmullo de fervor, abríanse bajo las bóvedas y parecían iluminar las rosas de la vidriera como el sol poniente. Sentíase un vuelo de oraciones glorioso y gangoso, y un sordo arrastrarse sobre la tarima, y una campanilla de plata agitada por el niño acólito, mientras levanta su vela encendida sobre el hombro del capellán, que deletrea en su breviario la Pasión. ¡Oh capilla de la Corticela, cuándo esta alma mía, tan vieja y tan cansada, volverá a sumergirse en tu sombra balsámica!

IV. Lloviznaba, anochecido, cuando atravesábamos el atrio de la catedral para volver a casa. En el zaguán, como era grande y oscuro, mi hermana debió tener miedo, porque corría al subir las escaleras, sin soltarme la mano. Al entrar vimos a nuestra madre que cruzaba la antesala y se desvanecía por una puerta. Yo, sin saber por qué, lleno de curiosidad y de temor, levanté los ojos mirando a mi hermana, y ella, sin decir nada, se inclinó y me besó. En medio de una gran ignorancia de la vida, adiviné el secreto de mi hermana Antonia. Lo sentí pesar sobre mí como pecado mortal, al cruzar aquella antesala donde ahumaba un quinqué de petróleo que tenía el tubo roto. La llama hacía dos cuernos, y me recordaba al diablo. Por la noche, acostado y a oscuras, esta semejanza se agrandó dentro de mí sin dejarme dormir, y volvió a turbarme otras muchas noches.

V. Siguieron algunas tardes de lluvia. El estudiante paseaba en el atrio de la catedral durante los escampos, pero mi hermana no salía para rezar las Cruces. Yo, algunas veces; mientras estudiaba mi lección en la sala llena con el aroma de las rosas marchitas, entornaba una ventana para verle, paseaba solo, con una sonrisa crispada, y al anochecer su aspecto de muerto era tal, que daba miedo. Yo me retiraba temblando de la ventana, pero seguía viéndole, sin poder aprenderme la lección. En la sala grande, cerrada y sonora, sentía su andar con crujir de canillas y choquezuelas... Maullaba el gato tras la puerta, y me parecía que conformaba su maullido sobre el nombre del estudiante:

¡Máximo Bretal!

VI. Bretal es un caserío en la montaña, cerca de Santiago. Los viejos llevan allí montera picuda y sayo de estameña; las viejas hilan en los establos por ser más abrigados que las casas, y el sacristán pone escuela en el atrio de la iglesia, bajo su palmeta, los niños aprenden la letra procesal de alcaldes y escribanos, salmodiando las escrituras forales de una casa de mayorazgos ya deshecha. Máximo Bretal era de aquella casa. Vino a Santiago para estudiar Teología, y los primeros tiempos, una vieja que vendía miel traíale de su aldea el pan de borona para la semana, y el tocino. Vivía con otros estudiantes de clérigo en una posada donde sólo pagaban la cama. Son éstos los seminaristas pobres a quienes llaman códeos. Máximo Bretal ya tenía Ordenes menores cuando entró en nuestra casa para ser mi pasante de gramática latina. A mi madre se lo había recomendado como una obra de caridad el cura de Bretal. Vino una vieja con cofia a darle las gracias, y trajo de regalo un azafate de manzanas reinetas. En una de aquellas manzanas dijeron después que debía estar el hechizo que hechizó a mi hermana Antonia.

VII. Nuestra madre era muy piadosa y no creía en agüeros ni brujerías, pero alguna vez lo aparentaba por disculpar la pasión que consumía a su hija. Antonia, por entonces, ya comenzaba a tener un aire del otro mundo, como el estudiante de Bretal. La recuerdo bordando en el fondo de la sala, desvanecida como si la viese en el fondo de un espejo, toda desvanecida, con sus movimientos lentos que parecían responder al ritmo de otra vida, y la voz apagada, y la sonrisa lejana de nosotros: toda blanca y triste, flotante en un misterio crepuscular, y tan pálida, que parecía tener cerco como la luna... ¡Y mi madre, que levanta la cortina de una puerta, y la mira, y otra vez se aleja sin ruido!

VIII. Volvían las tardes de sol con sus tenues oros, y mi hermana, igual que antes, me llevaba a rezar con las viejas en la capilla de la Corticela. Yo temblaba de que otra vez se apareciese el estudiante y alargase a nuestro paso su mano de fantasma goteando agua bendita. Con el susto miraba a mi hermana, y veía temblar su boca. Máximo Bretal, que estaba todas las tardes en el atrio, al acercarnos nosotros desaparecía, y luego, al cruzar las naves de la catedral le veíamos surgir en la sombra de los arcos. Entrábamos en la capilla, y él se arrodillaba en las gradas de la puerta, besando las losas donde acababa de pisar mi hermana Antonia. Quedaba allí arrodillado como el bulto de un sepulcro, con la capa sobre los hombros y las manos juntas. Una tarde, cuando salíamos, vi su brazo de sombra alargarse por delante de mí y enclavijar entre los dedos un pico de la falda de Antonia:

—¡Estoy desesperado!... Tienes que oírme, tienes que saber cuánto sufro... ¿Ya no quieres mirarme?

Antonia murmuró, blanca como una flor:

—¡Déjeme usted, don Máximo!

—No te dejo. Tú eres mía, tu alma es mía... El cuerpo no lo quiero, ya vendrá por él la muerte. Mírame, que tus ojos se confiesen con los míos. ¡Mírame!

Y la mano de cera tiraba tanto de la falda de mi hermana, que la desgarró. Pero los ojos inocentes se confesaron con aquellos ojos claros y terribles. Yo, recordándolo, lloré aquella noche en la oscuridad, como si mi hermana se hubiera escapado de nuestra casa.

IX. Yo seguía estudiando mi lección de latín en aquella sala llena con el aroma de las rosas marchitas. Algunas tardes, mi madre entraba como una sombra y se desvanecía en el estrado. Yo la sentía suspirar hundida en un rincón del gran sofá de damasco carmesí, y percibía el rumor de su rosario. Mi madre era muy bella, blanca y rubia, siempre vestida de seda, con guante negro en una mano por la falta de dos dedos, y la otra, que era como una camelia, toda cubierta de sortijas. Esta fué siempre la que besamos nosotros y la mano con que ella nos acariciaba. La otra, la del guante negro, solía disimularla entre el pañolito de encaje, y sólo al santiguarse la mostraba entera, tan triste y tan sombría sobre la albura de su frente, sobre la rosa de su boca, sobre su seno de Madona Litta. Mi madre rezaba sumida en el sofá del estrado, y yo, para aprovechar la raya de luz que entraba por los balcones entornados, estudiaba mi latín en el otro extremo, abierta la gramática sobre uno de esos antiguos veladores con tablero de damas. Apenas se veía en aquella sala de respeto, grande, cerrada y sonora. Alguna vez mi madre, saliendo de sus rezos, me decía que abriese más el balcón. Yo obedecía en silencio, y aprovechaba el permiso para mirar al atrio, donde seguía paseando el estudiante, entre la bruma del crepúsculo. De pronto, aquella tarde, estando mirándolo, desapareció. Volví a salmodiar mi latín, y llamaron en la puerta de la sala. Era un fraile franciscano, hacía poco llegado de Tierra Santa.

X. El padre Bernardo en otro tiempo había sido confesor de mi madre, y al volver de su peregrinación no olvidó traerle un rosario hecho con huesos de olivas del Monte Oliveto. Era viejo, pequeño, con la cabeza grande y calva; recordaba los santos románicos del pórtico de la catedral. Aquella tarde era la segunda vez que visitaba nuestra casa desde que estaba devuelto a su convento de Santiago. Yo, al verle entrar, dejé mi gramática y corrí a besarle la mano. Quedé arrodillado mirándole y esperando su bendición, y me pareció que hacía los cuernos. ¡Ay, cerré los ojos espantado de aquella burla del demonio! Con un escalofrío comprendí que era asechanza suya, y como aquellas que traían las historias de santos que yo comenzaba a leer en voz alta delante de mi madre y de Antonia. Era una asechanza para hacerme pecar, parecida a otra que se cuenta en la vida de San Antonio de Padua. El padre Bernardo, que mi abuela diría un santo sobre la tierra, se distrajo saludando a la oveja de otro tiempo, y olvidó formular su bendición sobre mi cabeza trasquilada y triste, con las orejas muy separadas, como para volar. Cabeza de niño sobre quien pesan las lúgubres cadenas de la infancia: el latín, de día, y el miedo a los muertos, de noche. El fraile habló en voz baja con mi madre, y mi madre levantó su mano del guante:

—¡Sal de aquí, niño!

XI. Basilisa la Galinda, una vieja que había sido nodriza de mi madre, se agachaba tras de la puerta. La vi y me retuvo del vestido, poniéndome en la boca su palma arrugada:
—No grites, picarito.

Yo la miré fijamente, porque le hallaba un extraño parecido con las gárgolas de la catedral. Ella, después de un momento, me empujó con blandura:
—¡Vete, neno!

Sacudí los hombros para desprenderme de su mano, que tenía las arrugas negras como tiznes, y quedé a su lado. Oíase la voz del franciscano:
—Se trata de salvar un alma...

Basilisa volvió a empujarme:
—Vete, que tú no puedes oír...

Y toda encorvada metía los ojos por la rendija de la puerta. Me agaché cerca de ella. Ya sólo me dijo estas palabras:
—¡No recuerdes más lo que oigas, picarito!

Yo me puse a reír. Era verdad que parecía una gárgola. No podía saber si perro, si gato, si lobo. Pero tenía un extraño parecido con aquellas figuras de piedra asomadas o tendidas sobre el atrio en la cornisa de la catedral.

XII. Se oía conversar en la sala. Un tiempo largo la voz del franciscano:
—Esta mañana fué a nuestro convento un joven tentado por el diablo. Me contó que había tenido la desgracia de enamorarse, y que, desesperado, quiso tener la ciencia infernal... Siendo la medianoche había impetrado el poder del demonio. El ángel malo se le apareció en un vasto arenal de ceniza, lleno con gran rumor de viento, que lo causaban sus alas de murciélago al agitarse bajo las estrellas.

Se oyó un suspiro de mi madre:
—¡Ay, Dios!

Proseguía el fraile:

—Satanás le dijo que le firmase un pacto y que le haría feliz en sus amores. Dudó el joven, porque tiene el agua del bautismo que hace a los cristianos, y le alejó con la cruz. Esta mañana, amaneciendo, llegó a nuestro convento, y en el secreto del confesonario me hizo su confesión. Le dije que renunciase a sus prácticas diabólicas, y se negó. Mis consejos no bastaron a persuadirle. ¡Es un alma que se condenará!...

Otra vez gimió mi madre:

—¡Prefería muerta a mi hija!

Y la voz del fraile, en un misterio de terror, proseguía:

—Muerta ella, acaso él triunfase del infierno. Viva, quizá se pierdan los dos... No basta el poder de una pobre mujer como tú para luchar contra la ciencia infernal.

Sollozó mi madre:

—¡Y la gracia de Dios!

Hubo un largo silencio. El fraile debía estar en oración meditando su respuesta; Basilisa la Galinda me tenía apretado contra su pecho. Se oyeron las sandalias del fraile, y la vieja me aflojó un poco los brazos para incorporarse y huir. Pero quedó inmóvil, retenida por aquella voz que luego sonó:

—La gracia no está siempre con nosotros, hija mía. Mana como una fuente y se seca como ella. Hay almas que sólo piensan en su salvación, y nunca sintieron amor por las otras criaturas: son las fuentes secas. Dime: ¿qué cuidado sintió tu corazón al anuncio de estar en riesgo de perderse un cristiano? ¿Qué haces tú por evitar ese negro concierto con los poderes infernales? ¡Negarle tu hija para, que la tenga de manos de Satanás!

Gritó mi madre:

—¡Más puede el Divino Jesús!

Y el fraile replicó con una voz de venganza:

—El amor debe ser por igual para todas las criaturas. Amar al padre, al hijo o al marido es amar figuras de lodo. Sin saberlo, con tu mano negra también azotas la cruz como el estudiante de Bretal.

Debía tener los brazos extendidos hacia mi madre. Después se oyó un rumor como si se alejase. Basilisa escapó conmigo, y vimos pasar a nuestro lado un gato negro. Al padre Bernardo nadie le vió salir. Basilisa fué aquella tarde al convento, y vino contando que estaba en una misión, a muchas leguas.

XIII. ¡Cómo la lluvia azotaba los cristales y cómo era triste la luz de la tarde en todas las estancias!...

Antonia borda cerca del balcón, y nuestra madre, recostada en el canapé, la mira fijamente, con esa mirada fascinante de las imágenes que tienen los ojos de cristal. Era un gran silencio en torno de nuestras almas, y sólo se oía el péndulo del reloj. Antonia quedó una vez soñando con la aguja en alto. Allá en el estrado suspiró nuestra madre, y mi hermana agitó los párpados como si despertase. Tocaban entonces todas las campanas de muchas iglesias. Basilisa entró con luces, miró detrás de las puertas y puso los tranqueros en las ventanas. Antonia volvió a soñar inclinada sobre el bordado. Mi madre me llamó con la mano, y me retuvo. Basilisa

trajo su rueca, y sentóse en el suelo, cerca del canapé. Yo sentía que los dientes de mi madre hacían el ruido de una castañeta. Basilisa se puso de rodillas mirándola, y mi madre gimió:
—Echa el gato que araña bajo el canapé.
Basilisa se inclinó:
—¿Dónde está el gato? Yo no lo veo.
—¿Y tampoco lo sientes?
Replicó la vieja, golpeando con la rueca:
—¡Tampoco lo siento!
Gritó mi madre:
—¡Antonia! ¡Antonia!
—¡Ay, diga, señora!
—¿En qué piensas?
—¡En nada, señora!
—¿Tú oyes cómo araña el gato?
Antonia escuchó un momento:
—¡Ya no araña!
Mi madre se estremeció toda:
—Araña delante de mis pies, pero tampoco lo veo.
Crispaba los dedos sobre mis hombros. Basilisa quiso acercar una luz, y se le apagó en la mano bajo una ráfaga que hizo batir todas las puertas. Entonces, mientras nuestra madre gritaba, sujetando a mi hermana por los cabellos, la Vieja, provista de una rama de olivo, se puso a rociar agua bendita por los rincones.

XIV. Mi madre se retiró a su alcoba, sonó la campanilla y acudió corriendo Basilisa, Después, Antonia abrió el balcón y miró a la plaza con ojos de sonámbula. Se retiró andando hacia atrás, y luego escapó. Yo quedé solo, con la frente pegada a los cristales del balcón, donde moría la luz de la tarde. Me pareció oír gritos en el interior de la casa, y no osé moverme, con la vaga impresión de que eran aquellos gritos algo que yo debía ignorar por ser niño. Y no me movía del hueco del balcón, devanando un razonar medroso y pueril, todo confuso con aquel nebuloso recordar de represiones bruscas y de encierros en una sala oscura. Era como envoltura de mi alma esa memoria dolorosa de los niños precoces que con los ojos agrandados oyen las conversaciones de las viejas y dejan los juegos por oírlas. Poco a poco cesaron los gritos, y cuando la casa quedó en silencio escapé de la sala. Saliendo por una puerta encontré a la Galinda:
—¡No barulles, picarito!
Me detuve sobre la punta de los pies ante la alcoba de mi madre. Tenía la puerta entornada, y llegaba de dentro un murmullo apenado y un gran olor de vinagre. Entré por el entorno de la puerta, sin moverla y sin ruido. Mi madre estaba acostada, con muchos pañuelos a la cabeza. Sobre la blancura de la sábana destacaba el perfil de su mano en el guante negro. Tenía los ojos abiertos, y al entrar yo los giró hacia la puerta, sin remover la cabeza:

—¡Hijo mío, espántame ese gato que tengo a los pies!

Me acerqué, y saltó al suelo un gato negro que salió corriendo. Basilisa la Galinda, que estaba en la puerta, también lo vió, y dijo que yo había podido espantarlo porque era un inocente.

XV. Y recuerdo a mi madre un día muy largo, en la luz triste de una habitación sin sol, que tiene las ventanas entornadas. Está inmóvil en su sillón, con las manos en cruz, con muchos pañuelos a la cabeza y la cara blanca. No habla, y vuelve los ojos cuando otros hablan, y mira fija, imponiendo silencio. Es aquél un día sin horas, todo en penumbra de media tarde. Y este día se acaba de repente, porque entran con luces en la alcoba. Mi madre está dando gritos:

—¡Ese gato!... ¡Ese gato!... Arráncármelo, que se me cuelga a la espalda!

Basilisa la Galinda vino a mí, y con mucho misterio me empujó hacia mi madre. Se agachó y me habló al oído, con la barbeta temblona, rozándome la cara con sus lunares de pelo:

—¡Cruza las manos!

Yo crucé las manos, y Basilisa me las impuso sobre la espalda de mi madre. Me acosó después en voz baja:

—¿Qué sientes, neno?

Respondí asustado, en el mismo tono que la vieja:

—¡Nada!... No siento nada, Basilisa.

—¿No sientes como lumbre?

—No siento nada, Basilisa.

—¿Ni los pelos del gato?

—¡Nada!

Y rompí a llorar, asustado por los gritos de mi madre. Basilisa me tomó en brazos y me sacó al corredor:

—¡Ay, picarito, tú has cometido algún pecado; por eso no pudiste espantar al enemigo malo!

Se volvió a la alcoba. Quedé en el corredor, lleno de miedo y de angustia, pensando en mis pecados de niño. Seguían los gritos en la alcoba, e iban con luces por toda la casa.

XVI. Después de aquel día tan largo, es una noche también muy larga, con luces encendidas delante de las imágenes y conversaciones en voz baja, sostenidas en el hueco de las puertas que rechinan al abrirse. Yo me senté en el corredor, cerca de una mesa donde había un candelero con dos velas, y me puse a pensar en la historia del gigante Goliat. Antonia, que pasó con el pañuelo sobre los ojos, me dijo con una voz de sombra:

—¿Qué haces ahí?

—Nada.

—¿Por qué no estudias?

La miré asombrado de que me preguntase por qué no estudiaba estando enferma nuestra madre. Antonia se alejó por el corredor, y volví a pensar en la historia de aquel gigante pagano que pudo morir de un tiro de piedra. Por aquel tiempo, nada admiraba tanto como la destreza con que manejó la honda el niño David: hacía propósito de ejercitarme en ella cuando saliese de paseo por la orilla del río. Tenía como un vago y novelesco presentimiento de poner mis tiros en la frente pálida del estudiante de Bretal. Y volvió a pasar Antonia con un braserillo donde se quemaba espliego:

—¿Por qué no te acuestas, niño?

Y otra vez se fué corriendo por el corredor. No me acosté, pero me dormí con la cabeza apoyada en la mesa.

XVII. No sé si fué una noche, si fueron muchas, porque la casa estaba siempre oscura y las luces encendidas ante las imágenes. Recuerdo que entre sueños oía los gritos de mi madre, las conversaciones misteriosas de los criados, el rechinar de las puertas y una campanilla que pasaba por la calle. Basilisa la Galinda venía por el candelero, se lo llevaba un momento y lo traía con dos velas nuevas que apenas alumbraban. Una de estas veces, al levantar la sien de encima de la mesa, vi a un hombre en mangas de camisa que estaba cosiendo, sentado al otro lado: era muy pequeño, con la frente calva y un chaleco encarnado. Me saludó sonriendo:

—¿Se dormía, estudioso pues?

Basilisa espabiló las velas:

—¿No te recuerdas de mi hermano, picarito?

Entre las nieblas del sueño recordé al señor Juan de Alberte. Le había visto algunas tardes que me llevó la vieja a las torres de la catedral. El hermano de Basilisa cosía bajo una bóveda, remendando sotanas. Suspiró la Galinda:

—Está aquí para avisar los óleos en la Corticela.

Yo empecé a llorar, y los dos viejos me dijeron que no hiciese ruido. Se oía la voz de mi madre:

—¡Espantarme ese gato! ¡Espantar ese gato!

Basilisa la Galinda entró en aquella alcoba, que estaba al pie de la escalera del fayado, y sale con una cruz de madera negra. Murmura unas palabras oscuras, y me santigua por el pecho, por la espalda y por los costados. Después me entrega la cruz, y ella toma las tijeras de su hermano, esas tijeras de sastre, grandes y mohosas, que tienen un son de hierro al abrirse:

—Habemos de libertarla, como pide...

Me condujo por la mano a la alcoba de mi madre, que seguía gritando:

—¡Espantarme ese gato! ¡Espantarme ese gato!

Sobre el umbral me aconsejó en voz baja:

—Llega muy paso y pon la cruz sobre la almohada... Yo quedo aquí, en la puerta.

Entré en la alcoba. Mi madre estaba incorporada, con el pelo revuelto, las manos tendidas y los dedos abiertos como garfios. Una mano era negra y otra blanca. Antonia la miraba, pálida y suplicante. Yo pasé rodeando, y vi de frente los ojos de mi hermana, negros, profundos y sin lágrimas. Me subí a la cama sin ruido, y puse la cruz sobre las almohadas. Allá en la puerta, toda encogida sobre el umbral, estaba Basilisa la Galinda. Sólo la vi un momento, mientras trepé a la cama, porque apenas puse la cruz en las almohadas, mi madre empezó a retorcerse, y un gato negro escapó de entre las ropas hacia la puerta. Cerré los ojos, y con ellos cerrados, oí sonar las tijeras de Basilisa: Después la vieja llegóse a la cama donde mi madre se retorcía, y me sacó en brazos de la alcoba: En el corredor cerca de la mesa que tenía detrás la sombra enana del sastre, a la luz de las velas, enseñaba dos recortes negros que le manchaban las manos de sangre, y decía que eran las orejas del gato. Y el viejo se ponía la capa, para avisar los santos óleos.

XVIII. Llenóse la casa de olor de cera y murmullo de gente que reza en confuso son... Entró un clérigo revestido, andando de prisa, con una mano de perfil sobre la boca. Se metía por las puertas guiado por Juan de Alberte. El sastre, con la cabeza vuelta, corretea tieso y enano, arrastra la capa y mece en dos dedos, muy gentil, la gorra por la visera, como hacen los menestrales en las procesiones. Detrás seguía un grupo oscuro y lento, rezando en voz baja. Iba por el centro de las estancias, de una puerta a otra puerta, sin extenderse. En el corredor se arrodillaron algunos bultos, y comenzaron a desgranarse las cabezas. Se hizo una fila que llegó hasta las puertas abiertas de la alcoba de mi madre. Dentro, con mantillas y una vela en la mano, estaban arrodilladas Antonia y la Galinda. Me fueron empujando hacia delante algunas manos que salían de los manteos oscuros, y volvían prestamente a juntarse sobre las cruces de los rosarios: Eran las manos sarmentosas de las viejas que rezaban en el corredor, alineadas a lo largo de la pared, con el perfil de la sombra pegado al cuerpo. En la alcoba de mi madre, una señora llorosa que tenía un pañuelo perfumado, y me pareció toda morada como una dalia con el hábito nazareno, me tomó de la mano y se arrodilló conmigo, ayudándome a tener una vela. El clérigo anduvo en torno de la cama, con un murmullo latino, leyendo en su libro...

Después alzaron las coberturas y descubrieron los pies de mi madre, rígidos y amarillentos. Yo comprendí que estaba muerta, y quedé aterrado y silencioso entre los brazos tibios de aquella señora tan hermosa, toda blanca y morada. Sentía un terror de gritar, una prudencia helada, una aridez sutil, un recato perverso de moverme entre los brazos y el seno de aquella dama toda blanca y morada, que inclinaba el perfil del rostro al par de mi mejilla y me ayudaba a sostener la vela funeraria.

XIX. La Galinda vino a retirarme de los brazos de aquella señora, y me condujo al borde de la cama donde mi madre estaba yerta y amarilla, con las manos arrebujadas entre los pliegues de la sábana. Basilisa me alzó del suelo para que viese bien aquel rostro de cera:

—Dile adiós, neno. Dile: Adiós, madre mía, más no te veré.

Me puso en el suelo la vieja, porque se cansaba, y después de respirar, volvió a levantarme metiendo bajo mis brazos sus manos sarmentosas:

— ¡Mírala bien! Guarda el recuerdo para cuando seas mayor... Bésala, neno.

Y me dobló sobre el rostro de la muerta. Casi rozando aquellos párpados inmóviles, empecé a gritar, revolviéndome entre los brazos de la Galinda. De pronto, con el pelo suelto, al otro lado de la cama aparecióse Antonia. Me arrebató a la vieja criada y me apretó contra el pecho sollozando y ahogándose. Bajo los besos acongojados de mi hermana, bajo la mirada de sus ojos enrojecidos, sentí un gran desconsuelo... Antonia estaba yerta, y llevaba en la cara una expresión de dolor extraño y obstinado. Ya en otra estancia, sentada en una silla baja, me tiene sobre su falda, me acaricia, vuelve a besarme sollozando, y luego, retorciéndome una mano, ríe, ríe, ríe... Una señora le da aire con su pañolito; otra, con los ojos asustados, destapa un pomo; otra entra por una puerta con un vaso de agua, tembloroso en la bandeja de metal.

XX. Yo estaba en un rincón, sumido en una pena confusa, que me hacía doler las sienes como la angustia del mareo. Lloraba a ratos y a ratos me distraía oyendo otros lloros. Debía ser cerca de media noche cuando abrieron de par en par una puerta, y temblaron en el fondo las luces de cuatro velas. Mi madre estaba amortajada en su caja negra. Yo entré en la alcoba sin ruido, y me senté en el hueco de la ventana. Alrededor de la caja velaban tres mujeres y el hermano de Basilisa. De tiempo en tiempo el sastre se levantaba y escupía en los dedos para espabilar las velas. Aquel sastre enano y garboso, del chaleco encarnado, tenía no sé qué destreza bufonesca al arrancar el pabilo e inflar los carrillos soplándose los dedos.

Oyendo los cuentos de las mujeres, poco a poco fuí dejando de llorar. Eran relatos de aparecidos y de personas enterradas vivas.

XXI. Rayando el día, entró en la alcoba una señora muy alta, con los ojos negros y el cabello blanco. Aquella señora besó a mi madre en los ojos mal cerrados, sin miedo al frío de la muerte y casi sin llorar. Después se arrodilló entre dos cirios, y mojaba en agua bendita una rama de olivo y la sacudía sobre el cuerpo de la muerta. Entró Basilisa buscándome con la mirada, y alzó la mano llamándome:

—¡Mira la abuela, picarito!

¡Era la abuela! Había venido en una mula desde su casa de la montaña, que estaba a siete leguas de Santiago. Yo sentía en aquel momento un golpe de herraduras sobre las losas del zaguán donde la mula había quedado atada. Era un golpe que parecía resonar en el vacío de la casa llena de lloros. Y me llamó desde la puerta mi hermana Antonia:

—¡Niño! ¡Niño!

Salí muy despacio, bajo la recomendación de la vieja criada. Antonia me tomó de la mano y me llevó a un rincón:

—¡Esa señora es la abuela! En adelante viviremos con ella.

Yo suspiré:

—¿Y por qué no me besa?
Antonia quedó un momento pensativa, mientras se enjugaba los ojos:
—¡Eres tonto! Primero tiene que rezar por mamá.
Rezó mucho tiempo. Al fin se levantó preguntando por nosotros, y Antonia me arrastró de la mano. La abuela ya llevaba un pañuelo de luto sobre el crespo cabello, todo de plata, que parecía realzar el negro fuego de los ojos. Sus dedos rozaron levemente mi mejilla, y todavía recuerdo la impresión que me produjo aquella mano de aldeana, áspera y sin ternura. Nos habló en dialecto:
—Murió la vuestra madre y ahora la madre lo seré yo... Otro amparo no tenéis en el mundo... Os llevo conmigo porque esta casa se cierra. Mañana, después de las misas, nos pondremos al camino.

XXII. Al día siguiente mi abuela cerró la casa, y nos pusimos en camino para San Clemente de Brandeso. Ya estaba yo en la calle montado en la mula de un montañés que me llavaba delante en el arzón, y oía en la casa batir las puertas, y gritar buscando a mi hermana Antonia. No la encontraban, y con los rostros demudados salían a los balcones, y tornaban a entrarse y a correr las estancias vacías, donde andaba el viento a batir las puertas, y las voces gritando por mi hermana. Desde la puerta de la catedral una beata la descubrió desmayada en el tejado. La llamamos y abrió los ojos bajo el sol matinal, asustada como si despertase de un mal sueño. Para bajarla del tejado, un sacristán con sotana y en mangas de camisa saca una larga escalera. Y cuando partíamos, se apareció en el atrio, con la capa revuelta por el viento, el estudiante de Bretal. Llevaba a la cara una venda negra, y bajo ella creí ver el recorte sangriento de las orejas rebanadas a cercén.

XXIII. En Santiago de Galicia, como ha sido uno de los santuarios del mundo, las almas todavía conservan los ojos abiertos para el milagro.

Del Misterio

¡Hay también un demonio familiar! Yo recuerdo que, cuando era niño, iba todas las noches a la tertulia de mi abuela una vieja que sabía estas cosas medrosas y terribles del misterio. Era una señora linajuda y devota que habitaba un caserón en la Rúa de los Plateros. Recuerdo que se pasaba las horas haciendo calceta tras los cristales de su balcón, con el gato en la falda. Doña Soledad Amarante era alta, consumida, con el cabello siempre fosco, manchado por grandes mechones blancos, y las mejillas descarnadas, esas mejillas de dolorida expresión que parecen vivir huérfanas de besos y de caricias. Aquella señora me infundía un vago terror, porque contaba que en el silencio de las altas horas oía el vuelo de las almas que se van, y que evocaban en el fondo de los espejos los rostros lívidos que miran con ojos agónicos. No, no olvidaré nunca la impresión que me causaba verla llegar al comienzo de la noche y sentarse en el sofá del estrado al par de mi abuela. Doña Soledad extendía un momento sobre el brasero las manos sarmentosas, luego sacaba la calceta de una bolsa de terciopelo carmesí y comenzaba la tarea. De tiempo en tiempo solía lamentarse:

— ¡Ay, Jesús!

Una noche llegó. Yo estaba medio dormido en el regazo de mi madre, y, sin embargo, sentí el peso magnético de sus ojos que me miraban. Mi madre también debió de advertir el maleficio de aquellas pupilas, que tenían el venenoso color de las turquesas, porque sus brazos me estrecharon más. Doña Soledad tomó asiento en el sofá, y en voz Baja hablaron ella y mi abuela. Yo sentía la respiración anhelosa de mi madre, que las observaba queriendo adivinar sus palabras. Un reloj dió las siete. Mi abuela se pasó el pañuelo por los ojos, y con la voz un poco insegura le dijo a mi madre:

—¿Por qué no acuestas a ese niño?

Mi madre se levantó conmigo en brazos, y me llevó al estrado para que besase a las dos señoras. Yo jamás sentí tan vivo el terror de doña Soledad. Me pasó su mano de momia por la cara y me dijo:

—¡Cómo te le pareces!

Y mi abuela murmuró al besarme:

—¡Reza por él, hijo mío!

Hablaban de mi padre, que estaba preso por legitimista en la cárcel de Santiago. Yo, conmovido, escondí la cabeza en el hombro de mi madre, que me estrechó con angustia:

—¡Pobres de nosotros, hijo!

Después me sofocó con sus besos, mientras sus ojos, aquellos ojos tan bellos, se abrían sobre mí enloquecidos, trágicos:

—¡Hijo de mi alma, otra nueva desgracia nos amenaza!

Doña Soledad dejó un momento la calceta y murmuró con la voz lejana de una sibila:

—A tu marido no le ocurre ninguna desgracia.
Y mi abuela suspiró:
—Acuesta al niño.
Yo lloré aferrando los brazos al cuello de mi madre:
—¡No quiero que me acuesten! Tengo miedo de quedarme solo. ¡No quiero que me acuesten!...
Mi madre me acarició con una mano nerviosa, que casi me hacía daño, y luego, volviéndose a las dos señoras, suplicó sollozante:
—¡No me atormenten! Díganme qué le sucede a mi marido. Tengo valor para saberlo todo.
Doña Soledad alzó sobre nosotros la mirada, aquella mirada que tenía el color maléfico de las turquesas, y habló con la voz llena de misterio, mientras sus dedos de momia movían las agujas de la calceta:
—¡Ay, Jesús!... A tu marido nada le sucede. Tiene un demonio que le defiende. Pero ha derramado sangre...
Mi madre repitió en voz baja y monótona, como si el alma estuviese ausente:
—¿Ha derramado sangre?
—Esta noche huyó de la cárcel matando al carcelero. Lo he visto en mi sueño.
Mi madre reprimió un grito y tuvo que sentarse para no caer. Estaba pálida, pero en sus ojos había el fuego de una esperanza trágica. Con las manos juntas interrogó:
—¿Se ha salvado?
—No sé.
—¿Y no puede usted saberlo?
—Puedo intentarlo.
Hubo un largo silencio. Yo temblaba en el regazo de mi madre, con los ojos asustados puestos en doña Soledad. La sala estaba casi a oscuras: En la calle cantaba el violín de un ciego, y el esquilón de las monjas volteaba anunciando la novena. Doña Soledad se levantó del sofá y andando sin ruido la vimos alejarse hacia el fondo de la sala, donde su sombra casi se desvaneció. Advertíase apenas la figura negra y la blancura de las manos inmóviles, en alto. Al poco comenzó a gemir débilmente, como si soñase. Yo, lleno de terror, lloraba quedo, y mi madre, oprimiéndome la boca, me decía ronca y trastornada:
—Calla, que vamos a saber de tu padre.
Yo me limpiaba las lágrimas para seguir viendo en la sombra la figura de doña Soledad. Mi madre interrogó con la voz resuelta y sombría:
—¿Puede verle?
—Sí... Corre por un camino lleno de riesgos, ahora solitario. Va solo por él... Nadie le sigue. Se ha detenido en la orilla de un río y teme pasarlo. Es un río como un mar...
—¡Virgen mía, que no lo pase!
—En la otra orilla hay un bando de palomas blancas.
—¿Está en salvo?

—Sí... Tiene un demonio que le protege. La sombra del muerto no puede, nada contra él. La sangre que derramó su mano, yo la veo caer gota a, gota sobre una cabeza inocente...

Una puerta batió lejos. Todos sentimos que alguien entraba en la sala. Mis cabellos se erizaron. Un aliento frío me rozó la frente, y los brazos invisibles de un fantasma quisieron arrebatarme del regazo de mi madre. Me incorporé asustado, sin poder gritar, y en el fondo nebuloso de un espejo vi los ojos de la muerte y surgir poco a poco la mate lividez del rostro, y la figura con sudario y un puñal en la garganta sangrienta. Mi madre, asustada viéndome temblar, me estrechaba contra su pecho. Yo le mostré el espejo, pero ella no vió nada: Doña Soledad dejó caer los brazos, hasta entonces inmóviles en alto, y desde el otro extremo de la sala, saliendo de las tinieblas como de un sueño, vino hacia nosotros. Su voz de sibila parecía venir también de muy lejos:

—¡Ay, Jesús! Sólo los ojos del niño le han visto. La sangre cae gota a gota sobre la cabeza inocente. Vaga en torno suyo la sombra vengativa del muerto. Toda la vida irá tras él. Hallábase en pecado cuando dejó el mundo, y es una sombra infernal. No puede perdonar. Un día desclavará el puñal que lleva en la garganta para herir al inocente.

Mis ojos de niño conservaron mucho tiempo el espanto de lo que entonces vieron, y mis oídos han vuelto a sentir muchas veces las pisadas del fantasma que camina a mi lado implacable y funesto, sin dejar que mi alma, toda llena de angustia, toda rendida al peso de torvas pasiones y anhelos purísimos, se asome fuera de la torre, donde sueña cautiva hace treinta años. ¡Ahora mismo estoy oyendo las silenciosas pisadas del alcaide carcelero!

A Medianoche

Corren jinete y espolique entre una nube de polvo: En la lejanía son apenas dos bultos que se destacan por oscuro sobre el fondo sangriento del ocaso. La hora, el sitio y lo solitario del camino, ayudan al misterio de aquellas sombras fugitivas. En una encrucijada el jinete tiró de las riendas al caballo, y lo paró, dudando entre tomar el camino de ruedas o el de herradura. El espolique que corría delante, parándose a su vez y mirando alternativamente a una y otra senda, interrogó:

—¿Por dónde echamos, mi amo?

El jinete dudó un instante antes de decidirse, y después contestó:

—Por donde sea más corto.

—Como más corto es por el monte. Pero por el camino real se evita pasar de noche la robleda del molino... ¡Tiene una fama!...

Volvió a sus dudas el de a caballo, y tras un momento de silencio a preguntar:

—¿Qué distancia hay por el monte?

—Habrá como cosa de unas tres leguas.

—¿Y por el camino real?

—Pues habrá como cosa de cinco.

El jinete dejó de refrenar el caballo:

—¡Por el monte!

Y sin detenerse echó por el viejo camino que serpentea a través del descampado donde apenas crece una yerba desmedrada y amarillenta. A lo lejos, confusas bandadas de vencejos revoloteaban sobre la laguna pantanosa. El mozo, que se había quedado un tanto atrás observando el aspecto del cielo y el dilatado horizonte donde aparecían ya muy desvaídos los arreboles del, ocaso, corrió a emparejarse con el jinete:

—¡Pique bien, mi amo! Si pica puede ser que aún tengamos luna para pasar la robleda.

Pronto se perdieron en una revuelta, entre los álamos que marcan la línea irregular del río. Cerró la noche y comenzó a ventar en ráfagas que pasaban veloces y roncas, inclinando los árboles sobre el camino, con un largo murmullo de todas sus hojas. Jinete y espolique corrieron mucho tiempo en la oscuridad profunda de una noche sin estrellas. Ya se percibía el rumor de la corriente que alimenta el molino y la masa oscura del robledal, cuando el mozo advirtió en voz baja:

—Mi amo, vaya prevenido por lo que pueda saltar.

—No hay cuidado.

—Y bien que le hay. Una vez, era uno así de la misma conformidad, porque tampoco tenía temor, y en la misma puente le salieron dos hombres y robáronle, y no lo mataron por milagro divino.

—Esos son cuentos.

—¡Tan cierto como que todos nos hemos de morir!

El jinete guardó silencio. Percibíase más cerca el rumor de la corriente aprisionada en los viejos dornajos del molino; era un rumor lleno de vaguedad y de misterio que tan pronto fingía alarido de can que ventea la muerte como un gemido de hombre a quien quitan la vida. El espolique corría al flanco del caballo. Allá en la hondonada recortaba su oscura silueta una iglesia cuyas campanas sonaban lentamente con el toque del nublado. El jinete, murmuró:
—Ya estamos cerca de la rectoral.
Y respondió el espolique:
—Engaña mucho la luna, mi amo.
De pronto moviéronse las zarzas de un seto separadas con fuerza, y una sombra saltó en mitad del camino:
—¡Alto! La bolsa o la vida.
Encabritóse el caballo, y el resplandor de un fogonazo iluminó con azulada vislumbre el rostro zaino y barbinegro de un hombre que tenía asidas las riendas y que se tambaleó y cayó pesadamente. El espolique inclinóse a mirarle, y creyó reconocerle.
—Mi amo, paréceme el Chipén.
—¿Quién dices?
—El hijo del molinero.
—¡Dios le haya perdonado!
—¡Amén!
—¿Tú le conocías?
—¡Era mismamente un Satanás!
Estaba tendido en medio del camino. Tenía una hoz asida con la diestra, descalzos los pies que parecían de cera, la boca llena de tierra y chamuscada la barba. Un hilo de sangre le corría de la frente. El jinete, afirmándose en la silla, le hincó las espuelas al caballo, que temblaba, y le hizo saltar por encima. El espolique le siguió. Chispearon bajo los cascos las piedras del camino, y amo y criado se perdieron en la oscuridad. Pronto descubrieron el molino en un claro del ramaje que iluminaba la luna. Era de aspecto sospechoso y estaba situado en una revuelta. Sentada en el umbral dormitaba una vieja tocada con el mantelo. Parecía hallarse en espera. El espolique la interrogó azorado:
—¿Lleva agua la presa?
La vieja se incorporó sobresaltada:
—Agua no falta, hijo.
—¿A quién aguarda?
—A nadie... Salíme un momento hace, por tomar la luna. Tengo molienda para toda la noche y hay que velar.
—¿No está el pariente?
—No está. Fuése a la villa para cumplir con la señora, mi ama, a quien pagamos un foro de doce ferrados de trigo y doce de centeno.
—¿Y el rapaz?

—Marchóse anochecido. ¡Cosas de rapaces! Pidióle relación a una moza de la aldea y tiene con ella parrafeo todas las noches.
—Bien dice: ¡Cosas de rapaces!
—Aquí estoy esperándole.
—Espérele muy dichosa.
Y el espolique se alejó corriendo para dar alcance al jinete. Emparejóse y siguió jadeante al flanco del caballo:
—¡No me andaba engañado, mi amo!
—Parece que no.
—¡Era aquel que dije!...
—¡Y la madre esperándole!...
Callaron con las almas sobresaltadas y cubiertas de misterio. Habían dejado el camino de herradura por otro de ruedas cuando se cruzaron con un arriero que iba medio dormido sobre su mula, arrebujado en una manta. Apartados sobre la orilla del camino secretearon amo y criado:
—Madruga la gente de la feria...
—Nos exponemos a un mal encuentro.
—Eso pensaba, mi amo.
—Tú, ahora te vuelves con el caballo. Yo tomo la barca.
—¿Y si no se atopan allí los mozos de la partida?
—Estará, cuando menos, don Ramón María ¿No te ha dicho que me esperaba?
—Eso díjome, sí señor.
—¿Qué hora será?
—Cuando cruzamos la aldea ya cantaban los gallos.
—Aun hay tres horas de noche.
—Eso habrá. ¿Conoce el camino?
—Creo que sí.
—Más mejor, salvo su parecer, sería que llegásemos a la puente, y luego yo volveríame por la vereda, que es camino más seguro.
—No repliques, rapaz.
—¡Dame pavor el muerto!
—Aun alcanzas compañía.
Y señalaba al arriero que subía el camino lleno de charcos, donde se reflejaba la luna.
—¡Puede recelarse!
—Disimulas. Monta si quieres...
Obedeció el espolique, y una vez sobre la silla se inclinó para escuchar al caballero, que le intimó en voz baja:
—¡Te va la vida en callar!
Y con esto arrendóse el encubierto, para dejarle paso, un dedo puesto sobre los labios: Al verse solo, se santiguó devotamente. ¿Adónde iba? ¿Quién era? Tal vez fuese un emigrado. Tal vez un cabecilla que volvía de Portugal. Pero de las viejas historias, de los viejos caminos, nunca se sabe el fin.

Mi Bisabuelo

Don Manuel Bermúdez y Bolaño, mi bisabuelo, fué un caballero alto, seco, con los ojos verdes y el perfil purísimo: Hablaba poco, paseaba solo, era orgulloso, violento y muy justiciero. Recuerdo que algunos días en la mejilla derecha tenía una roseola, casi una llaga: De aquella roseola la gente del pueblo murmuraba que era un beso de las brujas, y a medias palabras venían a decir lo mismo mis tías las Pedrayes. La imagen que conservo de mi bisabuelo es la de un viejo caduco y temblón que paseaba al abrigo de la iglesia en las tardes largas y doradas. ¡Qué amorosa evocación tiene para mí aquel tiempo! ¡Dorado es tu nombre, Santa María de Louro! ¡Dorada tu iglesia con nidos de golondrinas! ¡Doradas tus piedras! ¡Toda tú dorada, villa de Señorío!

De la casa que tuvo allí mi bisabuelo sólo queda una parra vieja que no da uvas, y de aquella familia tan antigua un eco en los libros parroquiales; pero en torno de la sombra de mi bisabuelo flota todavía una leyenda. Recuerdo que toda la parentela le tenía por un loco atrabiliario. Yo era un niño y se recataban de hablar en mi presencia; sin embargo, por palabras vagas llegué a descubrir que mi bisabuelo había estado preso en la cárcel de Santiago. En medio de una gran angustia presentía que era culpado de algún crimen lejano, y que había salido libre por dinero. Muchas noches no podía dormir, cavilando en aquel misterio, y se me oprimía el corazón si en las altas horas oía la voz embarullada del viejo caballero que soñaba a gritos. Dormía mi bisabuelo en una gran sala de la torre, con un criado a la puerta, y yo le suponía lleno de remordimientos, turbado su sueño por fantasmas y aparecidos. Aquel viejo tan adusto me quería mucho, y correspondíale mi candor de niño rezando para que le fuese perdonado su crimen. Ya estaban frías las manos de mi bisabuelo cuando supe cómo se habían cubierto de sangre.

Un anochecido escuché el relato a la vieja aldeana que ha sido siempre la crónica de la familia: Micaela hilaba su copo en la antesala redonda, y contaba a los otros criados las grandezas de la casa y las historias de los mayores. De mi bisabuelo recordaba que era un gran cazador, y que una tarde, cuando volvía de tirar a las perdices, salió a esperarle en el camino del monte el cabezalero de un forai que tenía en Juno. Era un hombre ciego a quien una hija suya guiaba de la mano. Iba con la cabeza descubierta al encuentro del caballero:

—¡Un ángel lo trae por estos caminos, mi amo!

Hablaba con la voz velada de lágrimas. Don Manuel Bermúdez le interrogó breve y muy adusto:

—¿Ha muerto tu madre?

—¡No lo permita Dios!

—¿Pues qué te ocurre?

—Por un falso testimonio están en la cárcel dos de mis hijos. ¡Quiere acabar con todos nosotros el escribano Malvido! Anda por las puertas con una obliga escrita, y va tomando las firmas para que ninguno vuelva a meter los ganados en las Brañas del Rey.

Suspiró la mocina que guiba a su padre:

—Yo lo vi a la puerta de tío Pedro de Vermo.

Se acercaron otras mujeres y unos niños que volvían del monte agobiados bajo grandes haces de carrascas. Todos rodearon a don Manuel Bermúdez:

—Ya los pobres no podemos vivir. El monte donde rozábamos nos lo quita un ladrón de la villa.

Clamó el ciego:

—Más os vale no hablar y arrancaros la lengua. Por palabras como ésas están en la cárcel dos de mis hijos.

Al callar el ciego gimió la mocina:

—Por estar encamada no se llevaron los alcaldes a mi madre Agueda.

Cuentan que mi bisabuelo al oír esto dió una voz muy enojado, imponiendo silencio:

—¡Habla tú, Serenín! ¡Que yo me entere!

Todos se apartaron, y el ciego labrador quedó en medio del camino con la cabeza descubierta, la calva dorada bajo el sol poniente: Llamábase Serenín de Bretal, y su madre, una labradora de cien años, Agueda la del Monte. Esta mujer había sido nodriza de mi bisabuelo, quien le guardaba amor tan grande, que algunas veces cuando andaba de cacería llegábase a visitarla, y sentábase bajo el emparrado a merendar en su compaña un cuenco de leche presa. Don Manuel Bermúdez, amparado en una sombra del camino, silencioso y adusto, oía la querella de Serenín de Bretal:

—¡Acaban con nos! ¡No sabemos ya dónde ir a rozar las carrascas, ni dónde llevar los ganados! Por puertas nos deja a todos los labradores el escribano Malvido. Los montes, que eran nuestros, nos los roban con papeles falsos y testimonios de lenguas pagadas, y porque reclamaron contra este fuero, tengo dos hijos en la cárcel. ¡Ya solamente nos queda a los labradores ponernos una piedra al cuello y echarnos de cabeza al río!

Se levantó un murmullo popular:

—¿Adónde irás que no penares?

—¡La suerte del pobre es pasar trabajos!

—Para el pobre nunca hay sol.

—¡Sufrir y penar! ¡Sufrir y penar! Es la ley del pobre.

Las mujeres que portaban los haces de carrascas, juntas con otras que volvían de los mercados, formaban corro en torno del ciego labrador, y a lo lejos una cuadrilla de cavadores escuchaba en la linde de la heredad descansando sobre las azadas. Don Manuel Bermúdez los miró a todos muy despacio, y luego les dijo:

—En la mano tenéis el remedio. ¿Por qué no matáis a ese perro rabioso?

Al pronto todos callaron, pero de repente una mujer gritó dejando caer su haz de carrascas y mesándose:

—¡Porque no hay hombres, señor! ¡Porque no hay hombres!

Desde lejos dejó oír su voz uno de los cavadores:
—Hay hombres, pero tienen las manos atadas.
Se revolvió la mujer:
—¿Quién vos las ata? ¡El miedo! ¡Callad, castrados! Qué boca habló por mí, cuando en una misma leva me llevaron tres hijos, y me dejaron como me veo, sin más amparo que el cielo que me cubre? ¡Callad, castrados!
Una vieja que venía hacia el camino, atravesando por los maizales, respondió con otras voces:
—¡Hay que acabar con los verdugos! ¡Hay que acabar con ellos!
Era Agueda la del Monte. Caminaba apoyándose en un palo, alta, encorvada, vestida de luto. El caballero la miró lleno de piedad:
—¿Por qué te has movido de tu puerta, Agueda?
—¡Para mirarte, sol de oro!
Serenín de Bretal volvió los ojos velados hacia donde sonaba la voz de la centenaria, y gritó a los vientos:
—¡Ya depusimos nuestro pleito al amo!
Agueda la del Monte se había sentado en una piedra del camino:
—Pues su consejo nos toca seguir. ¿Qué vos ha dicho?
Repuso Serenín, en medio del murmullo de muchas voces:
—El que nació de nobleza tiene un sentir, y otro el que nació de la tierra.
Agueda la del Monte se levantó apoyándose en el palo. Había sido una mujer gigantesca, y aun encorvada parecía muy alta, tenía los ojos negros, y era morena, del color del centeno:
—¡Sin escucharlas, sé las palabras de mi rey! ¡El rey que yo crié tuvo el mismo dictado que esta boca de tierra! ¡Acabar con los verdugos! ¡Acabar con ellos! ¡Sin escucharlas, sé las palabras de mi rey!
Clamó Serenín:
—¡Yo nada puedo hacer sin luz en los ojos y con los hijos en la cárcel!
Comenzaron a gritar las mujeres:
—¡Estas carrascas habían de ser para quemar vivo a ese ladrón de los pobres!
Se levantó sobre la ola una voz ya ronca:
—¿Dónde están los hombres? ¡Todos son castrados!
Y de pronto se aplacó el vocerío. Una lengua medrosa recomendó:
—Hay que callar y sufrir. Cada vida tiene su cruz. ¡Mirad quién viene!
Por lo alto de la cuesta, trotando sobre un asno, asomaba un jinete, y todos reconocieron al escribano Malvido. Cuentan que entonces mi bisabuelo se volvió a los cavadores que estaban en la linde de la heredad:
—Tengo la escopeta cargada con postas. ¿Alguno de vosotros quiere hacer un buen blanco?
Al pronto todos callaron. Luego destacóse uno entre los más viejos:
—El gavilán vuela siempre sobre el palomar. Uno se mata y otro viene.
—¿No queréis aprovechar la carga de mi escopeta?
Respondieron varias voces con ahinco.:

—¡Somos unos pobres, señor mayorazgo! ¡Cativos de nos! ¡Hijos de la tierra!
Agueda la del Monte se levantó con el regazo lleno de piedras:
—¡Las mujeres hemos de sepultar a los verdugos!
El escribano, mirando tanta gente en el camino, iba a torcer por un atajo, pero mi bisabuelo parece ser le llamó con grandes voces:
—Señor Malvido, acá le estamos esperando para hacer una buena justicia.
Respondió el otro muy alegre:
—¡Falta hace, señor mayorazgo! ¡Esta gente es contumaz!
Se acercó trotando. Mi bisabuelo, muy despacio, echóse la escopeta a la cara. Cuando le tuvo encañonado le gritó:
—¡Esta es mi justicia, señor Malvido!
Y de un tiro le dobló en tierra con la cabeza ensangrentada. Agueda la del Monte se arrodilló con los brazos abiertos, al pie de mi bisabuelo, que posó su mano blanca sobre la cabeza de la centenaria, y le dijo:
—¡Buena leche me has dado, madre Agueda!
Todos habían huído, y eran los dos solos en medio del camino, frente al muerto. Contaba Micaela la Galana que a raíz de aquel suceso mi bisabuelo había estado algún tiempo en la cárcel de Santiago. El hecho es cierto, pero fué otro el motivo. Muchos años después, para una información genealógica, he tenido que revolver papeles viejos, y pude averiguar que aquella prisión había sido por pertenecer al partido de los apostólicos el señor coronel de Milicias don Manuel Bermúdez y Bolaño. Era yo estudiante cuando llegué a formarme cabal idea de mi bisabuelo. Creo que ha, sido un carácter extraordinario, y así estimo sobre todas mis sangres la herencia suya. Aun ahora, vencido por tantos desengaños, recuerdo con orgullo aquel tiempo de mi mocedad, cuando, despechada conmigo toda mi parentela, decían las viejas santiguándose: ¡Otro don Manuel Bermúdez! ¡Bendito Dios!

Rosarito

I. Sentada ante uno de esos arcaicos veladores con tablero de damas, que tanta boga conquistaron en los comienzos del siglo, cabecea el sueño la anciana condesa de Cela. Los mechones plateados de sus cabellos, escapándose de la toca de encajes, rozan con intermitencias los naipes alineados para un solitario. En el otro extremo del canapé, está su nieta Rosarito. Aunque muy piadosas entrambas damas, es lo cierto que ninguna presta atención a la vida del santo del día, que el capellán del Pazo lee en alta voz, encorvado sobre el velador, y calados los espejuelos de recia armazón dorada. De pronto Rosarito levanta la cabeza, y se queda como abstraída fijos los ojos en la puerta del jardín que se abre sobre un fondo de ramajes oscuros y misteriosos. ¡No más misteriosos, en verdad, que la mirada de aquella niña pensativa y blanca! Vista a la tenue claridad de la lámpara, con la rubia cabeza en divino escorzo; la sombra de las pestañas temblando en el marfil de la mejilla; y el busto delicado y gentil destacándose en penumbra incierta sobre la dorada talla, y el damasco azul celeste del canapé, Rosarito recordaba esas ingenuas madonas pintadas sobre fondo de estrellas y luceros.

II. La niña entorna los ojos, palidece, y sus labios, agitados por temblor extraño, dejan escapar un grito:
— ¡Jesús!... ¡Qué miedo!...
Interrumpe su lectura el clérigo; y mirándola por encima de los espejuelos carraspea:
—¿Alguna araña, eh, señorita?...
Rosarito mueve la cabeza:
—¡No, señor, no!
Rosarito estaba muy pálida. Su voz, un poco velada, tenía esa inseguridad delatora del miedo y de la angustia. En vano por aparecer serena quiso continuar la labor que yacía en su regazo. Temblaba demasiado entre aquellas manos pálidas, transparentes como las de una santa; manos místicas y ardientes, que parecían adelgazadas en la oración por el suave roce de las cuentas del rosario. Profundamente abstraída clavó las agujas en el brazo del canapé. Después, con voz baja e íntima, cual si hablase consigo misma, balbució:
—¡Jesús!... ¡Qué cosa tan extraña!
Al mismo tiempo entornó los párpados, y cruzó las manos sobre el seno de candidas y gloriosas líneas: parecía soñar. El capellán la miró con extrañeza:
—¿Qué le pasa, señorita Rosario?
La niña entreabrió los ojos y lanzó un suspiro:
—¿Diga, don Benicio, será algún aviso del otro mundo?...
—¡Un aviso del otro mundo!... ¿Qué quiere usted decir?

Antes de contestar, Rosarito dirigió una nueva mirada al misterioso y dormido jardín, a través de cuyos ramajes se filtraba la blanca luz de la luna; luego, en voz débil y temblorosa, murmuró:

—Hace un momento juraría haber visto entrar por esa puerta a don Miguel Montenegro...

—¿Don Miguel, señorita?... ¿Está usted segura?

—Sî; era él, y me saludaba sonriendo...

—Pero ¿usted recuerda a don Miguel Montenegro? Si lo menos hace diez años que está en la emigración.

—Me acuerdo, don Benicio, como si le hubiese visto ayer. Era yo muy niña, y fuí con el abuelo a visitarle en la cárcel de Santiago, donde le tenían preso por liberal. El abuelo le llamaba primo. Don Miguel era muy alto, con el bigote muy retorcido y el pelo blanco y rizoso.

El capellán asintió:

—Justamente, justamente. A los treinta años tenía la cabeza más blanca que yo ahora. Sin duda, usted habrá oído referir la historia...

Rosarito juntó las manos:

—¡Oh! ¡Cuántas veces! El abuelo la contaba siempre.

Se interrumpió viendo enderezarse a la condesa. La anciana señora miró a su nieta con severidad, y todavía mal despierta murmuró:

—¿Qué tanto tienes que hablar, niña? Deja leer a don Benicio.

Rosarito inclinó la cabeza y se puso a mover las agujas de su labor. Pero don Benicio, que no estaba en ánimo de seguir leyendo, cerró el libro y bajó los anteojos hasta la punta de la nariz:

—Hablábamos del famoso don Miguel, señora condesa. Don Miguel Montenegro, emparentado, si no me engaño, con la ilustre casa de los condes de Cela...

La anciana le interrumpió:

—¿Y adónde han ido ustedes a buscar esa conversación? ¿También usted ha tenido noticia del hereje de mi primo? Yo sé que está en el país, y que conspira. El cura de Cela, que le conoció mucho en Portugal, le ha visto en la feria de Barbanzón, disfrazado de chalán.

Don Benicio se quitó los anteojos vivamente:

—¡Hum! He ahí una noticia, y una noticia de las más extraordinarias. Pero ¿no se equivocaría el cura de Cela?...

La condesa se encogió de hombros:

—¡Qué! ¿Lo duda usted? Pues yo no. ¡Conozco harto' bien a mi señor primo!

—Los años quebrantan las peñas, señora condesa: cuatro anduve yo por las montañas de Navarra con el fusil al hombro, y hoy, mientras otros baten el cobre, tengo que contentarme con pedir a Dios en la misa el triunfo de la santa causa.

Una sonrisa desdeñosa asomó en la desdentada boca de la linajuda señora:

—Pero ¿quiere usted compararse, don Benicio?... Ciertamente que en el caso de mi primo cualquiera se miraría antes de atravesar la frontera; pero esa rama de los

Montenegros es de locos. Loco era mi tío don José, loco es el hijo y locos serán los nietos. Usted habrá oído mil veces en casa de los curas hablar de don Miguel; pues bien: todo lo que se cuenta no es nada comparado con lo que ese hombre ha hecho.

El clérigo repitió a media voz:

—Ya sé, ya sé... Tengo oído mucho. ¡Es un hombre terrible, un libertino, un masón!

La condesa alzó los ojos al cielo y suspiró:

—¿Vendrá a nuestra casa? ¿Qué le parece a usted?

—¿Quién sabe? Conoce el buen corazón de la señora condesa.

El capellán sacó del pecho de su levitón un gran pañuelo a cuadros azules y lo sacudió en el aire con suma parsimonia; después se limpió la calva:

—¡Sería una verdadera desgracia! Si la señora atendiese mi consejo, le cerraría la puerta.

Rosarito lanzó un suspiro. Su abuela la miró severamente y se puso a repiquetear con los dedos en el brazo del canapé:

—Eso se dice pronto, don Benicio. Está visto que usted no le conoce. Yo le cerraría la puerta y él la echaría abajo. Por lo demás, tampoco debo olvidar que es mi primo.

Rosarito alzó la cabeza. En su boca de niña temblaba la sonrisa pálida de los corazones tristes, y en el fondo misterioso de sus pupilas brillaba una lágrima rota. De pronto lanzó un grito. Parado en el umbral de la puerta estaba un hombre de cabellos blancos, estatura gentil y talle todavía arrogante y erguido.

III. Don Miguel de Montenegro podría frisar en los sesenta años. Tenía ese hermoso y varonil tipo suevo tan frecuente en los hidalgos de la montaña gallega. Era el mayorazgo de una familia antigua y linajuda cuyo blasón lucía dieciséis cuarteles de nobleza, y una corona real en el jefe. Don Miguel, con gran escándalo de sus deudos y allegados, al volver de su primera emigración hizo picar las armas que campeaban sobre la puerta de su pazo solariego, un caserón antiguo y ruinoso mandado edificar por el mariscal Montenegro, que figuró en las guerras de Felipe V y fué el más notable de los de su linaje. Todavía se conserva en el país memoria de aquel señorón excéntrico, déspota y cazador, beodo y hospitalario. Don Miguel a los treinta años había malbaratado su patrimonio: solamente conservó las rentas y tierras de vínculo, el pazo y una capellanía, todo lo cual apenas le daba para comer. Entonces empezó su vida de conspirador y aventurero, vida tan llena de riesgos y azares como la de aquellos segundones hidalgos que se enganchaban en los tercios de Italia por buscar lances de amor, de espada y de fortuna. Liberal aforrado en masón, fingía gran menosprecio por toda suerte de timbres nobiliarios, lo que no impedía que fuese altivo y cruel como un árabe noble. Interiormente sentíase orgulloso de su abolengo, y, pese a su despreocupación dantoniana, placíale referir la leyenda heráldica que hace descender a los Montenegros de una emperatriz alemana. Creíase emparentado con las más nobles casas de Galicia, y desde el conde de Cela al de Altamira, con todos se igualaba y a todos llamaba primos, como se llaman entre sí los reyes. En cambio, despreciaba a los hidalgos sus vecinos y se burlaba de ellos sentándolos a su mesa y haciendo sentar a sus criados. Era cosa de ver a don Miguel erguirse cuan alto era, con el vaso desbordante, gritando con aquella engolada voz de gran señor que ponía asombro en sus huéspedes:

—En mi casa, señores, todos los hombres son iguales. Aquí es ley la doctrina del filósofo de Judea.

Don Miguel era uno de esos locos de buena vena, con maneras de gran señor, ingenio de coplero y alientos de pirata. Bullía de continuo en él una desesperación sin causa ni objeto, tan pronto arrebatada como burlona, ruidosa como sombría. Atribuíansele cosas verdaderamente extraordinarias. Cuando volvió de su primera emigración encontróse hecha la leyenda. Los viejos liberales partidarios de Riego contaban que le había blanqueado el cabello desde que una sentencia de muerte tuviérale tres días en capilla, de la cual consiguiera fugarse por un milagro de audacia. Pero las damiselas de su provincia, abuelas hoy que todas suspiran cuando recitan a sus nietas los versos de El Trovador, referían algo mucho más hermoso... Pasaba esto en los buenos tiempos del romanticismo, y fué preciso suponerle víctima de trágicos amores. ¡Cuántas veces oyera Rosarito en la tertulia de sus abuelos la historia de aquellos cabellos blancos! Contábala siempre su tía la de Camarasa—una señorita cincuentona que leía novelas con el ardor de una colegiala, y todavía cantaba en los estrados aristocráticos de Compostela melancólicas tonadas del año treinta—. Amada de Camarasa conoció a don Miguel en Lisboa, cuando las bodas del infante don Miguel. Era ella una niña, y habíale quedado muy presente la sombría figura de aquel emigrado español de erguido talle y ademán altivo, que todas las mañanas se paseaba con el poeta Espronceda en el atrio de la catedral, y no daba un paso sin golpear fieramente el suelo con la contera de su caña de Indias. Amada de Camarasa, no podía menos de suspirar siempre que hacía memoria de los alegres años pasados en Lisboa. ¡Quizá volvía a ver con los ojos de la imaginación la figura de cierto hidalgo lusitano de moreno rostro y amante labia, que había sido la única pasión de su juventud!... Pero ésta es otra historia que nada tiene que ver con la de don Miguel de Montenegro.

IV. El mayorazgo se había detenido en medio de la espaciosa sala, y saludaba encorvando su aventajado talle, aprisionado en largo levitón.

—Buenas noches, condesa de Cela. ¡He aquí a tu primo Montenegro que viene de Portugal!

Su voz, al sonar en medio del silencio de la anchurosa y oscura sala del pazo, parecía más poderosa y más hueca. La condesa, sin manifestar extrañeza, repuso con desabrimiento:

—Buenas noches, señor mío.

Don Miguel se atusó el bigote, y sonrió, como hombre acostumbrado a tales desvíos y que los tiene en poco. De antiguo recibíasele de igual modo en casa de todos sus deudos y allegados, sin que nunca se le antojara tomarlo a pecho: contentábase con hacerse obedecer de los criados y manifestar hacia los amos cierto desdén de gran señor. Era de ver cómo aquellos hidalgos campesinos que nunca habían salido de sus madrigueras concluían por humillarse ante la apostura caballeresca y la engolada voz del viejo libertino, cuya vida de conspirador, llena de azares desconocidos, ejercía sobre ellos el poder sugestivo de lo tenebroso. Don Miguel acercóse rápido a la condesa y tomóle la mano con aire a un tiempo cortés y familiar:

—Espero, prima, que me darás hospitalidad por una noche.

Así diciendo, con empaque de viejo gentilhombre, arrastró un pesado sillón de Moscovia, y tomó asiento al lado del canapé. En seguida, y sin esperar respuesta, volvióse a Rosarito. ¡Acaso había sentido el peso magnético de aquella mirada que tenía la curiosidad de la virgen y la pasión de la mujer! Puso el emigrado una mano sobre la rubia cabeza de la niña, obligándola a levantar los ojos, y con esa cortesanía exquisita y simpática de los viejos que han amado y galanteado mucho en su juventud pronunció a media voz—¡la voz honda y triste con que se recuerda el pasado!—:

—¿Tú no me reconoces, verdad, hija mía? Pero yo sí, te reconocería en cualquier parte... ¡Te pareces tanto a una tía tuya, hermana de tu abuelo, a la cual ya no has podido conocer!... Tú te llamas Rosarito, ¿verdad?

—Sí, señor.

Don Miguel se volvió a la condesa:

—¿Sabes, prima, que es muy linda la pequeña?

Y moviendo la plateada y varonil cabeza continuó cual si hablase consigo mismo:

—¡Demasiado linda para que pueda ser feliz!

La condesa, halagada en su vanidad de abuela, repuso con benignidad, sonriendo a su nieta:

—No me la trastornes, primo. ¡Sea ella buena, que el que sea linda es cosa de bien poco!...

El emigrado asintió con un gesto sombrío y teatral y quedó contemplando a la niña, que, con los ojos bajos, movía las agujas de su labor, temblorosa y torpe. ¿Adivinó el viejo libertino lo que pasaba en aquella alma tan pura? ¿Tenía él como todos los grandes seductores, esa intuición misteriosa que lee en lo íntimo de los corazones y conoce; las horas propicias al amor? Ello es que una sonrisa de increíble audacia tembló un momento bajo el mostacho blanco del hidalgo y que sus ojos verdes —soberbios y desdeñosos como los de un tirano o de un pirata:—se posaron con gallardía donjuanesca sobre aquella cabeza melancólicamente inclinada, que con su crencha de oro partida por estrecha raya tenía cierta castidad prerrafaélica. Pero la sonrisa y la mirada del emigrado fueron relámpagos por lo siniestras y por lo fugaces. Recobrada incontinenti su actitud de gran señor, don Miguel se inclinó ante la condesa:

—Perdona, prima, que todavía no te haya preguntado por mi primo el conde de Cela.

La anciana suspiró, levantando los ojos al cielo:

—¡Ay! ¡El conde de Cela lo es desde hace mucho tiempo mi hijo Pedro!...

El mayorazgo se enderezó en el sillón, dando con la contera de su caña en el suelo:

—¡Vive Dios! En la emigración nunca se sabe nada. Apenas llega una noticia... ¡Pobre amigo! ¡Pobre amigo!... ¡No somos más que polvo!...

Frunció las cejas, y apoyado a dos manos en el puño de oro de su bastón añadió con fanfarronería:

—Si antes lo hubiese sabido, créeme que no tendría el honor de hospedarme en tu palacio.

—¿Por qué?

—Porque tú nunca me has querido bien. ¡En eso eres de la familia!

La noble señora sonrió tristemente:

—Tú eres el que has renegado de todos. Pero ¿a qué viene recordar ahora eso? Cuenta has de dar a Dios de tu vida, y entonces...

Don Miguel se inclinó con sarcasmo:

—Te juro, prima, que, como tenga tiempo, he de arrepentirme.

El capellán, que no había desplegado los labios, repuso afablemente, afabilidad que le imponía el miedo a la cólera del hidalgo:

—Volterianismos, don Miguel... Volterianismos que después, en la hora de la muerte...

Don Miguel no contestó. En los ojos de Rosarito acababa de leer un ruego tímido y ardiente a la vez. El viejo libertino miró al clérigo de alto abajo, y volviéndose a la niña, que temblaba, contestó sonriendo:

—¡No temas, hija mía! Si no creo en Dios, amo a los ángeles...

El clérigo, en el mismo tono conciliador y francote, volvió a repetir:

—¡Volterianismos, don Miguel!... ¡Volterianismos de la Francia!...

Intervino con alguna brusquedad la condesa, a quien lo mismo las impiedades que las galanterías del emigrado inspiraban vago terror:

—¡Dejémosle, don Benicio! Ni él ha de convencernos ni nosotros a él...

Don Miguel sonrió con exquisita ironía:

—¡Gracias, prima, por la ejecutoria de firmeza que das a mis ideas, pues ya he visto cuánta es la elocuencia de tu capellán!

La condesa sonrió fríamente con el borde de los labios, y dirigió una mirada autoritaria al clérigo para imponerle silencio. Después, adoptando esa actitud seria y un tanto melancólica con que las damas del año treinta se retrataban y recibían en el estrado a los caballeros, murmuró:

—¡Cuando pienso en el tiempo que hace que no nos hemos visto!... ¿De dónde sales ahora? ¿Qué nueva locura te trae? ¡Los emigrados no descansáis nunca!...

—Pasaron ya mis años de pelea... Ya no soy aquel que tú has conocido. Si he atravesado la frontera ha sido únicamente para traer socorros a la huérfana de un pobre emigrado a quien asesinaron los estudiantes de Coimbra. Cumplido este deber, me vuelvo a Portugal.

—¡Si es así, que Dios te acompañe!

V. Un antiguo reloj de sobremesa dió las diez. Era de plata dorada, y de gusto pesado y barroco, como obra del siglo XVIII. Representaba a. Baco coronado de pámpanos y dormido sobre un tonel. La condesa contó las horas en voz alta, y volvió al asunto de su conversación:

—Yo sabía que habías pasado por Santiago, y que después estuviste en la feria de Barbanzón disfrazad de chalán. Mis noticias eran de que conspirabas.

—Ya sé que eso se ha dicho.

—A ti se te juzga capaz de todo, menos de ejercer la caridad como un apóstol...

Y la noble señora sonreía con alguna incredulidad. Después de un momento añadió, bajando insensiblemente la voz:

—¡Es el caso que no debes tener la cabeza muy segura sobre los hombros!

Y tras la máscara de frialdad con que quiso revestir sus palabras, asomaban el interés y el afecto. Don Miguel repuso en el mismo tono confidencial, paseando la mirada por la sala:

—¡Ya habrás comprendido que vengo huyendo! Necesito un caballo para repasar mañana mismo la frontera.

—¿Mañana?

—Mañana.

La condesa reflexionó un momento:

—¡Es el caso que no tenemos en el pazo ni una mala montura!...

Y, como observase que el emigrado fruncía el ceño, añadió:

—Haces mal en dudarlo. Tú mismo puedes bajar a las cuadras, y verlo. Hará cosa de un mes pasó por aquí haciendo una requisa la partida de El Manco, y se llevó las dos yeguas que teníamos. No he querido volver a comprar, porque me exponía a que se repitiese el caso el mejor día.

Don Miguel de Montenegro la interrumpió:

—¿Y no hay en la aldea quien preste un caballo a la condesa de Cela?

A la pregunta del mayorazgo siguió un momento de silencio. Todas las cabezas se inclinaban, y parecían meditar. Rosarito, que con las manos en cruz y la labor caída en el regazo estaba sentada en el canapé al lado de la anciana, suspiró tímidamente:

—Abuelita, el sumiller tiene un caballo que no se atreve a montar.

Y con el rostro cubierto de rubor, entreabierta la boca de madona y el fondo de los ojos misterioso y cambiante, Rosarito se estrechaba a su abuela cual si buscase amparo en un peligro. Don Miguel la infundía miedo, pero un miedo sugestivo y fascinador. Quisiera no haberle conocido, y el pensar en que pudiera irse la entristecía. Aparecíasele como el héroe de un cuento medroso y bello cuyo relato se escucha temblando, y, sin embargo, cautiva el ánimo hasta el final con la fuerza de un sortilegio. Oyendo a la niña, el emigrado sonrió con caballeresco desdén, y aun hubo de atusarse el bigote suelto y bizarramente levantado sobre el labio. Su actitud era ligeramente burlona:

—¡Vive Dios! Un caballo que el sumiller no se atreve a montar casi debe ser un Bucéfalo. ¡He ahí, queridas mías, el corcel que me conviene!

La condesa movió distraídamente algunos naipes del solitario, y al cabo de un momento, como si el pensamiento y la palabra le viniesen de muy lejos, se dirigió al capellán:

—Don Benicio, será preciso que vaya usted a la rectoral y hable con el sumiller.

Don Benicio repuso, volviendo las hojas de El Año Cristiano:

—Yo haré lo que disponga la señora condesa; pero, salvo su mejor parecer, el mío es que más atendida había de ser una carta de vuecencia.

Aquí levantó el clérigo la tonsurada cabeza, y, al observar el gesto de contrariedad con que la dama le escuchaba, se apresuró a decir:

—Permítame, señora condesa, que me explique. El día de San Cidrán fuimos juntos de caza. Entre el sumiller y el abad de Cela, que se nos reunió en el monte, hiciéronme una jugarreta del demonio. Todo el día estuviéronse riendo. ¡Con sus sesenta años a cuestas, los dos tienen el humor de unos rapaces! Si me presento ahora en la rectoral pidiendo el caballo, por seguro que lo toman a burla. ¡Es un raposo muy viejo el señor sumiller!

Rosarito murmuró con anhelo al oído de la anciana:

—Abuelita, escríbale usted...

La mano trémula de la condesa acarició la rubia cabeza de su nieta:

—¡Ya, hija mía!

Y la condesa de Cela, que hacía tantos años estaba amagada de parálisis, irguióse sin ayuda, y, precedida del capellán, atravesó la sala, noblemente inclinada sobre su muleta, una de esas muletas como se ven en los santuarios, con cojín de terciopelo carmesí guarnecido por clavos de plata.

VI. Del fondo oscuro del jardín, donde los grillos daban serenata, llegaban murmullos y aromas. El vientecillo gentil que los traía estremecía los arbustos, sin despertar los pájaros que dormían en ellos. A veces el follaje se abría susurrando y penetraba el blanco rayo de la luna, que se quebraba en algún asiento de piedra oculto hasta entonces en sombra clandestina. El jardín cargado de aromas, y aquellas notas de la noche, impregnadas de voluptuosidad y de pereza, y aquel rayo de luna, y aquella soledad, y aquel misterio, traían como una evocación romántica de citas de amor en siglos de trovadores. Don Miguel se levantó del sillón, y, vencido por una distracción extraña, comenzó a pasearse entenebrecido y taciturno. Temblaba el piso bajo su andar marcial, y temblaban las arcaicas consolas, que parecían altares con su carga rococa de efigies, fanales y floreros. Los ojos de la niña seguían miedosos e inconscientes el ir y venir de aquella sombría figura, si el emigrado se acercaba a la luz, no se atrevían a mirarle; si se desvanecía en la penumbra, le buscaban con ansia. Don Miguel se detuvo en medio de la estancia. Rosarito bajó los párpados presurosa. Sonrióse el mayorazgo contemplando aquella rubia y delicada cabeza, que se inclinaba como lirio de oro, y después de un momento llegó a decir:

—¡Mírame, hija mía! ¡Tus ojos me recuerdan otros ojos que han llorado mucho por mí!

Tenía don Miguel los gestos trágicos y las frases siniestras y dolientes de los seductores románticos. En su juventud había conocido a lord Byron y la influencia del poeta inglés fuera en él decisiva. Las pestañas de Rosa rito rozaron la mejilla con tímido aleteo y permanecieron inclinadas como las de una novicia. El emigrado sacudió la blanca cabellera, aquella cabellera cuya novelesca historia tantas veces recordara la niña durante la velada, y fué a sentarse en el canapé:

—Si viniesen a prenderme, ¿tú qué harías? ¿Te atreverías a ocultarme en tu alcoba? ¡Una abadesa de San Payo salvó así la vida a tu abuelo!...

Rosarito no contestó. Ella, tan inocente, sentía el fuego del rubor en toda su carne. El viejo libertino la miraba intensamente, cual si sólo buscase el turbarla más. La presión de aquellos ojos verdes era a un tiempo sombría y fascinadora, inquietante y audaz: dijérase que infiltraban el amor como un veneno, que violaban las almas y que robaban los besos a las bocas más puras. Después de un momento, añadió con amarga sonrisa:

—Escucha lo que voy a decirte. Si viniesen a prenderme, yo me haría matar. ¡Mi vida ya no puede ser ni larga ni feliz, y aquí tus manos piadosas me amortajarían!...

Cual si quisiera alejar sombríos pensamientos, agitó la cabeza con movimiento varonil y hermoso, y echó hacia atrás los cabellos que oscurecían su frente, una frente altanera y desguarnida que parecía encerrar todas las exageraciones y todas las demencias, lo mismo las del amor que las del odio, las celestes que las diabólicas... Rosarito murmuró casi sin voz:

—¡Yo haré una novena a la Virgen para que le saque a usted con bien de tantos peligros!...

Una onda de indecible compasión la ahogaba con ahogo dulcísimo. Sentíase presa de confusión extraña, pronta a llorar, no sabía si de ansiedad, si de pena, si de ternura; conmovida hasta lo más hondo de su ser por conmoción oscura hasta entonces ni gustada ni presentida. El fuego del rubor quemábale las mejillas; el corazón quería saltársele del pecho; un nudo de divina angustia oprimía su garganta; escalofríos misteriosos recorrían su carne. Temblorosa, con el temblor que la proximidad del hombre infunde en las vírgenes, quiso huir de aquellos ojos dominadores que la miraban siempre, pero el sortilegio resistió. El emigrado la retuvo con un extraño gesto, tiránico y amante, y ella, llorosa, vencida, cubrióse el rostro con las manos, las hermosas manos de novicia, pálidas, místicas, ardientes.

VII. La condesa apareció en la puerta de la estancia, donde se detuvo jadeante y sin fuerzas:

—¡Rosarito, hija mía, ven a darme el brazo!...

Con la muleta apartaba el blasonado portier. Rosarito se limpió los ojos, y acudió velozmente. La noble señora apoyó la diestra blanca y temblona en el hombro de su nieta y cobró aliento en un suspiro:

—¡Allá va camino de la rectoral ese bienaventurado de don Benicio!...

Después sus ojos buscaron al emigrado:

—¿Tú, supongo que hasta mañana no te pondrás en camino? Aquí estás seguro como no lo estarías en parte ninguna.

En los labios de don Miguel asomó una sonrisa de hermoso desdén. La boca de aquel hidalgo aventurero reproducía el gesto con que los grandes señores de otros tiempos desafiaban la muerte. Don Rodrigo Calderón debió de sonreír así sobre el cadalso. La condesa, dejándose caer en el canapé, añadió con suave ironía:

—He mandado disponer la habitación en que, según las crónicas, vivió fray Diego de Cádiz cuando estuvo en el pazo. Paréceme que la habitación de un santo es la que mejor conviene a vuesa mercé...

Y terminó la frase con una sonrisa. El mayorazgo se inclinó mostrando asentimiento burlón:

—Santos hubo que comenzaron siendo grandes pecadores.

—¡Si fray Diego quisiese hacer contigo un milagro!

—Esperémoslo, prima.

—¡Yo lo espero!

El viejo conspirador, cambiando repentinamente de talante, exclamó con cierta violencia:

—¡Diez leguas he andado por cuetos y vericuetos, y estoy más que molido, prima!

Don Miguel se había puesto en pie. La condesa le interrumpió murmurando:

—¡Válgate Dios con la vida que traes! Pues es menester recogerse y cobrar fuerzas para mañana.

Después, volviéndose a su nieta, añadió:

—Tú le alumbrarás y enseñarás el camino, pequeña.

Rosarito asintió con la cabeza, como hacen los niños tímidos, y fué a encender uno de los Candelabros que había sobre la gran consola situada enfrente del estrado. Trémula como una desposada, se adelantó hacia la puerta, donde hubo de esperar a que terminase el coloquio que el mayorazgo y la condesa sostenían en voz baja. Rosarito apenas percibía un vago murmullo. Suspirando apoyó la cabeza en la pared, y entornó los párpados. Sentíase presa de una turbación llena de palpitaciones tumultuosas y confusas. En aquella actitud de cariátide parecía figura ideal detenida en el lindar de la otra vida. Estaba tan pálida y tan triste, que no era posible contemplarla un instante sin sentir anegado el corazón por la idea de la muerte... Su abuela la llamó:

—¿Qué te pasa, pequeña?

Rosarito, por toda respuesta, abrió los ojos, sonriendo tristemente. La anciana movió la cabeza con muestra de disgusto, y se volvió a don Miguel:

—A ti aun espero verte mañana. El capellán nos dirá la misa de alba en la capilla, y quiero que la oigas...

El mayorazgo se inclinó como pudiera hacerlo ante una reina. Después, con aquel andar altivo y soberano que tan en consonancia estaba con la índole de su alma, atravesó la sala. Cuando el portier cayó tras él, la condesa de Cela tuvo que enjugarse algunas lágrimas.

—¡Qué vida, Dios mío! ¡Qué vida!

VIII. La sala del pazo—aquella gran sala adornada con cornucopias y retratos de generales, de damas y obispos— yace sumida en trémula penumbra. La anciana condesa dormita en el canapé. Encima del velador parecen hacer otro tanto el bastón del mayorazgo y la labor de Rosarito. Tropel de fantasmas se agita entre los cortinajes espesos. ¡Todo duerme! Mas he aquí que de pronto la condesa abre los ojos y los fija con sobresalto en la puerta del jardín. Imagínase haber oído un grito en sueños, uno de esos gritos de la noche inarticulados y por demás medrosos. Con la cabeza echada hacia delante, y el ánimo acobardado y suspenso, permanece breves instantes en escucha... ¡Nada! El silencio es profundo. Solamente turba la quietud de la estancia el latir acompasado y menudo de un reloj que brilla en el fondo apenas esclarecido...

La condesa ha vuelto a dormirse.

Un ratón sale de su escondite y atraviesa la sala con gentil y vivaz trotecillo. Las cornucopias le contemplan desde lo alto: parecen pupilas de monstruos ocultos en los rincones oscuros. El reflejo de la luna penetra hasta el centro del salón: los daguerrotipos centellean sobre las consolas, apoyados en los jarrones llenos de rosas. Por intervalos se escucha la voz aflautada y doliente de un sapo que canta en el jardín. Es la medianoche, y la luz de la lámpara agoniza.

La condesa se despierta y hace la señal de la cruz.

De nuevo ha oído un grito, pero esta vez tan claro, tan distinto, que ya no duda. Requiere la muleta, y en actitud de incorporarse escucha. Un gatazo negro, encaramado en el respaldo de una silla, acéchala con ojos lucientes. La condesa siente el escalofrío del miedo. Por escapar a esta obsesión de sus sentidos se levanta y sale de la estancia. El gatazo negro la sigue maullando lastimeramente: su cola fosca, su lomo enarcado, sus ojos fosforescentes le dan todo el aspecto de un animal embrujado. El corredor es oscuro. El golpe de la muleta resuena como en la desierta nave de una iglesia. Allá al final, una puerta entornada deja escapar un rayo de luz...

La condesa de Cela llega temblando.

La cámara está desierta, parece abandonada. Por una ventana abierta que cae al jardín alcánzase a ver en esbozo fantástico masas de árboles que se recortan sobre el cielo negro y estrellado; la brisa nocturna estremece las bujías de un candelabro de plata, que lloran sin consuelo en las doradas arandelas; aquella ventana abierta sobre el jardín misterioso y oscuro tiene algo de evocador y sugestivo. ¡Parece que alguno acaba de huir por ella!...

La condesa se detiene, paralizada de terror.

En el fondo de la estancia, el lecho de palo santo donde había dormido fray Diego de Cádiz dibuja sus líneas rígidas y severas a través de luengos cortinajes de antiguo damasco carmesí, que parece tener algo de litúrgico. A veces una mancha negra pasa corriendo sobre el muro: tomaríasela por la sombra de un pájaro

gigantesco; se la ve posarse en el techo y deformarse en los ángulos, arrastrarse por el suelo y esconderse bajo las sillas; de improviso, presa de un vértigo funambulesco, otra vez salta al muro, y galopa por él como una araña...
La condesa cree morir.
En aquella hora, en medio de aquel silencio, el rumor más leve acrecienta su alucinación. Un mueble que cruje, un gusano que carcome en la madera, el viento que se retuerce en el mainel de las ventanas, todo tiene para ella entonaciones trágicas o pavorosas. Encorvada sobre la muleta, tiembla con todos sus miembros. Se acerca al lecho, separa las cortinas y mira... ¡Rosarito está allí inanimada, yerta, blanca! Dos lágrimas humedecen sus mejillas. Los ojos tienen la mirada fija y aterradora de los muertos. ¡Por su corpiño blanco corre un hilo de sangre!... El alfilerón de oro que momentos antes aún sujetaba la trenza de la niña está bárbaramente clavado en su pecho, sobre el corazón. La rubia cabellera extiéndese por la almohada, trágica, magdalénica...

Comedia De Ensueño

(Una cueva en el monte, sobre la encrucijada de dos caminos de herradura. Algunos hombres, a caballo, llegan en tropel, y una vieja asomé en, la boca de la cueva. Su figura se destaca por oscuro sobre el fondo rojizo donde llamea el fuego del hogar. Es la hora del anochecer, y las águilas que tienen su nido en los peñascales se ciernen con un vuelo pesado que deja oír el golpe de las alas.)

LA VIEJA.—¡Con cuánto afán os esperaba, hijos míos! Desde ayer tengo encendido un buen fuego para que podáis calentaros. ¿Vendréis desfallecidos?

(La vieja éntrase en la cueva, y los hombres descabalgan. Tienen los rostros cetrinos, y sus pupilas destellan en el blanco de los ojos con extraña ferocidad. Uno de ellos queda al cuidado de los caballos, y los otros, con las alforjas al hombro, penetran en la cueva y se sientan al amor del fuego. Son doce ladrones y el capitán.)

LA VIEJA.—¿Habéis tenido suerte, mis hijos?
EL CAPITÁN.—¡Ahora lo veréis, Madre Silvia! Muchachos, juntad el botín para que puedan hacerse las particiones.
LA VIEJA.— Nunca habéis hecho tan larga ausencia.
EL CAPITÁN.— No requería menos el lance, Madre Silvia.

(La Madre Silvia tiende un paño sobre el hogar, y sus ojos acechan avarientos cómo las manos de aquellos doce hombres desaparecen en lo hondo de las alforjas y sacan enredadas las joyas de oro, que destellan al temblor de las llamas.)

LA VIELA.—¡Jamás he visto tan rica pedrería!
EL CAPITÁN.—¿No queda nada en tus alforjas, Ferragut?
FERRAGUT.—¡Nada, capitán!
EL CAPITÁN.—¿Y en las tuyas, Galaor?
GALAOR.—¡Nada, capitán!
EL CAPITÁN.—¿Y en las tuyas, Fierabrás?
FIERABRÁS.—¡Nada!...
EL CAPITÁN.—Está bien. Tened por cierto, hijos míos, que pagaréis con la vida cualquier engaño. Alumbrad aquí, Madre Silvia.

(La Madre Silvia descuelga el candil. El capitán requiere sus alforjas que al entrar dejó sobre un escaño que hay delante del fuego, y los ladrones se acercan. Sobre aquel grupo de cabezas cetrinas y curiosas flamea el reflejo sangriento de la hoguera. El capitán saca de las alforjas un lenzuelo bordado de oro, y al desplegarlo se ve que sirve de mortaja a una mano cercenada. Una mano de mujer con los dedos llenos de anillos y blancura de flor.)

LA VIEJA.—¡Qué anillos! Cada uno vale una tortuna. No los hay más ricos ni más bellos. Aprended, hijos...
EL CAPITÁN.—¡Bella es también la mano, y mucho debía de serlo su dueña!
LA VIELA.— ¿No la has visto?
EL CAPITÁN.—No... La mano asomaba fuera de una reja, y la hice rodar con un golpe de mi yatagán. Era una reja celada de jazmines, y sin el fulgor de los anillos la mano hubiera parecido otra flor. Yo pasaba al galope de mi caballo, y sin refrenarlo la hice caer entre las flores, salpicándolas de sangre; apenas tuve tiempo para cogerla y huir... ¡Ay, si hubiera podido imaginarla tan bella!

(El capitán queda pensativo: una nube de tristeza empaña su rostro, y en los ojos negros y violentos, que contemplan el fuego, tiembla el áureo reflejo de las llamas y de los sueños. Uno de los ladrones alcanza la mano, que yace sobre el paño de tisú, e intenta despojarla de los anillos, que parecen engastados a los dedos yertos. El capitán levanta la cabeza y fulmina una mirada terrible.)

EL CAPITÁN.—Deja lo que no puedes tocar, hijo de una perra. Deja esa mano que en mal hora cortó mi yatagán. ¡Así hubieran cegado mis ojos cuando la vi! ¡Pobre mano blanca que pronto habrá de marchitarse como las flores! ¡Diera todos mis tesoros por unirla otra vez al brazo de donde la corté!...
LA VIEJA.—¡Y acaso hallarías un tesoro mayor!
EL CAPITÁN.—Y por ver el rostro de aquella mujer diera la vida. Madre Silvia, tú que entiendes los misterios de la quiromancia dime quién era.

(El capitán suspira y los ladrones callan asombrados de ver cómo dos lágrimas le corren por las fieras mejillas. La Madre Silvia toma entre sus manos de bruja aquella mano blanca, y sin esfuerzo la despoja de 'los anillos. Luego frota la yerta palma para limpiarla de la sangre y poder leer en sus rayas. Los ladrones callan y atienden.)

LA VIEJA.—¡Desde el nacer, esta mano hallábase destinada a deshojar en el viento la flor que dicen de la buenaventura! Es la mano de una doncella encantada que, cuando dormía el enano su carcelero, asomaba fuera de la reja llamando a los caminantes.
EL CAPITÁN.—¡Con qué tierno misterio aún me llama a mí!...
LA VIEJA.—Ojos humanos no la habían visto hasta que la vieron los tuyos, porque el poder del enano a unos se la fingía como paloma blanca y a otros como flor de la reja florida.
EL CAPITÁN.—¡Por qué mis ojos la vieron sin aquel fingimiento!
LA VIEJA.—Porque se había puesto los anillos para que más no la creyesen ni paloma ni flor. Y pasaste tú, y de no haberla hecho rodar tu yatagán te habrías desposado con la encantada doncella, que es hija de un rey.

(El capitán calla pensativo. La Madre Silvia, a la luz del candil, cuenta y precia los anillos. Ferragut, Galaor, Fierabrás y los otros ladrones hacen la división del botín.)

    FERRAGUT.—Dadme acá esos anillos, Madre Silvia.
    GALAOR.—Dejad que los veamos.
    FIERABRÁS.—¡Buen golpe ha dado el capitán!
    ARGILAO.—¿No serán esos anillos cosa de encanto que desaparezca?
    SOLIMÁN.—Si eso temes, te compro el que te caiga en suerte.
    BARBARROJA.—Yo te lo compro, te lo cambio o te lo juego.
    LA VIEJA.—Esplenden tanta luz, que hasta mis manos arrugadas parecen hermosas con ellos.

(Después de estas palabras hay un silencio: se ha oída el canto de la lechuza, y todos atienden. Aun dura el silencio cuando en la boca de la cueva aparece una sombra con sayal penitente y luenga barba. Entra encapuchada y doblándose sobre el bordón. En medio de la cueva se endereza y se arranca las barbas venerables, que arroja en el hogar, donde levantan una llama leve y volandera. Los ladrones ríen con algazara. El capitán pasea sobre ellos su mirada.)

    EL ERMITAÑO.—Una nueva os traigo que rao es para fruncir el ceño, capitán.
    EL CAPITÁN.—Dila pronto, y vete.
    EL ERMITAÑO.—Antes de amanecer pasará por el monte una caravana de ricos mercaderes.

(Los ladrones se alborozan con risa de lobo que muestra los dientes. Ferragut afila su puñal en la piedra del hogar, y la vieja echa otro haz en el fuego.)

    EL CAPITÁN.—¿Son muchos los mercaderes?
    EL ERMITAÑO.—Son los hijos y los nietos de Eliván el Rojo.
    EL CAPITÁN.— ¿Y adonde caminan?
    EL ERMITAÑO.—A tierras lejanas, con sedas y brocados.

(El capitán calla contemplando el fuego, y vuelve a sumirse en la niebla de su ensueño. En la cueva penetra cauteloso un perro, uno de esos perros vagabundos que de noche, al claro de la luna corren por la orilla de las veredas solitarias. Se arrima al muro y con las orejas gachas rastrea en la sombra. Alguna vez levanta la cabeza y olfatea el aire; los ojos le relucen; es un perro blanco y espectral. Se oye un grito. El perro huye, y en los dientes lleva la mano cercenada, flor de albura y de misterio, que yacía sobre el paño de oro. Los ladrones salen en tropel a la boca de la cueva. El perro ha desaparecido en la noche.)

    EL CAPITÁN.—¡Seguidle!
    FERRAGUT.—Parece qué las sombras se lo hayan tragado.

SOLIMÁN.—Entró en la cueva sin ser visto de nadie.
GALAOR.—Es un perro embrujado.
BARBARROJA.—Por suerte, se lleva solamente la mano, que de los anillos ya había cuidado de despojarla Madre Silvia.
EL CAPITÁN.—¡Seguidle! La mitad de mis tesoros daré al que me devuelva esa mano. ¡Seguidle! Ferragut, Galaor, Solimán, batid el monte sin dejar una mata. Barbarroja, Gaiferos, Cifer, vosotros corred los caminos. ¡Pronto, a caballo! La mitad de mis tesoros tiene el que me devuelva esa mano, la mitad de mis tesoros y todos los anillos que habéis visto lucir en sus dedos yertos. ¡Pronto, pronto, a caballo! ¿No habéis oído? ¿Quién desoye mis órdenes? A batir el monte, a correr los caminos, o rodarán vuestras cabezas.

(El grupo de los ladrones permanece inmóvil en la encrucijada, y más al fondo, los caballos, con las sillas puestas, muerden la hierba áspera del monte. La luna ilumina el paraje rocoso, batido por todos los vientos. Se oye que pasa a lo lejos la caravana lenta y soñolienta. La Madre Silvia, desde la entrada de la cueva, deja oír su voz.)

LA VIEJA.—Hijos míos, no corráis el mundo inútilmente, que moriríais de viejos a lo largo de los caminos sin hallar la mano de la princesa... La caravana pasa, y aprovechad el bien que os depara la suerte.
EL CAPITÁN.—Calla, vieja maldita, si no quieres que te clave la lengua con mi puñal.
FERRAGUT.—¡No lo permitiera yo!
SOLIMÁN.—¡Ni yo!
BARBARROJA.—La Madre Silvia habla en razón.
GALAOR.—El capitán ha sido hechizado por aquella mano que cortó.
CIFER.—Yo por nada del mundo me pondría uno solo de esos anillos.
GAIFEROS.—Yo, si alguno me toca en suerte al repartir el botín, desde ahora lo renuncio.
EL CAPITÁN.—¡Callad, hijos de una perra! Yo iré solo, pues de ninguno necesito. Vosotros quedad aquí esperando la soga del verdugo.

(Adelanta un paso hacia el grupo de su gente, y queda mirándolos con altivo desdeño. Los ladrones esperan torvos y airados, prevenidas las manos sobre los puñales. Se oye más cerca el rumor de la caravana que cruza por el monte. El capitán con una gran vos llama a su caballo, monta y se aleja.)

LA VIEJA.— ¡Aguarda un consejo!
GAIFEROS.—No le llaméis, que no habrá de escucharos.
ARGILAO.—Ya nunca volverá.
FERRAGUT.—Desde ahora yo seré vuestro capitán.
BARBARROJA.—Yo lo seré.

SOLIMÁN.—Ved que todos pudiéramos decir lo mismo.
GALAOR.—Lo echaremos a suertes.
CIFER.—Que los dados lo decidan.

(La Madre Silvia tiende en el suelo el paño de oro que fué mortaja de la mano blanca, y los ladrones fian su suerte a los dados, mientras por el camino que ilumina la luna corre un jinete en busca de la mano de la princesa Quimera.)

Milón De La Arnoya

Una tarde, en tiempo de vendimias, se presentó en el cercado de nuestra casa una moza alta, flaca, renegrida, con el pelo fosco y los ojos ardientes, cavados en el cerco de las ojeras. Venía clamorosa y anhelando:

—¡Dadme amparo contra un rey de moros que me tiene presa! ¡Soy cautiva de un Iscariote!

Sentóse a la sombra de un carro desuncido y comenzó a recogerse la greña. Después llegóse al dornajo donde abrevaban los ganados y se lavó una herida que tenía en la sien. Serenín de Bretal, un viejo que pisaba la uva en una tinaja, se detuvo limpiándose el sudor con la mano roja del mosto:

—¡Cativos de nos! Si has menester amparo clama a la justicia. ¿Qué amparo podemos darte acá? ¡Cativos de nos!

Suplicó la mujer:

—¡Vedme cercada de llamas! ¿No hay una boca cristiana que me diga las palabras benditas que me liberten del Enemigo?

Interrogó una vieja:

—¿Tú no eres de esta tierra?

Sollozó la renegrida:

—Soy cuatro leguas arriba de Santiago. Vine a esta tierra por me poner a servir, y cuando estaba buscando amo caí con el alma en el cautiverio de Satanás. Fué un embrujo que me hicieron en una manzana reneta. Vivo en pecado con un mozo que me arrastra por las trenzas. Cautiva me tiene, que yo nunca le quise, y sólo deseo verle muerto. ¡Cautiva me tiene con sabiduría de Satanás!

Las mujeres y los viejos se santiguaron con un murmullo piadoso, pero los mozos relincharon como chivos barbudos, saltando en las tinajas, sobre los carros de la vendimia, rojos, desnudos y fuertes. Gritó Pedro el Arnelo, de Lugar de Condes:

—¡Jujurujú! No te dejes apalpar y hacer las cosquillas, y verás cómo se te vuela el Enemigo.

Resonaron las risas alegres y bárbaras. Las mozas, un poco encendidas, bajaban la frente y mordían el nudo de sus pañuelos. Los mozos, en lo alto de los carros, renovaban los brincos y los aturujos, pisando la uva. Pero de pronto cesó la fiesta. Mi abuela acababa de asomar en el patín, arrastrando su pierna gotosa y apoyada en el brazo de Micaela la Galana. Era doña Dolores Saco, mi abuela materna; una señora caritativa y orgullosa, alta, seca y muy a la antigua. La moza renegrida se volvió hacia el patín con los brazos en alto:

—¡Concédame su amparo., noble señora!

A mi abuela le temblaba la barbeta. Con un dejo autoritario interrogó:

—¿Qué amparo pides, moza?

—¡Contra un rey de moros! Vengo escapada de la cueva del monte donde me tenía presa.

Micaela la Galana murmuró al oído de mi abuela:
—¡Parece privada, Misia Dolores!
Y mi abuela levantó su lente de concha y tornó a interrogar, mirando a la moza:
—¿A quién llamas tú rey de moros?
—¡Rey de moros talmente, mi señora!
—Habla sin voces.
Gimió la renegrida:
—¡Me tiene cautiva con sabiduría de Satanás!
Intervino el viejo Serenín de Bretal:
—La señora quiere saber cómo se llama el mozo que te tiene en su dominio, y de dónde es nativo.
La renegrida levantaba los brazos, temblorosa y ronca:
—Milón de la Arnoya. ¿Nunca tenéis oído de él? Milón de la Arnoya.

Milón de la Arnoya era un jayán perseguido por la justicia, que vivía enfoscado en el monte, robando por siembras y majadas. En casa de mi abuela, cuando los criados se juntaban al anochecido para desgranar mazorcas, siempre salía el cuento de Milón de la Arnoya. Unas veces había sido visto en alguna feria, otras por caminos, otras, como el raposo, rondando alrededor de la aldea. Y Serenín de Bretal, que tenía un rebaño de ovejas, solía contar cómo robaba los corderos en las Gándaras de Barbanza. El nombre de aquel bigardo perseguido por la justicia había puesto una sombra en todos los rostros. Solamente mi abuela tuvo una sonrisa desdeñosa:

—Ese malvado, si viene por ti, no habrá de llevarte. ¡Quedas recibida en mi casa, moza!

Se levantó un murmullo en loa de mi abuela. La renegrida dió las gracias humildemente y fué a sentarse al arrimo del patín, con la cabeza cubierta. A lo lejos resonaban las voces de la vendimia. Una larga hilera de carros venía por la calzada. Mozas descalzas y encendidas caminaban delante, animando la yunta de los bueyes dorados; otras venían en las tinajas, las bocas llenas de cantos y de risas, teñidas del zumo de las uvas. Los carros entraron lentamente en el cercado; detrás del último apareció un mendigo todo en harapos. Era velludo y fuerte. La renegrida, que tenía la cabeza cubierta, se levantó como si le hubiese adivinado. Temblaba lívida y sombría.

—¡Perverso, ciencia de brujos te encaminó a esta puerta! ¡No rías, boca de Satanás!

El hombre no se movió del umbral. Furtivo, tendió la vista en torno y volviéndola a la tierra suspiró:
—Una sed de agua para un pobre que va de camino.
La renegrida gritó:
—Ese que vos habla es Milón de la Arnoya. ¡Ahí le tenéis! ¡De sed perezcas como un can rabioso, Milón de la Arnoya!

Se habían acallado todas las voces. Las mujeres miraban al mendigo llenas de curioso sobresalto y los hombres con recelo. Algunos empuñaban las picas de acuciar las yuntas. En lo alto del patín, mi abuela, abandonando el brazo en que se apoyaba, habíase erguido, seca y enérgica, con la barbeta siempre temblona. Se oyó su voz autoritaria:

—Socorred a ese hombre y que se vaya.

Milón de la Arnoya apenas levantó la frente obstinada:

—Misia Dolores, esa mujer es mi perdición. Ningún mal puede contar de mí. Habla la verdad de toda cosa, Gaitana.

La renegrida se retorció los brazos:

—¡Arrenegado seas, tentador! ¡Afrenegado seas!

Los ojos hundidos y apagados de mi abuela se avivaron con una llama de cólera:

—Mozos, echad a ese malvado de mi puerta.

Remigio de Bealo y Pedro el Arnelo se dirigieron a la cancela del cercado, pero el otro les contuvo hablando torvo y plañidero:

—¡Aguardad, que ya me voy! Más hermandad se ve entre los lobos que entre los hombres.

Se alejó. La renegrida, derribada en tierra, se retorcía con la boca espumante, y las vendimiadoras la rodeaban, sujetándola para que no se desgarrase las ropas. Serenín de Bretal trajo agua del pozo. Micaela la Galana bajó con un rosario, y en aquel momento oyéronse grandes voces que daba en la calzada Milón de la Arnoya. Eran unas voces como alaridos de alimaña montés, y la renegrida al oírlas se levantó en medio del corro de las mujeres, antes de que la hubiesen tocado con el rosario bendito. Espumante, ululante, mostrando entre jirones la carne convulsa, rompió por entre los carros de la vendimia y desapareció. Acudieron todos a la cancela y la vieron juntarse con Milón de la Arnoya. Después contaron que el forajido, prendiéndola de las trenzas, se la llevó arrastrando a su cueva del monte, y algunos dijeron que se habían sentido en el aire las alas de Satanás. Yo solamente vi, cuando anocheció y salió la luna, un buho sobre un ciprés.

Un Ejemplo

Amaro era un santo ermitaño que por aquel tiempo vivía en el monte vida penitente. Cierta tarde, hallándose en oración, vió pasar a lo lejos por el camino real a un hombre todo cubierto de polvo. El santo ermitaño, como era viejo, tenía la vista cansada y no pudo reconocerle, pero su corazón le advirtió quién era aquel caminante que iba por el mundo envuelto en los oros de la puesta solar, y alzándose de la tierra corrió hacia él implorando:

—¡Maestro, deja que llegue un triste pecador!

El caminante, aun cuando iba lejos, escuchó aquellas voces y se detuvo esperando. Amaro llegó falto de aliento, y llegando, arrodillóse y le besó la orla del manto, porque su corazón le había dicho que aquel caminante era Nuestro Señor Jesucristo.

—¡Maestro, déjame ir en tu compañía!

El Señor Jesucristo respondió:

—Amaro, una vez has venido conmigo y me abandonaste.

El santo ermitaño, sintiéndose culpable, inclinó la frente:

—¡Maestro, perdóname!

El Señor Jesucristo alzó la diestra traspasada por el clavo de la cruz:

—Perdonado estás. Sígueme.

Y continuó su ruta por el camino, que parecía alargarse hasta donde el sol se ponía, y en el mismo instante sintió desfallecer su ánimo aquel santo ermitaño:

—¿Está muy lejos el lugar adonde caminas, Maestro?

—El lugar adonde camino tanto está cerca, tanto lejos...

—¡No comprendo, Maestro!

—¿Y cómo decirte que todas las cosas o están allí donde nunca se llega o están en el corazón?

Amaro dió un largo suspiro. Había pasado en oración la noche y temía que le faltasen fuerzas para la jornada, que comenzaba a presentir larga y penosa. El camino a cada instante se hacía más estrecho, y no pudiendo caminar unidos, el santo ermitaño iba en pos del Maestro. Era tiempo de verano, y los pájaros, ya recogidos a sus nidos, cantaban entre los ramajes, y los pastores descendían del monte trayendo por delante el hato de las ovejas. Amaro, como era viejo y poco paciente, no tardó en dolerse del polvo, de la fatiga y de la sed. El Señor Jesucristo le oía con aquella sonrisa que parece entreabrir los cielos a los pecadores:

—Amaro, el que viene conmigo debe llevar el peso de mi cruz.

Y el santo ermitaño se disculpaba y dolía:

—Maestro, a verte tan viejo y acabado como yo, habías de quejarte asina.

El Señor Jesucristo le mostró los divinos pies que, desgarrados por las espinas del camino, sangraban en las sandalias, y siguió adelante. Amaro lanzó un suspiro de fatiga:

—¡Maestro, ya no puedo más!

Y viendo a un zagal que llegaba por medio de una gándara donde crecían amarillas retamas, sentóse a esperarle. El Señor Jesucristo se detuvo también:
—Amaro, un poco de ánimo y llegamos a la aldea.
—¡Maestro, déjame aquí! Mira que he cumplido cien años y que no puedo caminar. Aquel zagal que por allí viene tendrá cerca la majada, y le pediré que me deje pasar en ella la noche. Yo nada tengo que hacer en la aldea.
El Señor Jesucristo le miró muy severamente:
—Amaro, en la aldea una mujer endemoniada espera su curación hace años.
Calló, y en el silencio del anochecer sintiéronse unos alaridos que ponían espanto. Amaro, sobrecogido, se levantó de la piedra donde descansaba, y siguió andando tras el Señor Jesucristo. Antes de llegar a la aldea salió la luna plateando la cima de unos cipreses donde cantaba escondido aquel ruiseñor celestial que otro santo ermitaño oyó trescientos años embelesado. A lo lejos temblaban apenas el cristal de un río, que parecía llevar dormidas en su fondo las estrellas del cielo. Amaro suspiró:
—Maestro, dame licencia para descansar en este paraje.
Y otra vez contestó muy severamente el Señor Jesucristo:
—Cuenta los días que lleva sin descanso la mujer que grita en la aldea.
Con estas palabras cesó el canto del ruiseñor, y en una ráfaga de aire que se alzó de repente pasó el grito de la endemoniada y el ladrido de los perros vigilantes en las eras. Había cerrado la noche y los murciélagos volaban sobre el camino, unas veces en el claro de la luna y otras en la oscuridad de los ramajes. Algún tiempo caminaron en silencio. Estaban llegando a la aldea cuando las campanas comenzaron a tocar por sí solas, y era aquel el anuncio de que llegaba el Señor Jesucristo. Las nubes que cubrían la luna se desvanecieron y los rayos de plata al penetrar por entre los ramajes, iluminaron el camino, y los pájaros que dormían en los nidos despertáronse con un cántico, y en el polvo, bajo las divinas sandalias, florecieron las rosas y los lirios, y todo el aire se llenó con su aroma. Andados muy pocos pasos, recostada a la vera del camino, hallaron a la mujer que estaba poseída del Demonio. El Señor Jesucristo se detuvo y la luz de sus ojos cayó como la gracia de un milagro sobre aquella que se retorcía en el polvo y escupía hacia el camino. Tendiéndole las manos traspasadas, le dijo:
—Mujer, levántate y vuelve a tu casa.
La mujer se levantó, y ululando, con los dedos enredados en los cabellos, corrió hacia la aldea. Viéndola desaparecer a lo largo del camino, se lamentaba el santo ermitaño:
—¡Maestro!, ¿por qué no haberle devuelto aquí mismo la salud? ¿A qué ir más lejos?
—¡Amaro, que el milagro edifique también a los hombres sin fe que en este paraje la dejaron abandonada! Sígueme.
—¡Maestro, ten duelo de mí! ¿Por qué no haces con otro milagro que mis viejas piernas dejen de sentir el cansancio?
Un momento quedó triste y pensativo el Maestro. Después murmuró:

—¡Sea!... Ve y cúrala, pues has cobrado las fuerzas.

Y el santo ermitaño, que caminaba encorvado desde luengos años, enderezóse gozoso, libre de toda fatiga:

—¡Gracias, Maestro!

Y tomándole un extremo del manto se le besó. Y como al inclinarse viese los divinos pies, que ensangrentaban el polvo donde pisaban, murmuró avergonzado y enternecido:

—¡Maestro, deja que restañe tus heridas!

El Señor Jesucristo le sonrió:

—No puedo, Amaro. Debo enseñar a los hombres que el dolor es mi ley.

Luego de estas palabras se arrodilló a un lado del camino, y quedó en oración mientras se alejaba el santo ermitaño. La endemoniada, enredados los dedos en los cabellos, corría ante él: Era una vieja vestida de harapos, con los senos velludos y colgantes: En la orilla del río, que parecía de plata bajo el claro de la luna, se detuvo acezando: Dejóse caer sobre la yerba y comenzó a retorcerse y a plañir. El santo ermitaño no tardó en verse a su lado, y como sentía los bríos generosos de un mancebo, intentó sujetarla. Pero apenas sus manos tocaron aquella carne de pecado le sacudió una gran turbación. Miró a la endemoniada y la vió bajo la luz de la luna, bella como una princesa y vestida de sedas orientales, que las manos perversas desgarraban por descubrir las blancas flores de los senos. Amaro tuvo miedo: Volvía a sentir con el fuego juvenil de la sangre las tentaciones de la lujuria, y lloró recordando la paz del sendero, la santa fatiga de los que caminan por el mundo con el Señor Jesucristo. El alma entonces lloró acongojada, sintiendo que la carne se encendía. La mujer habíase desgarrado por completo la túnica y se le mostraba desnuda. Amaro, próximo a desfallecer, miró angustiado en torno suyo y sólo vió en la vastedad de la llanura desierta el rescoldo de una hoguera abandonada por los pastores. Entonces recordó las palabras del Maestro: ¡El dolor es mi ley!

Y arrastrándose llegó hasta la hoguera, y fortalecido escondió una mano en la brasa, mientras con la otra hacía la señal de la cruz. La mujer endemoniada desapareció. Albeaba el día. El santo ermitaño alzó la mano de la brasa, y en la palma llagada vió nacerle una rosa y a su lado al Señor Jesucristo.

Nochebuena

Era en la montaña gallega. Yo estudiaba entonces, gramática latina con el señor arcipreste de Celtigos, y vivía castigado en la rectoral. Aún me veo en el hueco de una ventana, lloroso y suspirante. Mis lágrimas caían silenciosas sobre la gramática de Nebrija, abierta encima del alféizar. Era el día de Nochebuena, y el señor arcipreste habíame condenado a no cenar hasta que supiese aquella terrible conjugación: "Fero, fers, tuli, latum."

Yo, perdida toda esperanza de conseguirlo, y dispuesto al ayuno como un santo ermitaño, me distraía mirando al huerto, donde cantaba un mirlo que recorría a saltos las ramas de un nogal centenario. Las nubes, pesadas y plomizas, iban a congregarse sobre la Sierra de Celtigos en un horizonte de agua, y los pastores, dando voces a sus rebaños, bajaban presurosos por los caminos, encapuchados en sus capas de juncos. El arco iris cubría el huerto, y los nogales oscuros y los mirtos verdes y húmedos parecían temblar en un rayo de anaranjada luz. Al caer la tarde, el señor arcipreste atravesó el huerto: Andaba encorvado bajo un gran paraguas azul: Se volvió desde la cancela, y viéndome en la ventana me llamó con la mano. Yo bajé tembloroso. El me dijo:

—¿Has aprendido eso?
—No, señor.
—¿Por qué?
—Porque es muy difícil.

El señor arcipreste sonrió bondadoso.

—Está bien: Mañana lo aprenderás. Ahora acompáñame a la iglesia.

Me cogió de la mano para resguardarme con el paraguas, pues comenzaba a caer una ligera llovizna, y echamos camino adelante. La iglesia estaba cerca. Tenía una puerta chata de estilo románico, y, según decía el señor arcipreste, era fundación de la Reina Doña Urraca. Entramos. Yo quedé solo en el presbiterio, y el señor arcipreste pasó a la sacristía hablando con el monago, recomendándole que lo tuviese todo dispuesto para la misa del gallo. Poco después volvíamos a salir. Ya no llovía, y el pálido creciente de la luna comenzaba a lucir en el cielo triste e invernal. El camino estaba oscuro, era un camino de herradura, pedregoso y con grandes charcos. De largo en largo hallábamos algún rapaz aldeano que dejaba beber pacíficamente a la yunta cansada de sus bueyes. Los pastores que volvían del monte, trayendo los rebaños por delante, se detenían en las revueltas y arreaban a un lado sus ovejas para dejarnos paso. Todos saludaban cristianamente:

—¡Alabado sea Dios!
—¡Alabado sea!
—Vaya muy dichoso el señor arcipreste y la su compaña.
—¡Amén!

Cuando llegamos a la rectoral era noche cerrada. Micaela, la sobrina del señor arcipreste, trajinaba disponiendo la cena. Nos sentamos en la cocina al amor de la lumbre: Micaela me miró sonriendo:
—¿Hoy no hay estudio, verdad?
—Hoy, no.
—¡Arrenegados latines, verdad?
—¡Verdad!
El señor arcipreste nos interrumpió severamente:
—No sabéis que el latín es la lengua de la Iglesia...
Y cuando ya cobraba aliento el señor arcipreste para edificarnos con una larga plática llena de ciencia teológica, sonaron bajo la ventana alegres conchas y bulliciosos panderos. Una voz cantó en las tinieblas de la noche:

>¡Nos aquí venimos,
>nos aquí llegamos,
>si nos dan licencia
>nos aquí cantamos!

El señor arcipreste les franqueó por sí mismo la puerta, y un corro de zagales invadió aquella cocina siempre hospitalaria. Venían de una aldea lejana: Al son de los panderos cantaron:

>Falade ven baixo,
>andade pasiño,
>porque non desperte
>o noso meniño.
>O noso meniño,
>o noso Jesús,
>que durme nas pallas
>sen verce e sen luz.

Callaron un momento, y entre el júbilo de las conchas y de los panderos volvieron a cantar:

>Si non fora porque teño
>esta cara de aldeán,
>déralle catro biquiños
>n' esa cara de mazan.
>Vamos de aquí par' a aldea
>que xa vimos de ruar,
>está Jesús a dormir
>e podémolo espertar.

Tras de haber cantado, bebieron largamente de aquel vino agrio, fresco y sano que el señor arcipreste cosechaba, y refocilados y calientes, fuéronse haciendo sonar las conchas y los panderos. Aun oíamos el chocleo de sus madreñas en las escaleras del patín, cuando una voz entonó:

> Esta casa e de pedra
> o diaño ergneuna axiña,
> para que durmisen xuntos
> o alcipreste e sua sobriña.

Al oír la copla, el señor arcipreste frunció el ceño. Micaela enderezóse colérica, y abandonando el perol donde hervía la clásica compota de manzanas, corrió a la ventana dando voces:

—¡Mal hablados!... ¡Mal enseñados!... ¡Así vos salgan al camino lobos rabiosos!

El señor arcipreste, sin desplegar los labios, se paseaba picando un cigarro con la uña y restregando el polvo entre las palmas. Al terminar llegóse al fuego y retiró un tizón, que le sirvió de candela. Entonces fijó en mí sus ojos enfoscados bajo las cejas canas y crecidas. Yo temblé. El señor arcipreste me dijo:

—¿Qué haces? Anda a buscar el Nebrija.

Salí suspirando. Así terminó mi Nochebuena en casa del señor arcipreste de Celtigos, Q. E. S. G. H.

Tula Varona

I. Los perros de caza iban y venían con carreras locas, avizorando las matas, horadando los huecos zarzales y metiéndose por los campos de centeno con alegría ruidosa de muchachos. Ramiro Mendoza, cansado de haber andado todo el día por cuetos y vericuetos, apenas ponía cuidado en tales retozos: Con la escopeta al hombro, las polainas blancas de polvo y el ancho sombrerazo en la mano, para que el aire le refresque la asoleada cabeza, regresaba a Villa-Julia, de donde había salido muy de mañana. El duquesito, como llamaban a Mendoza en el Foreigner Club, era cuarto o quinto hijo de aquel célebre duque de Ordax que murió hace algunos años en París completamente arruinado. A falta de otro patrimonio, heredó la gentil presencia de su padre, un verdadero noble español, quijotesco e ignorante, a quien las liviandades de una reina dieron pasajera celebridad. Aun hoy, cierta marquesa de cabellos plateados, que un tiempo los tuvo de oro y fué muy bella, suele referir a los íntimos que acuden a su tertulia los lances de aquella amorosa y palatina jornada.

II. El duquesito camina despacio y con fatiga. A mitad de una cuesta pedregosa, como oyese rodar algunos guijarros tras sí, se detiene y vuelve la cabeza. Tula Varona baja corriendo, encendidas las mejillas y los rizos de la frente alborotados:
—¡Eh! ¡Duque! ¡Duque!... ¡Espere usted, hombre! ¡He pasado un rato horrible! ¡Figúrese usted, que unos indígenas me dicen que anda por los alrededores un perro rabioso!
Ramiro procuró tranquilizarla:
—¡Bah! No será cierto. Si lo fuese, crea usted que le viviría reconocido a un perro tan amable...
Al tiempo que hablaba, sonreía de ese modo fatuo y cortés, que es frecuente en labios aristocráticos. Quiso luego poner su galantería al alcance de todas las inteligencias, y añadió:
—Digo esto, porque de otro modo quizá no tuviese...
Ella interrumpió, saludando con una cortesía burlona:
—Sí, ya sé... De otro modo, quizá no tuviese usted el alto honor de acompañarme.
Reía con risa hombruna que sonaba de un modo extraño en su cálida boca de criolla. Llevaba puesto un sombrerete de paja, sin velo ni cintajos, parecido a los que usan los hombres; guantes de perfumada gamuza y borceguíes blancos, llenos de polvo. Su cabeza era pequeña y rizada, el rostro gracioso, el talle encantador. Usaba corto el cabello, y esto le daba cierto aspecto de andrógino, alegre y juguetón. Rehizo en el molde de su lindo dedo los ricillos rebeldes que se le entraban por los ojos, y añadió:
—Venga acá la escopeta, duque. Si aparece por ahí ese perro, usted no debe tirarle... Es cuestión de agradecimiento. ¡Antes morir!

Riendo y loqueando tomó la escopeta de manos del duquesito, y caminó delante, un poco apresurada. Sus movimientos eran muy graciosos; pero su alegría, demasiado nerviosa, resultaba inquietante como las caricias de los gatos. El duquesito, que se había quedado atrás, la desnudaba con los ojos. ¡Vaya una mujer! Tenía los contornos redondos, la línea de las caderas ondulante y provocativa... El buen mozo tuvo intenciones de cogerla por la cintura y hacer una atrocidad. Afortunadamente, su entusiasmo halló abierta la válvula de los requiebros:

—¡Encantadora, Tula! ¡Admirable! ¡Parece usted Diana cazadora!

Tula, medio se volvió a mirarle:

—¡Ay! ¡Cuantísima erudición! Yo estaba en que usted no conocía íntimamente otra Diana que la artista de París.

Era tan maligna la sonrisa que guiñaba sus negros ojos, que el duquesito, un poco mortificado, quiso contestar a su vez algo terriblemente irónico. Pero en vano escudriñó los arcanos de su magín. La frase cruel, aquella de tres filos envenenados que debía clavarse en el corazón de la linda criolla, no pareció. ¡Oh! ¡Pobres mostachos, qué furiosamente os retorcieron entonces los dedos del duquesito!

III. Como cien pasos llevarían andados, y Tula, que caminaba siempre delante, se detuvo esperando a Mendoza:

—¡Ay! Tengo este hombro deshecho. Tome usted la escopeta. ¡Es más pesada que su dueño!

El otro la miró sin abandonar la sonrisa fatua y cortés. ¡La ironía, la terrible ironía, acababa de ocurrírsele!

—¡Eso, quién sabe, Tula! Usted aun no me ha tomado en peso.

Y se rió sonoramente, seguro de que tenía ingenio. Tula Varona le contempló un momento a través de las pestañas entornadas:

—¡Pero hombre, que sólo ha de tener usted contestaciones de almanaque! Le he oído eso mismo cientos de veces. ¡Y la gracia está en que tiene usted la misma respuesta para los dos sexos!

Como iba delante, al hablar volvía la cabeza, ya mirando al duquesito por encima de un hombro, ya del otro, con esos movimientos vivos y gentiles de los pájaros que beben al sol en los, arroyos.

IV. De aquella mujer, de sus trajes y de su tren, se murmuraba mucho en Villa-Julia: Sabíase que vivía separada de su marido, y se contaba una historia escandalosa. Cuando su doncella, una rubia inglesa muy al cabo de ciertas intimidades, deslizó en la oreja nacarada y monísima de la señora algo, como un eco, de tales murmuraciones, Tula se limitó a sonreír, al mismo tiempo que se miraba los dientes en el lindo espejillo de mano que tenía sobre la falda, un espejillo con marco de oro cincelado, que también tenía su historia galante. Tula Varona reunía todas las excentricidades y todas las audacias mundanas de las criollas que viven en París: Jugaba, bebía y tiraba del cigarrillo turco, con la insinuante fanfarronería de un colegial. Al verla apoyada en el taco del billar, discutiendo en medio de un corro de caballeros el efecto de una carambola, o las condiciones de un caballo de carreras, no se sabía si era una dama rastacuera o una aventurera.

V. Del sombrío caminejo de la montaña salieron a un gran raso de césped, que tenía en medio una fuentecilla rodeada por macizos de flores y bancos de hierro, colocados en círculo, a la festoneada sombra de algunos álamos. Grupos de turistas venían o se alejaban por la carretera. Dos jovencitas, sentadas cerca de la fuente, leían, comentándola, la carta de un amigo. Algunas señoras, pálidas y de trabajoso andar, llamaban a sus maridos con gritos lánguidos, y una niñera que tenía la frente llena de rizos contestaba, haciendo dengues, las bromas verdes de tres elegantes caballeretes. Se veían muchos trajes claros, muchas sombrillas rojas, blancas y tornasoladas. Tula llenó en la fuente su vaso de bolsillo, una monería de cristal de Bohemia, y lo alzó desbordante:

—¡Duque, brindo por usted!

Bebió entre los cuchicheos de las dos jovencitas que leían la carta. Al acabar estrelló el vaso contra las rocas y se echó a reir de modo provocativo:

—Vámonos, no escandelicemos.

Estaba muy linda: El sol la hería de soslayo, el viento le plegaba la falda. Desde la explanada dominábase el vasto panorama de la ría guarnecida de rizos: Los tilos del paseo de París y las torres de la ciudad destacaban sobre la faja roja que marcaba el ocaso. Después de un centenar de pasos empezaban los palacetes modernos. Tula se detuvo ante la. verja de un jardinillo. Tiró con fuerza de la cadena, que colgaba al lado de la puerta, y después dijo, introduciendo el enguantado, brazo por entre los barrotes:

—¡He aquí mi nido!

Los rayos del sol, que se ponía en un horizonte marino, cabrilleaban en los cristales. Era un hermoso nido, rodeado de follaje, con escalinata de mármol y balcones verdes, tapizados de enredaderas. Tula tendió con gallardía la mano al duquesito, y, mirándole a los ojos, pronunció con su acariciador acento de criolla:

—¿No quiere usted hacerme compañía un momento?... Tomaríamos mate a estilo de América.

El otro tuvo algún titubeo, y, a la postre, concluyó por animarse.

VI. La criolla le dejó en un saloncito sumido en amorosa penumbra. El ambiente estaba impregnado del aroma meridional y morisco de los jazmines que se enroscaban a los hierros del balcón. Tula indicóle un asiento con graciosa reverencia, y se ausentó velozmente, no sin tornar alguna vez la cabeza para mirar y sonreír al buen mozo:

—¡Vuelvo, duque, vuelvo! ¡No se asuste usted!

El duquesito la siguió con la vista. Tula Varona tenía ese andar cadencioso y elástico que deja adivinar unas piernas largas y esbeltas de venus griega. No tardó en aparecer envuelta en una bata de seda azul celeste, guarnecida de encajes. Posado en el hombro, traía un lorito, que salmodiaba el estribillo de un danzón, y balanceaba a compás su verde caperuza. De aquella traza, recordaba esos miniados de los códices antiguos, que representan emperatrices y princesas, aficionados a la cetrería, con rico brial de brocado y un hermoso gavilán en el puño. Dejó el loro sobre la cabeza de una estatuilla de bronce, capricho artístico de Pradier, y se puso a preparar el mate sobre una mesa de bambú, en un rincón del saloncito. De tiempo en tiempo volvíase con gentil escorzo de todo el busto, para lanzar al duque una mirada luminosa y rápida. Conocíase que quería hacer la conquista del buen mozo, y adoptaba con él aires de coquetería afectuosa, pero en el fondo de sus negras pupilas temblaba de continuo una risa burlona, que simulaba contenida por el marco de aquellas pestañas, rizas y luengas que, al mirar, se entornaban con voluptuosidad americana. Dejaba pasar pocos momentos sin dirigir la palabra a su amigo, y cuando lo hacía, era siempre de un modo picado y rápido. Colocaba la yerba en el fondo de la matera, y se volvía sonriente:

—A esto llaman allá cebar...

Echaba agua, tomaba un sorbo y añadía:

—Es operación que hacen las negritas.

Y después de otro momento, al poner azúcar:

—No crea usted, tiene sus dificultades.

Cuando hubo terminado, llamó a Ramiro Mendoza, que en el otro extremo del saloncito pasaba revista a una legión de idilios extendida sobre un mueble japonés. El buen mozo la felicitó campanudamente por aquella encantadora genialidad. Tula entornó sus aterciopelados ojos:

—¡Oh, muchas gracias!

Los elogios de un hombre tan elegante no podían menos de serle muy agradables. Pero resistíase a creer que fuesen sinceros. Ramiro protestó con mucho calor, y aquella protesta le valió una de esas miradas femeninas de parpadeo apasionado y rápido.

VII. Para explicarle cómo se tomaba el mate, Tula llevóse a los labios la boquilla de plata y sorbió lentamente. A menudo alzaba los párpados y sonreía. Los rizos caíanle sobre los ojos; el cuello mórbido y desnudo, graciosamente encorvado, parecía salir de una cascada de encajes. La azul y ondulante entreabertura de la manga dejaba ver en incitante penumbra un brazo de tonos algo velados y dibujo intachable, que sostenía la matera de plata cincelada. Tula levantó la cabeza y murmuró en voz baja e íntima:

—Pruebe usted, Ramiro. Pero tiene usted que poner los labios donde yo los he puesto... Tal es la costumbre. La boquilla no se cambia...

Ramiro la interrumpió: Aquello era precisamente lo que él encontraba más agradable. Callóse a lo mejor, viendo entrar un lacayo mulato que traía una bandeja con pastas y licores. ¡Hay que imaginarse a Trinito! Una figurilla renegrida, manchada de hollín; una librea extravagante; una testa llena de rizos negros y apretados como virutas de ébano; unos ojos vivos, asomando por debajo de las

cejas crespas y caídas, de enanillo encantador y burlón. Tula llenó dos copas muy pequeñas:
—Va usted a tomar licor de Constantinople regalo del embajador turco en París.
Con un gesto le pidió la matera para ponerle más agua. Antes de devolvérsela di algunos sorbos, al mismo tiempo que de soslayo lanzaba miraditas picarescas a Mendoza:
—Ahora supongo que le gustará a usted más...
—¡Naturalmente, Tula!
—No sea usted malicioso. Lo digo porque estará menos amargo.

VIII. Después del mate, la plática toma carácter más íntimo. El duquesito cuenta su género de vida en Madrid. Su afición a los toros, su santo horror a la política. Recuerda las agradables veladas musicales en las habitaciones de la Infanta, los saraos de la condesa de Cela, Sentía él necesidad de hablar con Tula, de contarle cuanto pensaba y hacía. ¡Lo escucha ella con tanto interés! A veces le interrumpe dirigiéndole alguna frase de magistral coquetería y le da golpecitos en las rodillas con un largo abanico de palma, que ha tomado de encima del piano. El duquesito se acaricia la barba maquinalmente, sin ser dueño de apartar los ojos un momento de aquel rostro picaresco y riente, que aún parece adquirir gentileza, bajo el tricornio hecho con un número antiguo de un periódico inglés, que, entre burla y coqueteo, la criolla acaba por encasquetarse sobre los rizos con tan buen donaire, que nunca entudiantillo de la tuna le tuvo igual:
—¿Qué tal, duque?
—¡Sublime! ¡Encantadora! ¡Deliciosísima!

IX. En el vestíbulo, tras la puerta de cristales del saloncito, se dibujó el perfil de una señora anciana, que después de haber observado un instante, asomó la cabeza sonriendo cándidamente:
—¿No ha venido el señor Popolasca?
—No, tiíta. ¿Pero qué hace que no pasa? Andele, tomará mate.
La tiíta dió las gracias. Era una señora que tenía siempre grandes quehaceres, y se alejó a saltitos, haciendo cortesías a Ramiro Mendoza, que retorcía entre sus dedos furibundos las guías del bigote a lo matón. Cuando hubo desaparecido la anciana, el duquesito tomó la copa, vacióla de un sorbo, y a tiempo de ponerla sobre la mesa, preguntó queriendo mostrarse audaz e indiferente:
—¿Diga usted, Tula, se puede saber quién sea ese señor Popolasca, que, al parecer, viene todos los días?
La criolla no se inmutó:
—Un italiano que me da lecciones de esgrima. ¡Oh! ¡Aquí, donde usted me ve, soy gran espadachina!
A todo esto habíase puesto en pie y se alisaba los cabellos:
—¡Vamos! ¿Quiere usted que le dé unos cuantos botonazos? ¿De verdad, quiere usted?

Y señalándole el juego de floretes que había en un rincón, esparcido sobre varias sillas, añadió:

—Allí tiene usted. ¡Y ahora vetemos cuántas veces le atravieso el corazón!,

Se pusieron en guardia, riendo de antemano como si fuesen a representar un paso muy divertido. Tula, con la mano izquierda, recogía la cola hasta mostrar el principio de la redonda y alta pantorrilla. El duquesito dejóse tocar por cortesía, y luego emprendió uno de esos juegos socarrones de los maestros, envolviendo, ligando, descubriéndose, retrocediendo con la punta del florete en el suelo. Sonreía como un hércules que hace juegos de fuerza ante un público de niñeras y bebés. Tula acabó por enfadarse, y se dejó caer sobre el diván jadeante, casi sin poder hablar:

—¡Ay!... Conste que es usted un gran tirador, Ramiro. Pero conste también que es usted muy poco gentil.

Acabó de quitarse el guante y lo arrojó lejos de sí:

—¡Me ha dado usted un terrible botonazo!

Y señalaba el seno de armonioso dibujo, oprimiéndoselo suavemente con las dos manos. El duquesito preguntó sonriendo:

—¿Me permite usted ver?...

—¡Hombre, no! Puede usted desmayarse.

X. Tula, recostada en el diván, suspiraba de ese modo hondo que levanta el seno con aleteo voluptuoso. Las manos que conservaba cruzadas parecían dos palomas blancas, ocultas entre los encajes del regazo azul, en cuya penumbra de nido, el rubí de una sortija lanzaba reflejos sangrientos sobre los dedos pálidos y finos. Algunos pájaros de América modulaban apenas un gorjeo en sus jaulas doradas, que pendían inmóviles entre los cortinajes de los. abiertos balcones. En los ángulos, trípodes de bambú sostenían tibores con enormes helechos de los trópicos. Ramiro Mendoza miraba a Tula de hito en hito, y atusábase el bigote, sonriendo, con aquella sonrisa fatua y cortés, que jamás se le caía de los labios, A su pesar, el buen mozo sentíase fascinado y temía perder el dominio que hasta entonces había conservado sobre sí. Instintivamente se llevó una mano al corazón, cuya celeridad le hacía daño. La criolla mordióse los labios disimulando una sonrisa, al mismo tiempo que con la yema de los dedos se registraba la ola de encajes, que parecía encresparse sobre su pecho. Pero no hallando lo que buscaba, alzó los ojos hasta el duquesito:

—Eche usted acá un cigarrillo, maestro Cuchillada.

Ramiro sacó la petaca, en la que no faltaba el hípica trofeo de la montura inglesa, y se la presentó abierta a la criolla:

—No hay más que un cigarro, Tula. ¿Le parece a usted que lo fumemos juntos?...

Su sonrisa tenía una expresión extraña, su voz sonaba seca y velada. Extrajo el cigarro con exquisita elegancia, y continuó:

—¿Acepta usted, Tula? Lo fumaremos como hemos tomado el mate... Figúrese usted que ahora se pagan en esa moneda los derechos al Estado... El Estado soy yo, como aquel rey de Francia.

La criolla replicó con viveza y malicia:

—Pero esta personita no acostumbra a pagar derechos... Ya que para figuraciones estamos, ¡figúrese usted que soy contrabandista!

XI. Sus ojos brillan con cierto fuego interior y maligno: Toda su persona parece animada de lascivo encanto, como si se hallase medio desnuda, en un nido de seda y encajes, tenuemente iluminado. Mira al duquesito de un modo acariciador y tierno, y se echa a reír con tal abandono, que se tira hacia atrás en el diván. Como la risa le dura mucho tiempo, los ojos del buen mozo pueden pasar, desde la garganta blanca y tornátil, sacudida por el coro de carcajadas cristalinas, hasta las pantuflas turcas, y las medias de seda negra, salpicadas de mariposillas azul y plata y extendidas sin una arruga sobre la pierna... Tula se incorpora haciendo al duquesito lugar a su lado en el diván, envolviéndole al mismo tiempo en una mirada sostenida con los ojos medio cerrados:

—¡Dios mío! ¡Va usted a creer que soy una loca!

El se inclina con gallardía:

—Lo que creo es que el loco acabaría por serlo yo si tuviese la dicha de permanecer mucho tiempo al lado de mujer tan adorable.

—Pues si usted tiene ese miedo, otra vez le cerraré la puerta.

Sabía ella decir todas estas trivialidades con coquetería insinuante y graciosa. Su charla alegre y burbujeante parecía librada en una copa llena de champaña y hojas de rosa. Pero el hechizo incomparable de aquella mujer hallábase en el movimiento provocativo y picaresco de los labios, que, en cada palabra, engastaban un grano de sal que cristalizaba en forma de diamante.

XII. La criolla habla, ríe, se mueve, gesticula todo a un tiempo, con coquetería vivaz e inquietante. Cómo al descuido, su pie delicado y nervioso, entretenido en hacer saltar la babucha turca, roza el pie y la polaina del duquesito, que espoleado por aquellos rápidos contactos, se aventura a rodear con su brazo el talle de la criolla, bien que sin osar estrechárselo. Aprovechando un momento en que ella torna la cabeza, se inclina y la besa en los cabellos furtivamente, con ternura tímida. La criolla lanza un grito trágico:

—¡Me ha besado usted, caballero!...

—¡Tula! ¡Tula!... ¡Perdone usted! ¿No ve usted que estoy loco?... ¡Déjeme usted que la adore!...

Habíale cogido las manos, y le besaba la punta de los dedos suspirando. Tula le veía temblar, sentía el roce de sus labios, oía sus palabras llenas de ardimiento y experimentaba un placer cruel al rechazarle tras de haberle tentado. Arrastrada por esa coquetería peligrosa y sutil de las mujeres galantes, placíale despertar deseos que no compartía. Pérfida y desenamorada, hería con el áspid del deseo, como hiere el

indio sanguinario, para probar la punta de sus flechas. Ramiro Mendoza no pudo contenerse más, y la estrechó con ardor. Ella se desasió rechazándole:
—¡Déjeme usted! ¡Sea usted caballero!

XIII. Caída sobre el diván, solloza con la cara entre las manos, El duquesito permanece en pie, un poco aturdido:
—¡Perdone usted, Tula!
La criolla lamenta con la voz sofocada:
—¡No es usted mi amigo!... ¡No es usted mi amigo!
El duquesito se arrodilla a sus pies:
—¡Sí lo soy, Tula!... El único amigo leal... Póngame usted a prueba...
La linda señora, siempre con el rostro oculto, sólo responde con suspiro Sobre la seda turca del diván, destaca la línea del cuerpo con aquélla gracia desnuda que encantaba los ojos de los viejos pintores florentinos, y una de sus manos cuelga como una flor. El duquesito la levanta con tierna delicadeza:
—¡Tula, perdóneme usted!
La criolla suspira sin retirar su mano. En la penumbra del salón cantan a un tiempo todos los pájaros de América. Hay como un misterio y un frescor de gruta. Se siente la fragancia del jardín, y la carne adivina con deleite la furia del sol y el resplandor cegador. El duquesito pone sobre su corazón la mano que la criolla le abandona como muerta. La mano se estremece un momento, y parece oprimir con su blando peso el corazón del galán. Es tan débil y tan amorosa aquella presión, que se diría un fluido. Se pudiera comparar al magnetismo de una mirada. Con la otra mano, Tula se tapa los ojos. Después de un suspiro, comienza a desviarla muy lentamente:
—¡Yo soñaba que fuese usted mi amigo!... ¡Mi verdadero amigo!...
El duquesito le habla con una rodilla en tierra como galán de comedia antigua:
—¿Qué debo hacer para merecerlo, Tula?
Ella mueve la cabeza y entorna los ojos, que guardan una lágrima en el fondo:
—¡Ya no!
Se incorpora, y con un gesto melancólico le señala al buen mozo un sitio a su lado, en el diván.

XIV. —Impóngame usted una penitencia, Tula.
—¡Oh, no!
—¡Es usted cruel!
—¿Qué penitencia quiere usted que le imponga? ¿No verme? Esa no sería penitencia.
—Sería un suplicio.
—¡Por Dios, Ramiro!
—¡Un suplicio horrible!
—Si no puedo creerlo.

Hablaban mirándose en los ojos: el duquesito sentía el vértigo, como si las pupilas de la criolla fueran abismos, y le besaba las manos en un verdadero frenesí amoroso. Ella, sin retirarlas, suspiraba con apasionado aleteo de los párpados. Decía el buen mozo:
—¡Yo sería su esclavo, Tula!
Y ella replicaba con la melancolía de los treinta años, una melancolía, de rosa en la sombra de un jardín:
—Una hora lo sería usted, y el resto de la vida lo sería yo.
Y las manos tenían una suave presión. El duquesito acercaba su rostro al rostro de la criolla y abría los ojos con intento de fascinarla, como había visto a un moro magnetizador de serpientes. La boca roja le tentó con la tentación de la sangre, y de pronto se inclinó sobre la divina flor de pecado, la besó y la mordió. El cuerpo de la criolla le palpitó entre los brazos, y sintió toda la curva armoniosa revelársele. Pero bajo su peso la boca roja sólo tuvo un grito:
—¡Déjeme usted!
El quiso otra vez que fuese suya la divina rosa de sangre, y ella, elástica y felina, se arqueó hasta poder soltarse. Cogió uno de los floretes y le cruzó la cara. El duquesito dió un paso, apretando los dientes; ella, en vez de huirle, acerada, erguida, con la cabeza alta y los ojos brillantes, como viborilla a quien pisan la cola, le azotó el rostro una y otra vez, sintiendo a cada golpe esa alegría depravada de las malas mujeres cuando cierran la puerta al querido que muere de amor y de celos:
—¡Salga usted! ¡Salga usted!
Al ruido acudió Trinito. Su faz de diablillo ahumado dibujaba una sonrisa grotesca. Para él todo aquello era un juego de los señores:
—Mi amita, ¿manda alguna cosa?
Tula se volvió blandiendo el florete:
—Sí; enseña la puerta a ese caballero.
El duquesito, lívido de coraje, salió atropellando al criado. La criolla, apenas le vió desaparecer, hizo una mueca de burla y se encasquetó el tricornio de papel. Luego, saltando sobre un pie, pues en la defensa escurriérasele una pantufla, se aproximó al espejo.

XV. Sus ojos brillan, sus labios sonríen, hasta sus dientecillos blancos y menudos parecen burlarse alineados en el rojo y perfumado nido de la boca. Siente en su sangre el cosquilleo nervioso de una risa alegre y sin fin que, sin asomar a los labios, se deshace en la garganta y se extiende por el terciopelo de su carne como un largo beso. Todo en aquella mujer canta el diabólico poder de la hermosura triunfante. Insensiblemente empieza a desnudarse ante el espejo; se recrea largamente en la contemplación de los encantos que descubre, experimenta una languidez sexual al pasar la mano sobre la piel fina y nacarada del cuerpo. Tiene dos llamas en las mejillas, y suspira voluptuosamente entornando los ojos, enamorada de su propia blancura, blancura de diosa tentadora y esquiva...

¡El duquesito, bien ajeno al símbolo de aquel nombre, la había llamado Diana cazadora!

Octavia

I. Pedro Pondal, un poeta joven y desconocido, hallábase en la actitud de un hombre sin consuelo, sentado delante de la mesa donde había escrito sus poemas galantes, aquellos versos eróticos inspirados en la historia de sus amores con Octavia Santino. Conservaba la abatida cabeza entre las manos, y sus dedos desaparecían bajo la alborotada cabellera. Cuando se levantó para entrar en la alcoba donde la enferma se quejaba débilmente, pudo verse que tenía los ojos escaldados por las lágrimas.

Hacía un año que vivía con aquella mujer. No era ella una niña, pero sí todavía hermosa, de regular estatura y formas esbeltas, con esa morbidez fresca y sana que comunica a la carne femenina el aterciopelado del albérchigo y le da grato sabor de madurez. Supo hacerse amar con ese talento de la querida que se siente envejecer y conserva el corazón joven como a los veinte años. Ponía ella algo de maternal en aquel amor de su decadencia: era el último; se lo decían bien claro los hilos de plata al asomar entre sus cabellos castaños, que aun conservaban la gracia juvenil.

II. Pedro Pondal se detuvo un momento en la puerta de la alcoba. Era triste de veras aquella habitación silenciosa, solemne, medio a oscuras, envuelta en un vaho tibio, con olor de medicinas y de fiebre. La llama viva de la chimenea arrojaba claridades trémulas y tornadizas sobre el contorno suave y lleno de gracia que el cuerpo de la enferma dibujaba a través de las ropas del lecho. Lo primero que se veía al entrar era una cabeza lívida de mujer hermosa reposando sobre la blanca almohada. Pondal sintió que sus ojos volvían a llenarse de lágrimas ante aquel rostro, que parecía no tener gota de sangre, y en el cual las tintas trágicas de la muerte empezaban a extenderse. Pero Octavia le miraba, llamándole a su lado con una triste sonrisa, y trató de sonreír también para tranquilizarla. Llegóse al lecho, y tomando la mano que la enferma dejaba colgar fuera la retuvo entre las suyas, besándola en silencio, porque la emoción apenas le dejaba hablar. Ella le acarició la mejilla como a un niño:

—¡Pobre pequeño!... ¡Cuánto siento dejarte!...

—¡No!... ¡Tú no me dejas, porque yo me iré contigo!...

En el rostro trastornado de aquel pobre muchacho se reflejaban las sacudidas nerviosas que le costaba no estallar en sollozos. Octavia le miró un momento, y atrayéndole a sí, prodigóle las palabras más tiernas. Después, devorándole con sus ojos febriles y oprimiéndole las manos, murmuró:

—¿Sabes qué día es mañana, Pedro?

El contestó con la voz llena de lágrimas:

—No. ¿Qué día es?

—¡Mañana hace otro año que nos hemos conocido! ¿Te recuerdas? ¡Quién te había de decir entonces que tendrías que amortajarme mi pobre cuerpo!... ¡Pero, por Dios, no te aflijas! ¡Háblame! ¡Dime que te acuerdas de tedo!...

En el silencio y la oscuridad de la alcoba, el murmullo de la voz tenía algo de la solemnidad de un rezo. Pedro Pondal, muy conmovido, gritó:

—¡Sí, me acuerdo! ¡Me acordaré toda la vida!

Fué aquél un grito salido de lo más hondo del alma. Desde entonces ya no pudo contenerse por más tiempo, y se puso a sollozar como un niño:

—¡Octavia! ¡Octavia!... ¡Alma mía!... ¡Toda mía!... ¡No me dejes solo en el mundo!

Y sellaba con pasión sus labios sobre la mano de la enferma, una mano hermosa y blanca, húmeda ya por los sudores de la agonía.

III. —Mira, encanto, si no debes sentirme de ese modo. ¿Qué era yo para ti más que una carga? ¿No lo comprendes? Tú tienes por delante un gran porvenir. Ahora, luego que yo muera, debes vivir solo. No creas que digo esto porque esté celosa. Ya sé que a muertos y adios. Te hablo así porque conozco lo que ata una mujer. Tú, si no te abandonas, tienes que subir muy alto. Créeme a mí. Pero Dios, que da las alas, las da para volar uno solo. Después de que hayas triunfado, te doy permiso para enamorarte...

Intentó sonreír para quitar a sus palabras la amargura que rebosaban. Pondal le puso una mano en la boca:

—No hables así, Octavia, porque me desgarras el corazón. Tú vivirás y volveremos a ser felices.

—¡Aunque viviese, no lo seríamos ya!

Su voz era tan débil, que ya parecía hablar desde el sepulcro.

IV. En aquella conversación, agónica, que podía ser la ultima, todo el pasado de sus relaciones volvía a su memoria, y a pesar de la sonrisa resignada que contraía sus labios descoloridos, conocíase cuánto la hacía sufrir este linaje de recuerdos. Pondal, sentado al borde de la cama, con la cabeza entre las manos, suspiraba en silencio. El también recordaba otros días, días de primavera azules y luminosos, mañanas perfumadas, tardes melancólicas, horas queridas... Paseos de enamorados que se extravían en las avenidas de los bosquecillos, cuando los insectos zumban la ardiente canción del verano, florecen las rosas, y las tórtolas se arrullan sobre las reverdecidas ramas de los robles. Recordaba los albores de su amor, y todas las venturas que debía a la moribunda, ¡Sobre aquel seno de matrona, perfumado y opulento, había reclinado tantas veces, en delicioso éxtasis, su testa orlada de rizos, como la de un dios adolescente!, ¡Aquellas pobres manos que ahora se enclavijaban sobre la sábana, tenían jugado tanto con ellos!... Y al pensar en que iba a verse solo en el mundo, que ya no tendría regazo donde descansar la cabeza, ni labios que le besasen, ni brazos que le ciñesen, ni manos que le halagasen, tropel de gemidos y sollozos subíale a la garganta, y se retorcía en ella, como rabiosa jauría:

—¡Señor! ¡Señor!... ¡No me la lleves! ¡Sé bueno!...

Y conteniendo trabajosamente las lágrimas se puso a rezar como un niño que era. ¿Por qué no había de hacer Dios un milagro? Y esta esperanza postrera, tan incierta, tan lejana, apoderándose de su pobre corazón, le trajo, como un perfume de incienso, el recuerdo de la infancia en el hogar paterno, donde todas las noches se rezaba el rosario... ¡Ay, fué al deshacerse aquel hogar cuando conociera a Octavia Santino!...

V. Aunque mozo de veinte años, Pedro Pondal no pasaba de ser un niño triste y romántico, en quien el sentimiento adquiría sensibilidad verdaderamente enfermiza. De estatura no más que mediana, además frío, y continente huraño y retraído, defícilmente agradaba la primera vez que se le conocía: El mismo solía dolerse de ello, exagerándolo como hacía con todo. Apuntábale negra barba, que encerraba, a modo de marco de ébano, un rostro pálido, y quevedesco. La frente era más altiva que despejada, los ojos más ensoñadores que brillantes. Aquella cabeza prematuramente pensativa parecía inclinarse impregnada de una tristeza misteriosa y lejana. Su mirar melancólico era el mirar de esos adolescentes que, en medio de una gran ignorancia de la vida, parecen tener como la visión de sus dolores y de sus miserias.

VI. Octavia, hundida la cabeza, dormitaba, inmóvil, pálida como la muerte, con los cabellos sueltos sobre la almohada. En los labios de Pondal vagaba el mosqueo continuado de un rezo. Poco a poco Octavia abrió los ojos, y los fijó con vago espanto:
—¿Qué haces?... ¿Rezas?
El dijo que no, y la enferma, procurando sonreír, volvió a cerrar los ojos:
—¡Amor mío!
Exánime y jadeante, había caído sobre la almohada. Sintió un ahogo que la privó de respiración un instante, y, ocultando la cara, rompió a llorar amargamente. En vano su amante trató de consolarla. Ella sentíase conmovida ante el afecto de aquel niño, y la conciencia le remordía, como si no le hubiese amado bastante. Cediendo a los ruegos descubrió el rostro, y las lágrimas siguieron cayendo de aquellos ojos de tan puro azul, pero silenciosas, sin gemidos ni sollozos. Se miraron inmóviles los dos, con las manos enlazadas, como si fuesen a hacerse un juramento. La mirada que cambiaron era la despedida muda, solemne, angustiosa que se dan dos almas al separarse: Era la evocación de sus recuerdos, todo el pasado de aquel amor, al cual iba a poner término la muerte. Las lágrimas corrieron más abundantes de los ojos de Octavia, y algo intolerable y mortificante sintió en el corazón:
—¡Qué no haría yo para que no me llorase mi pobre pequeño!...

VII. Había vuelto a esconder la cabeza en las almohadas, sollozando tan quedo que apenas se la oía. Pondal se inclinó y puso sus labios en los cabellos de Octavia, besándolos suavemente, recorriendo toda la trenza. Estuvo así larguísimo rato, susurrando palabras cariñosas que producían en la enferma estremecimientos convulsivos y dolorosos. Se inclinó un poco más, y levantando con cuidado como una reliquia aquella adorada cabeza, la obligó a que le, mirase. Ella clavó en él con extraordinaria tristeza las pupilas, que parecían más grandes y más bellas por efecto de la demacración del rostro, y los dos permanecieron mudos, tratando de leerse los más escondidos pensamientos. Pedro Pondal fué el primero en hablar:

—¿Qué tienes? ¿No me dices?...

Los labios de la enferma se agitaron apenas:

—Pedro...

—¿Di, mi pobre amor?

—¡Que me prometas una cosa!

—Cuantas quieras.

—¿No me dejarás morir sola?

—¿Qué dices, Octavia?

—¿Lo juras?

—Lo juro... ¡Pero eso es una locura!

—¡Calla, por Dios! Me haces un daño horrible... ¡Calla!

Se cubrió los ojos como si la llama de la chimenea le molestase, y añadió:

—Después te lo confesaré todo... No quiero que mi muerte te haga sufrir.

Creyó Pondal que la enferma deliraba, y nada dijo. Ella siguió musitando:

—¡Sin embargo, te quise mucho, Pedro!... ¡Mucho! ¡Mucho!... ¡Bien lo sabe Dios!...

—¡Y yo también lo sé!...,

—¡No! ¡Tú no lo sabes!

Experimentó una rápida conmoción, y se quedó lívida y distendida como si fuese a morir Cuando hubo cobrado ánimo, añadió:

—¡Hubiese sido yo tan feliz sin este torcedor! No, no quiero que me llores, no quiero...

—¡Pero Octavia! ¡Tú deliras! Te suplico que calles. ¿No me oyes? ¡Te lo suplico!...

Se dejó caer en el sillón que había arrimado al lecho, y tomó la mano que Octavia tenía sobre el arrugado doblez de la sábana:

—Ahora te prohibo hablar, y si no me obedeces, ya lo sabes, me voy.

Octavia le oprimió suavemente la mano procurando sonreír y la mueca que hizo en la tentativa resultó espantable. Después quedóse como dormida, pero sólo fué un momento: En seguida abrió los ojos sobresaltada como si saliese de una pesadilla, y extendió las manos palpando con avidez la cabeza de su amante:

—¿Estás ahí? ¡No te veo!

—Sí, aquí estoy, mi vida.

Pedro separó los cabellos empapados de sudor que oscurecían la frente de la enferma, y depositó en ellos un largo beso lleno de amor y de tristeza.

Octavia, que parecía sufrir mucho, balbuceó con creciente anhelo:

—¡Virgen María, no me abandones!

VIII. Un enorme gato de pelambre chamuscada y amarillenta, que dormía delante de la chimenea, despertóse, enarcó el lomo erizado, sacó las uñas, giró en torno con diabólico maleficio los ojos fosforescentes y fantásticos, y huyó con menudo trotecillo. Octavia estremecióse, poseída de uno de esos terrores supersticiosos que experimental: las imaginaciones enfermas, y se incorporó, apoyada en el borde del lecho, mirando anhelante. Fué menester que Pondal, por fuerza, la obligase a acostarse, colocándola suavemente la cabeza en el centro de la almohada. Ella parecía no verle, tenía la mirada vaga, y respiraba fatigosa con el semblante contraído. Su amante la miraba sin ser dueño de contener las lágrimas. Por un formidable esfuerzo de la voluntad se serenó para preguntarle qué tenía. No contestó Octavia, y él insistió:

—¿Sufres mucho?

La enferma abrió los ojos, que se fijaron con extravío en los objetos. Agitáronse sus labios, pero fueron tan apagadas y confusas las palabras que salieron de ellos, que casi no rozó su aliento el rostro de Pondal, que se inclinaba sobre ella, para oír mejor. Sin embargo, a él le pareció que Octavia decía:

—¡No puedo! ¡No puedo!... Me remuerde...

Y la vió temblar en el lecho, el rostro demudado y convulso.

IX. Ha quedado estirada, rígida, indiferente, la cabeza torcida, entreabierta la boca por la respiración, el pecho agitado. Pondal permanecía en pie, irresoluto, sin atreverse ni a llamarla, ni a moverse, por no turbar aquel reposo que le causaba horror. Entenebrecido y suspirante volvió a sentarse junto al lecho, la frente apoyada en la mano, el oído atento al más leve rumor. Allá abajo se oía el perpetuo sollozo de la fuentecilla del patio, unas niñas jugaban a la rueda, y los vendedorcillos de periódicos pasaban pregonando las últimas noticias de un crimen misterioso. La habitación empezaba a quedarse completamente a oscuras, y Pondal se levantó para entornar los postigos del balcón que estaban cerrados. Era la tarde de esas adustas e invernales, de barro y de lloviznas, que tan triste aspecto prestan a la vieja ciudad. Siniestras ráfagas plomizas y lechosas pasaban lentamente ante los cristales que la ventisca azotaba con furia. Dos aguadores sentados sobre sus cubas aguardaban la vez, entonando; una canción de su país. Pedro Pondal no entendía la letra, que tenía una cadencia lánguida y nostálgica, pero, con aquella música, sentía poco a poco penetrar en su alma supersticioso terror. Creyó oír la voz de Octavia, y volvió vivamente la cabeza. La enferma se había incorporado en las almohadas y le llamaba con la angustia pintada en el semblante. El corrió al lado de ella:

—¿Qué tienes?...

—Creo que voy a morirme. Escucha, no debes llorarme, porque...

Calló temblando, la huella de sus ojeras se difundió por toda la mejilla, agitáronse sus labios como si fuese a llorar, sus facciones acentuáronse cada vez más cadavéricas y los dientes se entrechocaron. Pero luego, levantándose loca, gritó:

—¡No, no debes quererme! ¡Te he engañado! ¡He sido mala!

Pondal la miró estúpidamente, mientras en sus labios, trémulos y sin color, se dibujaba esa sonrisa tirante y angustiosa que algunos reos tienen sobre el cadalso.

Aquello no duró más que un momento, porque en seguida, como si volviese en sí, gritó:

—¿Qué dices, Octavia? ¡Eso no puede ser! ¡Es imposible!

—No, no. ¡Pero espera! ¡Te quiero!... ¡Me lo has prometido!...

Pondal, encorvado sobre la moribunda, la sacudía brutalmente por los hombros, repitiendo:

—¡Habla! ¡Habla! ¡Dime que no es verdad! ¡Dime quién es él! ¡Habla!

Octavia le miró con expresión sobrehumana, dolorida, suplicante, agónica. Quiso hablar, y su boca sumida y reseca por la fiebre se contrajo horriblemente. Giraron en las cuencas, que parecían hundirse por momentos, las pupilas dilatadas y vidriosas, volvióse azulenca la faz, espumajaron los labios, el cuerpo enflaquecido estremecióse, como si un soplo helado lo recorriese, y quedó tranquilo, insensible a todo, indiferente, lleno del reposo de la muerte.

Pedro Pondal, clavándose las uñas en la carne, sacudía furioso la melena de león, y, sin apartar los ojos del cuerpo de su querida, repetía enloquecido:

—¿Por qué? ¿Por qué quisiste ahora ser buena?

Nublóse la luna, cuya luz blanquecina entraba por el balcón, agonizó el fuego de la chimenea, y el lecho, que era de madera, crujió...

La Condesa De Cela

I. "Espérame esta tarde." No decía más el fragante y blasonado plieguecillo.

Aquiles, de muy buen humor, empezó a pasearse canturreando una jota zarzuelesca, popularizada por todos los organillos de España. Luego, quedóse repentinamente serio, mientras se atusaba el bigote ante el espejo roto de un gran armario de nogal. ¿Por qué le escribiría ella tan lacónicamente? Hacía algunos días que Aquiles tenía el presentimiento de una gran desgracia. Creía haber notado cierta frialdad, cierto retraimiento. Quizá todo ello fuesen figuraciones suyas, pero él no podía vivir tranquilo.

II. Aquiles Calderón era un muchacho americano, que había salido muy joven de su patria, con objeto de estudiar en la Universidad Compostelana. Al cabo de los años mil, continuaba sin haber terminado ninguna carrera. En los primeros tiempos derrochara como un príncipe, mas parece ser que su familia se arruinó años después en una revolución, y ahora vivía de la gracia de Dios. Pero al verle hacer el tenorio en las esquinas, y pasear las calles desde la mañana hasta la noche, requebrando a las niñeras, y pidiéndolas nuevas de sus señoras, nadie adivinaría las torturas a que se hallaba sometido su ingenio de estudiante tronado y calavera, que cada mañana y cada noche tenía que inventar un nuevo arbitrio para poder bandearse.

Aquiles Calderón tenía la alegría desesperada y el gracejo amargo de los artistas bohemios. Su cabeza, airosa e inquieta, más correspondía al tipo criollo que al español: El pelo era indómito y rizoso, los ojos negrísimos, la tez juvenil y melada, todas las facciones sensuales y movibles, las mejillas con grandes planos, como esos idolillos aztecas tallados en obsidiana. Era hermoso, con hermosura magnífica de cachorro de Terranova. Una de esas caras expresivas y morenas que se ven en los muelles, y parecen aculotadas en largas navegaciones trasatlánticas por regiones de sol.

III. Está impaciente, y para distraerse tamborilea con los dedos el himno mexicano en los cristales de la ventana que le sirve de atalaya. De pronto se endereza, examinando con avidez la calle, arroja el cigarro y va a echarse sobre el sofá aparentando dormir. Tardó poco en oírse el roce de una cola de seda desplegada en el corredor. Pulsaron desde fuera ligeramente y el estudiante no contesta. Entonces, la puerta se abre apenas, y una cabeza de mujer, de esas cabezas rubias y delicadas en que hace luz y sombra el velillo moteado de un sombrero, asoma sonriendo, escudriñando el interior con alegres ojos de pajarillo parlero. Juzgó dormido al estudiante, y acercósele andando de puntillas, mordiéndose los labios de risa:

—¡Así se espera a una señora, borricote!

Y le pasó la piel del manguito por la cara, con tan fino, tan intenso cosquilleo, que le obligó a levantarse riendo nerviosamente. Entonces la gentil visitante sentósele con estudiada monería en las rodillas, y empezó a atusarle con sus lindos dedos las guías del bigote juvenil y fanfarrón:

—¡Conque no ha recibido mi epístola el poderoso Aquiles!
—¡Cómo no! ¡Pues si te esperaba!
—¡Durmiendo! ¡Ay, hijo, lo que va de tiempos!... Mira tú, yo también me había olvidado de venir, me acordé en la catedral.
—¿Rezando?
—Sí, rezando... Me tentó el diablo.

Hizo un mohín, y con arrumacos de gata mimada se levantó de las rodillas del estudiante:

—¡Caramba, no tienes más que huesos!... La atraviesas a una.

Hablaba colocada delante del espejo, ahuecándose los pliegues de la falda. Aquiles acercóse con aquella dejadez de perdido, que él exageraba un poco, y le desató las bridas de la capota de terciopelo verde, anudadas graciosamente bajo la barbeta de escultura clásica, pulida, redonda, y hasta un poco fría como el mármol. La otra, siempre sonriendo, levantó la cara, y juntando los labios, rojos y apetecibles como las primeras cerezas, alzóse en la punta de los pies:

—Bese usted, caballero.

El estudiante besó, con un beso largo, sensual y alegre, como prenda de amorosa juventud.

IV. Era por demás extraño el contraste que hacían la condesa y el estudiante: Ella llena de gracia, trascendiendo de sus cabellos rubios y de su carne fresca y rosada, como manzana sanjuanera, grato y voluptuoso olor de esencias elegantes, deshilachaba, con esa inconsciencia de las damas ricas, los encajes de un pañolito de batista. Aquiles fumaba, con las manos hundidas en los bolsillos y la colilla adherida al labio, como un molusco. Lo tronado de su pergeño, le expresión ensoñadora de sus ojos y el negro y rizado cabello, siempre más revuelto que peinado, dábanle gran semejanza con aquellos artistas apasionados y bohemios de la generación romántica. Pero en la devota Compostela nadie paraba mientes en contraste tal. Del mismo jaez habían sido todos los amores de la condesa de Cela.

¡La pobre Julia tenía la cabeza a componer y un corazón de cofradía! Antes que con aquel estudiante, dió mucho que hablar con el hermano de su doncella, un muchacho tosco y encogido, que acababa de ordenarse de misa, y era la más rara visión de clérigo que pudo salir de Seminario alguno. Había que verle, con el manteo a media pierna, la sotana verdosa enredándosele al andar, los zapatos claveteados, el sombrero de canal metido hasta las orejas, sentándose en el borde de las sillas, caminando a grandes trancos con movimiento desmañado y torpe. Y, sin embargo, la condesa le había amado algún tiempo, con ese amor curioso y ávido que inspiran a ciertas mujeres las jóvenes cabezas tonsuradas. No podían, pues, causar extrañeza sus relaciones con Aquiles Calderón. Sin tener larga fecha, habían comenzado en los tiempos prósperos del estudiante americano. Más tarde, cuando llegaron los días sin sol, Aquiles, como era muy orgulloso, quiso terminarlas bruscamente, pero la condesa, se opuso. Lloró abrazada a él, jurando que tal desgracia los unía con nuevo lazo más fuerte que ningún otro. Durante algún tiempo, tomó en serio su papel. A pesar de ser casada, creía haber recibido de Dios la dulce misión de consolar al estudiante. Entonces hizo muchas locuras y dió que hablar a toda la ciudad, pero se cansó pronto.

V. Traveseando como chicuela aturdida, rodea la cintura de su amante, y le obliga a dar una vuelta de vals por la sala. Sin soltarse, se dejan caer sobre el sofá. Aquiles, haciéndose el sentimental, empieza a reprocharle sus largas ausencias, que ni aun tienen la disculpa de querer guardar el secreto de aquellos amores. ¡Ay, eran veleidades únicamente! Ella sonríe, como mujer de carácter plácido que entiende la vida y sabe tomar las cosas cual se debe. Aquiles habla y se queja con simulada frialdad, con ese acento extraño de los enamorados que sienten muy honda la pasión y procuran ocultarla como vergonzosa lacería, resabio casi siempre de toda infancia pobre de caricias, amargada por una sensibilidad exquisita, que es la más funesta de las precocidades. La condesa le escucha distraída, mirándole unas veces de frente, otras de soslayo, sin estarse quieta jamás. Por último, cansada de oírle, se levanta, y comienza a pasearse por la sala, con las manos cruzadas a la espalda y el aire de colegial aburrido. Aquiles se indigna: ¡Para eso, sólo para eso, se ha pasado toda la tarde esperándola! Ella sonríe:

—¡Y acaso yo he venido a oírte sermonear! No comprendes que bastante disgustada estoy...

—¿Tú?

—Sí, yo, que siento las penas de los dos, las tuyas y las mías... Pero como me ves amable y risueña con todo el mundo, te figuras... Y lo mismo que tú los demás...

Deja de hablar, contrariada por la sonrisa incrédula de su amante. Luego, clavando en él los ojos claros y un poco descaradillos, como toda su persona, añade irónicamente:

—Desengáñate, rapaz, las apariencias engañan mucho., ¿Quién, viéndote a tí, podrá sospechar ni remotamente las penurias que pasas?

—Pues, hija, el que tenga ojos. Esta vitola no creo que pueda engañar a nadie.

Aunque herido en su orgullo, el bohemio sonríe atusándose el bigote, mostrando los dientes blancos como los de un negro. La condesa ríe también:

—¡Cállate, sinvergüenza! ¡La verdad, yo no sé cómo he podido quererte, porque eres feo, feo, feo!...

Y semejante a su lindo galguillo inglés, muerde juguteando una de las manos del estudiante, mano de hombre, fina, morena y varonilmente velluda. De pronto, se levanta exclamando:

—¿Y mi manguito?

Aquiles da con él bajo una silla cargada de libros. Quiere limpiarlo, y la condesa se lo arrebata de las manos:

—Trae, trae. Aquí tienes lo que me ha hecho venir.

Y saca un papel doblado de entre el tibio y perfumado aforro de la piel:

—¿Qué es ello?

—Una carta evangélica, carta de mi marido... Me ofrece su perdón con tal de no dar escándalo al mundo y mal ejemplo a nuestros hijos.

Por el tono de la condesa, es difícil saber qué impresión le ha causado la carta. Aquiles, sin dejar de atusarse el bigote, hace rodar sus negras y brillantes pupilas de criollo, y ríe, con aquella risa silbada que rebosa amarga burlería. La condesa, un poco colorada, hace dobleces al papel. El estudiante, aparentando indiferencia, pregunta:

—¿Tú qué has resuelto?

—Ya sabes que yo no tengo voluntad. Mi familia me obliga, y dice que debo...

—¡Qué gran institución es la familia!

La actitud de Aquiles es tranquila, el gesto entre irónico y desdeñoso, pero la voz, lo que es la voz tiembla un poco. A todo esto, la condesa baja la cabeza y parece dudosa.

VI. Allá en su hogar todo la insta a romper: Las amonestaciones de su madre, el amor de los hijos, y, sin que ella se dé cuenta, ciertos recuerdos de la vida conyugal, que, tras dos años de separación, la arrastran otra vez hacia su marido, un buen mozo que la hizo feliz en los albores del noviazgo. Y, sin embargo, duda. Siente su ánimo y su resolución flaquear en presencia del pobre muchacho que tan enamorado se muestra. Pero si a un momento duélese de abandonarle, y como mujer le compadece, a otro momento, se hace cargos a sí misma, pensando que es realmente absurdo sentirse conmovida y arrastrada hacia aquel bohemio, precisamente cuando va a reunirse con el conde. Calcula que si es débil, y no se decide a romper de una vez, hallaráse más que nunca ligada a Aquiles, sujeta a sus tiranías y expuesta a sus atolondramientos. Y entonces, el único afán de la condesa es dejar al estudiante en la vaga creencia de que sus amores se interrumpen, pero no acaban. Obra así llevada de cierta señoril repugnancia que siente por todos los sentimentalismos ruidosos, y su instinto de coqueta no le muestra mejor camino para huir la dolorosa explicación que presiente. Ella no aventura nada. Apenas llegue su marido, dejará la vieja ciudad, y al volver tras larga ausencia, quizá de un año, Aquiles Calderón, si aun no ha olvidado, lo aparentará al menos.

VII. No diera nunca la condesa gran importancia a los equinoccios del corazón. Desde mucho antes de los quince años, comenzó la dinastía de sus novios, que eran destronados a los ocho días, sin lágrimas ni suspiros, verdaderos novios de quita y pon. Aquella cabecita rubia aborrecía la tristeza con un epicureísmo gracioso y distinguido que apenas se cuidaba de ocultar. No quería que las lágrimas borrasen la pintada sombra de los ojos. Era el egoísmo pagano de una naturaleza femenina y poco cristiana que se abroquela contra las negras tristezas de la vida.

Momentos antes, mientras subía los ochenta escalones del cuarto de Aquiles, no podía menos de cavilar en lo que ella llamaba la despedida de las locuras. Conforme iba haciéndose vieja, aborrecía estas escenas, tanto como las había amado en otro tiempo. Tenía raro placer en conservar la amistad de sus amantes antiguos y guardarles un lugar en el corazón. No lo hacía por miedo ni por coquetería, sino por gustar el calor singular de esas afecciones de seducción extraña, cuyo origen vedado la encantaba, y en torno de las cuales percibía algo de la galantería íntima y familiar de aquellos linajudos provincianos que aun alcanzara a conocer de niña. La condesa aspiraba todas las noches en su tertulia, al lado de algún antiguo adorador que había envejecido mucho más aprisa que ella, este perfume lejano y suave, como el que exhalan las flores secas, reliquias de amoroso devaneo conservadas largos años entre las páginas de algún libro de versos. Y, sin embargo, en aquel momento supremo, cuando un nuevo amante caía en la fosa, no se vió libre de ese sentimiento femenino que trueca la caricia en arañazo. ¡Esa crueldad, de que aun las mujeres más piadosas suelen dar muestra en los rompimientos amorosos! Fruncido el arco de su lindo ceño, contemplando las uñas rosadas y menudas de su mano, dejó caer lentamente estas palabras:

—No te incomodes, Aquiles. Considera que a mi pobre madre le doy, acaso, su última alegría. Yo tampoco he dicho que a ti no te quiera... La prueba está en que vengo a consultarte... Pero partiendo de mi marido la insinuación, no hay ya ningún motivo de delicadeza que me impida... ¿A ti qué te parece?

Aquiles, que en ocasiones llegaba a grandes extremos de violencia, se levantó pálido y trémulo, la voz embargada por la cólera:

—¿Qué me parece a mí? ¡A mí! ¡Amí! ¿Y me lo preguntas? Eso, sólo debes consultarlo con tu madre. ¡Ella puede aconsejarte!

La, condesa humilló la frente con sumisión de mártir enamorada:

—¡Ahora insúltame, Aquiles!

El estudiante estaba hermoso: Los ojos vibrantes de despecho, la mejilla pálida, la oreja ahondada, el cabello revuelto sobre la frente, que una vena abultada y negra dividía a modo de tizne satánico, Aquiles Calderón, que era un poco loco, sentía por la condesa esa pasión vehemente, con resabios grandes de animalidad, que experimentan los hombres fuertes, las naturalezas primitivas, cuando llevan el hierro del amor clavado en la carne... Y la pasión se juntaba en el bohemio con otro sentimiento muy sutil, de sensualismo psíquico satisfecho, la satisfacción de las naturalezas finas condenadas a vivir entre la plebe, y conocer únicamente hembras de germanía, cuando, por acaso, la buena suerte les depara una dama de honradez relativa. El bohemio había tenido esta rara fortuna. La condesa de Cela, aunque liviana, era una señora, tenía viveza de ingenio, y sentía el amor en los nervios, y un poco también en el alma.

VIII. La condesa juega con una de sus pulseras y parece dudosa entre hablar o callarse. No pasan inadvertidas para Aquiles vacilaciones tales, pero guárdase bien de hacerle ninguna pregunta. Su vidriosa susceptibilidad de pobre le impide ser el primero en hablar. Nada, nada que sea humillante. ¡Aquel estudiante sin libros, que debe dinero sin pensar nunca en pagarlo, aquel bohemio hecho a batirse con todo linaje de usureros y a implorar plazos y más plazos, a trueque de humillaciones sin cuento, considera harto vergonzoso implorar de la condesa un poco de amor! Ella, más débil o más artera, fué quien primero rompió el silencio, preguntando en muy dulce voz:

—¿Has hecho lo que te pedí, Aquiles? ¿Tienes aquí mis cartas?

Aquiles la miró con dureza, sin dignarse responder, pero como ella siguiese interrogándole con la actitud y con el gesto, gritó sin poder contenerse:

— ¿Pues dónde había de tenerlas?

La condesa enderezóse en su asiento, ofendida por el tono del estudiante. Por un momento, pareció que iba a replicar con igual altanería; pero, en vez de esto, sonríe doblando la cabeza sobre el hombro en una actitud llena de gracia. Así, medio de soslayo, estúvose buen rato contemplando al bohemio, guiñados los ojos, y derramada por todas Jas facciones una expresión de finísima picardía:

—Aquiles, no debías incomodarte.

Hizo una pausa muy intencionada, y sin dejar de dar a la voz inflexiones dulces, añadió:

—Bien podían estar mis cartas en Peñaranda. ¡Nada tendría de particular! ¿En dónde están el reloj y las sortijas? Si el día menos pensado vas a ser capaz de citarme en el Monte de Piedad. Pero yo no iré. Correría el peligro de quedarme allí.

Aquiles tuvo el buen gusto de no contestar. Abrió el cajón de una cómoda, y sacó varios manojos de cartas atados con listones de seda. Estaba tan emocionado que sus manos temblaban al desatarlos: Hizo entre los dedos un ovillo con aquellos cintajos, y los tiró lejos, a un rincón.

—Aquí tienes.

La condesa se acercó un poco conmovida:

—Debías ser más razonable, Aquiles. En la vida hay exigencias a las cuales es preciso doblegarse. Yo no quisiera que concluyéramos así, esperaba que fuésemos siempre buenos amigos, me hacía la ilusión de que aun cuando esto acabase...

Se enjugó una lágrima, y en voz mucho más baja añadió:

—¡Hay tantas cosas que no es posible olvidar!

Calló, esperando en vano alguna respuesta. Aquiles no tuvo para ella ni una mirada, ni una palabra, ni un gesto.

IX. La condesa se quitó los guantes muy lentamente, y comenzó a repasar las cartas que su amante había conservado en los sobres con religioso cuidado. Después de un momento, sin levantar los ojos, y con visible esfuerzo, llegó a decir:

—Yo a quien quiero es a ti, y nunca, nunca, te abandonaría por otro hombre, pero cuando una mujer es madre preciso es que sepa sacrificarse por sus hijos. El reunirme con mi marido era una cosa que tenía que ser. Yo no me atrevía a decírtelo, te hacía indicaciones, y me desesperaba al ver que no me comprendías... ¡Hoy, mi madre lo sabe todo! ¿Voy a dejarla morir de pena?

Cada palabra de la condesa era una nuèva herida que inferían al pobre amante aquellos labios adorados, pero ¡ay! tan imprudentes: Llenos de dulzuras para el placer, hojas de rosas al besar la carne, y amargos como la hiel, duros y fríos como los de una estatua, para aquel triste corazón, tan lleno de neblinas delicadas y poéticas. Habíase ella aproximado a la lumbre, y quemaba las cartas una a una, con gran lentitud, viéndolas retorcerse en el fuego, cual si aquellos renglones de letra desigual y felina, apretados de palabras expresivas, ardorosas, palpitantes, que prometían amor eterno, fuesen capaces de sentir dolor. Con cierta melancolía vaga, inconsciente, parecida a la que produce el atardecer del día, observaba cómo algunas chispas, brillantes y tenues, cual esas lucecitas que en las leyendas místicas son ánimas en pena, iban a posarse en el pelo del estudiante, donde tardaban un momento en apagarse. Consideraba, con algo de remordimiento, que nunca debiera haber quemado las cartas en presencia del pobre muchacho, que tan apenado se mostraba. ¿Pero qué hacer? ¿Cómo volver con ellas a su casa, al lado de su madre, que esperaba ansiosa el término de entrevista tal? Parecíale que aquellos plieguecillos perfumados como el cuerpo de una mujer galante mancharían la pureza de la achacosa viejecita, cual si fuese una virgen de quince años.

X. Aquiles, mudo, insensible, a todo, miraba fijamente ante sí con los ojos extraviados. Y allá en el fondo de las pupilas cargadas de tristeza, bailaban alegremente las liamitas de oro, que poco a poco iban consumiendo el único tesoro del bohemio. La condesa se enjugó los ojos, y afanosa por ahogar los latidos de su corazón de mujer compasiva, arrojó de una vez todas las cartas al fuego. Aquiles se levantó temblando:

—¿Por qué me las arrebatas? ¡Déjame siquiera algo que te recuerde!

Su rostro tenía en aquel instante una expresión de sufrimiento aterradora. Los ojos se conservaban secos, pero el labio temblaba bajo el retorcido bigotejo, como el de un niño que va a estallar en sollozos. Desatalentado, loco, sacó del fuego las cartas que levantaron una llama triste en medio de la vaga oscuridad que empezaba a invadir la sala. La condesa lanzó un grito:

—¡Ay! ¿Te habrás quemado? ¡Dios mío, qué locura!

Y le examinaba las manos sin dejar de repetir:

—¡Qué locura! ¡Qué locura!

Aquiles, cada vez más sombrío, inclinóse para recoger las cartas que, caídas a los pies de la dama, se habían salvado del fuego. Ella le miró hacer, muy pálida y con los ojos húmedos. La inesperada resistencia del estudiante, todavía más adivinada que sentida, conmovíale hondamente, faltábale valor para abrir aquella herida, para producir aquel dolor desconocido. Su egoísmo, falto de resolución, sumíala en graves vacilaciones, sin dejarla ser cruel ni generosa. Apoyada en la pared, retorciendo una punta del pañolito de encajes, murmuró en voz afectuosa y conciliadora:

—Yo te dejaría esas cartas... Sí, te las dejaría... Pero, reflexiona de cuántos disgustos pueden ser origen si se pierden. ¿Dime, dime tú mismo si no es una locura?

La condesa no ponía en duda la caballerosidad de Aquiles. ¡Muy lejos de eso! Pero tampoco podía menos de reconocer que era una cabeza sin atadero, un verdadero bohemio. ¿Cuántas veces no había ella intentado hacerle entrar en una vida de orden? Y todo inútil. Aquel muchacho era una especie de salvaje civilizado: Se reía de los consejos, enseñando unos dientes muy blancos, y contestaba bromeando, sosteniendo que tenía sangre araucana en las venas.

XI. El insistía con palabras muy tiernas y un poco poéticas:
—Esas cartas, Julia, son un perfume de tu alma. ¡El único consuelo que tendré cuando te hayas ido! Me estremezco al pensar en la soledad que me espera. ¡Soledad del alma, que es la más horrible! Hace mucho tiempo que mis ideas son negras, como si me hubiesen pasado por el cerebro grandes brochazos de tinta. Todo a mi lado se derrumba, todo me falta...

Susurraba estas quejas al oído de la condesa, inclinado sobre el sillón, besándole los cabellos con apasionamiento infinito. Sentía en toda su carne un estremecimiento al posar sus labios y deslizados sobre las hebras rubias y sedeñas:
—¡Déjamelas! ¡Son tan pocas las que quedan! Haré con ellas un libro, y leeré una carta todos los días como si fuesen oraciones.

La condesa suspira y calla. Había ido allí dispuesta a rescatar sus cartas, cediendo en ello a ajenas sugestiones, y creyendo que las cosas se arreglarían muy de otro modo, conforme a la experiencia que de parecidos lances tenía. No sospechara nunca tanto amor por parte de Aquiles, y al ver la herida abierta de pronto en aquel corazón que era todo suyo, permanecía sorprendida y acobardada, sin osar insistir, trémula como si viese sangre en sus propias manos. Ante dolor tan sincero, sentía el respeto supersticioso que inspiran las cosas sagradas, aun a los corazones más faltos de fe.

XII. No estaba la condesa locamente enamorada de Aquiles Calderón, pero queríale a su modo, con esa atractiva simpatía del temperamento, que tantas mujeres experimentan por los hombres fuertes, los buenos mozos que no empalagan, del añejo decir femenino. No le abandonaba ni hastiada, ni arrepentida. Pero la condesa deseaba vivir en paz con su madre, una buena señora, de rigidez franciscana, que hablaba a todas horas del infierno, y tenía por cosa nefanda los amores de su hija con aquel estudiante sin creencias, libertino y masón, a quien Dios, para humillar tanta soberbia, tenía sumido en la miseria.

Era la gentil condesa de condición tornadiza y débil, sin ambiciones de amor romántico, ni vehemencias pasionales. En los afectos del hogar, impuestos por la educación y la costumbre, había hallado siempre cuanto necesitar podía su sensibilidad reposada, razonable y burguesa. El corazón de la dama no había sufrido esa profunda metamorfosis que en las naturalezas apasionadas se obra con el primer amor. Desconocía las tristes vaguedades de la adolescencia. A pesar de frecuentar la catedral, como todas las damas linajudas, jamás había gustado el encanto de los rincones oscuros y misteriosos, donde el alma tan fácilmente se envuelve en ondas de ternura y languidece de amor místico. Eterna y sacrílega preparación para caer más tarde en los brazos del hombre tentador, y hacer del amor humano y de la forma plástica del amante culto gentílico y único destino de la vida. Merced a no haber sentido estas crisis de la pasión, que sólo dejan escombros en el alma, pudo la condesa de Cela conservar siempre por su madre igual veneración que de niña. Afección cristiana, tierna, sumisa, y hasta un poco supersticiosa. Para ella todos los amantes habían merecido puesto inferior al cariño tradicional, y un tanto ficticio, que se supone nacido de ocultos lazos de la sangre.

Pero era la condesa, si no sentimental, mujer de corazón franco y burgués, y no podía menos de hallar hermosa la actitud de su amante, implorando como supremo favor la posesión de aquellas cartas. Olvidaba cómo las había escrito en las tardes lluviosas de un invierno inacabable, pereciendo de tedio, mordiendo el mango de una pluma, y preguntándose a cada instante qué le diría. Cartas de una fraseología trivial y gárrula, donde todo era oropel, como el heráldico timbre de los pliegecillos embusteros, henchidos de zalamerías livianas, sin nada verdaderamente tierno, vivido, de alma a alma. Pero entonces, contagiada del romanticismo de Aquiles, hacíase la ilusión de que todas aquellas patas de mosca las trazara suspirando de amor.

XIII. Con dos lágrimas detenidas en el borde de los párpados y bello y majestuoso el gesto, que la habitual ligereza de la dama hacía un poco teatral, se volvió al estudiante:

—¡Sea!... ¡Yo no tengo valor para negártelas! ¡Guarda, Aquiles, esas cartas y con ellas el recuerdo de esta pobre mujer que te ha querido tanto!

Aquiles, que hasta entonces las había conservado, movió la cabeza e hizo ademán de devolvérselas. Con los ojos fijos miraba a la nieve que azotaba los cristales, enloquecido, pero resuelto a no escuchar. Y ella, a quien el silencio era penoso, se cubrió el rostro, llorando con el llanto nervioso de las actrices. Lágrimas estéticas que carecen de amargura, y son deliciosas, como ese delicado temblorcillo que sobrecoge al espectador en la tragedia. Aquiles inclinó la cabeza hasta apoyarla en las rodillas, y así permaneció largo tiempo, la espalda sacudida por los sollozos. Ella, vacilando, con timidez de mujer enamorada, fué a sentarse a su lado en el brazo del canapé y le pasó la mano por los cabellos negros y rizosos. Enderezóse él muy poco a poco y le rodeó el talle suspirando, atrayéndola a sí, buscando el hombro para reclinar la frente. La condesa siguió acariciando aquellos hermosos cabellos, sin cuidarse de enjugar las lágrimas que, lentas y silenciosas, como gotas de lluvia que se deslizan por las mejillas de una estatua, rodaban por su pálida faz y caían sobre la cabeza del estudiante, el cual, abatido y como olvidado de sí propio, apenas entendía las frases que la condesa suspiraba:

—No me has comprendido, Aquiles mío. Si un momento quise poner fin a nuestros amores, no fué porque hubiese dejado de quererte. ¡Quizá te quería más que nunca! Pero ya me conoces... Yo no tengo carácter. Tú mismo dices que se me gobierna por un cabello. Ya sé que debí haberme defendido, pero estaba celosa. ¡Me habían dicho tantas cosas!...

Hablaba animada por la pasión. Su acento era insinuante, sus caricias cargadas de flúido, como la piel de un gato negro. Sentía la tentación caprichosa y enervante de causar el placer en brazos de Aquiles. En aquella desesperación hallaba promesas de nuevos y desconocidos transportes pasionales, de un convulsivo languidecer, epiléptico como el del león y suave como el de la tórtola. Colocó sobre su seno la cabeza de Aquiles, y murmuró ciñéndola con las manos.

—¿No me crees, verdad? ¡Es muy cruel que, lo mismo la que miente que la que habla con toda el alma, hayan de emplear las mismas palabras, los mismos juramentos!...

Y le besaba prodigándole cuantas caricias apasionadas conocía. ¡Refinamientos que, una vez gustados, hacen aborrecible la doncellez ignorante!

XIV. Sin fuerza para resistir el poder de aquellos halagos, Aquiles la besó cobardemente en el cuello blanco y terso como plumaje de cisne. Entonces la condesa se levantó, y sonriendo a través de sus lágrimas con sonrisa de bacante, arrastróle por una mano hasta la alcoba. El intentó resistir, pero no pudo. Quisiera vengarse despreciándola, ahora que tan humilde se le ofrecía, pero era demasiado joven para no sentir la tentación, y poco cristiano su espíritu para triunfar en tales combates. Hubo de seguirla, bien que aparentando una frialdad desdeñosa, en que la condesa creía muy poco. Actitud falsa y llena de soberbia, con que aspiraba a encubrir lo que a sí mismo se reprochaba como una cobardía, y no era más que el encanto misterioso de los sentidos.

Al encontrarse en brazos de su amante, la condesa tuvo otra crisis de llanto, pero llanto seco, nervioso, cuyos sollozos tenían notas extrañas de risa histérica. Si Aquiles Calderón tuviese la dolorosa manía analista que puso la pistola en manos de su gran amigo Pedro Pondal, hubiese comprendido con horror que aquellas lágrimas, que en su exaltación ansiaba beber en las mejillas de la condesa, no eran de arrepentimiento, sino de amoroso sensualismo, y sabría que en tales momentos no faltan a ninguna mujer.

En la vaga oscuridad de la alcoba, unidas sus cabezas sobre la blanca almohada, se hablaban en voz baja, con ese acento sugestivo y misterioso de las confesiones, que establece entre las almas corrientes de intimidad y amor. La condesa suspiraba, presentándose como víctima de la tiranía del hogar. Ella había cedido a las sugestiones maternales. Faltárale entereza para desoír los consejos de aquellos labios que la besaban con amor, cuyas palabras manaban dulces, suaves, persuasivas, con perfume de virtud, como aguas de una fuente milagrosa. Pero ahora no habría poder humano capaz de separarlos, morirían así, el uno en brazos del otro. Y como el recuerdo de su madre no la abandonase, añadió con zalamería, poniendo sobre el pecho desnudo una mano de Aquiles:

—Guardaremos aquí nuestro secreto, y nadie sabrá nada. ¿Verdad?

Aquiles la miró intensamente:

—¡Pero tu madre!

—Mi madre tampoco.

El bigotejo retorcido y galán del estudiante esbozó una sonrisa cruel.

XV. Aquiles aborrecía con todo su ser a la madre de la condesa. En aquel momento parecían verla recostada en el monumental canapé de damasco rojo, con estampados chinescos. Uno de esos muebles arcaicos, que todavía se ven en las casas de abolengo, y parecen conservar en su seda labrada y en sus molduras lustrosas algo del respeto y la severidad engolada de los antiguos linajes. Se la imaginaba hablando con espíritu mundano de rezos, de canónigos y de prelados. Luciendo los restos de su hermosura deshecha, una gordura blanca de vieja enamoradiza. Creía notar el movimiento de los labios, todavía frescos y sensuales, que ofrecían raro contraste con las pupilas inmóviles, oasi ciegas, de un verde neutro y sospechoso de mar revuelto. Encontraba antipática aquella vejez sin arrugas, que aun parecía querer hablar a los sentidos. El estudiante recordó las murmuraciones de la ciudad y tuvo de pronto una intuición cruel. Para que la condesa no huyese de su lado, bastaríale derribar a la anciana del dorado camarín donde el respeto y credulidad de su hija la miraban. Arrastrado por un doble anhelo de amor y de venganza, no retrocedió ante la idea de descubrir todo el pasado de la madre a la hija que adoraba en ella:

—¡Pareces una niña, Julia! No comprendo, ni ese respeto fanático, ni esos temores. Tu madre aparentará que se horroriza... ¡Es natural! Pero, seguramente, cuando tuvo tus años, haría lo mismo que tú haces. ¡Sólo que las mujeres olvidáis tan fácilmente!...

—¡Aquiles! ¡Aquiles! ¡No seas canallita!... ¡Para que tú puedas hablar de mi madre necesitas volver a nacer! ¡Si hay santas, ella es una!...

—No riñamos, hija. Pero también tú puedes ser canonizada. Figúrate que yo me muero, y, que tú te arrepientes... ¿No hay en el Año Cristiano alguna historia parecida? A tu madre, que lo lee todos los días, debes preguntárselo.

La condesa le interrumpió:

—No tienes para qué nombrar a mi madre.

—¡Bueno! Cuando la canonicen a ella ya habrá la historia que buscamos.

La condesa, medio enloquecida, se arrojó del lecho. Pero él no sintió compasión, ni aun viéndola en medio de la estancia: Los rubios cabellos destrenzados, lívidas las mejillas que humedecía el llanto, recogiendo con expresión de suprema angustia la camisa sobre los senos desnudos, Aquiles sentía esa cólera brutal, que en algunos hombres se despierta ante las desnudeces femeninas. Con clarividencia satánica, veía cuál era la parte más dolorosa de la infeliz mujer, y allí hería sin piedad, con sañudo sarcasmo:

—¡Julia! ¡Julita! También tus hijos dirán mañana que tú has sido una santa. Reconozco que tu madre supo elegir mejor que tú sus amantes. ¿Sabes cómo la llamaban hace veinte años? ¡La Canóniga, hija! ¡La Canóniga!

XVI. La condesa, horrorizada, huyó de la alcoba. Aun cuando Aquiles tardó mucho en seguirla, la halló todavía desnuda, gimiendo monótonamente, con la cara entre las manos. Al sentirle, incorporóse vivamente y empezó a vestirse, serena y estoica ya. Cuando estuvo dispuesta para marcharse, el estudiante trató de detenerla. Ella retrocedió con horror, mirándole de frente:

—¡Déjeme usted!

Y con el brazo siempre extendido, como para impedir el contacto del hombre, pronunció lentamente:

—¡Ahora, todo, todo ha concluído entre nosotros! Ha hecho usted de mí una mujer honrada. ¡Lo seré! ¡Lo seré! ¡Pobres hijas mías si mañana las avergüenzan diciéndoles de su madre lo que usted acaba de decirme de la mía!...

El acento de aquella mujer era a la vez tan triste y tan sincero, que Aquiles Calderón no dudó que la perdía. ¡Y, sin embargo, la mirada que ella le dirigió desde la puerta, al alejarse para siempre, no fué de odio, sino de amor!...

Rosita

Cálido enjambre de abejorros y tábanos rondaba los grandes globos de luz eléctrica que inundaban en parpadeante claridad el pórtico del "Foreing-Club": Un pórtico de mármol blanco y estilo pompeyano, donde la acicalada turba de gomosos y clubmanes humeaba cigarrillos turcos y bebía cocteles, en compañía de algunas damas galantes. Oyendo a los caballeros, reían aquellas damas, y sus risas locas, gorjeadas con gentil coquetería, besaban la dorada fimbra de los abanicos, que, flirteadores y mundanos, aleteaban entre aromas de amable feminismo. A lo lejos, bajo la avenida de los Tilos, iban y venían del brazo Colombina y Fausto, Pierrot y la señora de Pompadour. También acertó a pasar, pero solo y melancólico, el duquesito de Ordax, agregado entonces a la Embajada española. Apenas le divisó Rosita Zegrí, una preciosa que lucía dos lunarés en la mejilla, cuando, quitándose el cigarrillo de la boca, le ceceó con andaluz gracejo:,

—¡Espérame, niño!

Puesta en pie apuró el último sorbo del coctel y salió presurosa al encuentro del caballero, que, con ademán de rebuscada elegancia, se ponía el monóculo para ver quién le llamaba. Al pronto el duquesito tuvo un movimiento de incertidumbre y de sorpresa. Súbitamente recordó:

—¡Pero eres tú, Rosita!

—¡La misma, hijo de mi alma!... ¡Pues no hace poco que he llegado de la India!

El duquesito arqueó las cejas, y dejó caer el monóculo. Fué un gesto cómico y exquisito de polichinela aristocrático. Después exclamó, atusándose el rubio bigotejo con el puño cincelado de su bastón:

—¡Verdaderamente tienes locuras dislocantes, encantadoras, admirables!

Rosita Zegrí entornaba los ojos con desgaire alegre y apasionado, como si quisiese evocar la visión luminosa de la India:

—¡Más calor que en Sevilla!

Y como el duquesito insinuase una sonrisa algo burlona, Rosita aseguró:

—¡Más calor que en Sevilla! ¡No pondero, al menos...!

El duquesito seguía sonriendo:

—Bueno, mucho calor... Pero cuéntame cómo has hecho el viaje.

—Con lord Salvurry. Tú le conociste. Aquel inglés que me sacó de Sevilla...¡Tío más borracho!

—¿Ahora estás aquí con él?

—¡Quita allá!

—¿Estás sola?

—Tampoco. Ya te contaré. ¿Tú temías que estuviese sola?

El caballero se inclinó burlonamente:

—Sola o acompañada, tú siempre me das miedo, Rosita.

Se miraron alegremente en los ojos:

—¡Vaya, que deseaba encontrarme con alguno de Sevilla!

Rosita Zegrí no podía olvidarse de su tierra. Aquella andaluza con ojos tristes de reina mora tenía los recuerdos alegres como el taconeo glorioso del bolero y del fandango. Sin embargo, suspiró:
—Dime una cosa: ¿Estabas tú en Sevilla cuando murió el pobre Manolillo?
—¿Qué Manolillo?
—¡Pues cuál va a ser! Manolo el Espartero.
El duquesito hizo un gesto indiferente:
—Yo hace diez años que no caigo por allá.
Rosita puso los ojos tristes:
—¡Pobre Manolo...! Ahí tienes un hombre a quien he querido de verdad. ¿Tú le recuerdas?
—Desde que empezó.
—¡Mira que tenía guapeza en la plaza!
—Pero no sabía de toros.
—¡Pobre Manolillo! Cuando leí la noticia me pasé llorando cerca de una hora.
La sonrisa del duquesito, que parecía subir enroscándose por las guías del bigote, comunicaba al monóculo un ligero estremecimiento burlón:
—No sería tanto tiempo, Rosita.
Rosita se abanicó gravemente:
—¡Sí, hijo...! Hay cosas que no pueden olvidarse.
—¿Fué tu primer amor, sin duda?
—Uno de los primeros.
El monóculo del gomoso tuvo un temblor elocuente:
—¡Ya!... Tu primer amor entre los toreros.
—¡Cabal!... ¡Cuidado que tienes talento!
Y Rosita se reía guiñando los ojos y luciendo los dientes blancos y menudos. Después, ajustándose un brazalete, volvió a suspirar. ¡Era todavía el recuerdo de Manolillo! Aquel suspiro hondo y perfumado levantó el seno de Rosita Zegrí como una promesa de juventud apasionada. Para endulzar su pena se dispuso a saborear los confites que llevaba dentro de un huevo de oro:
—Anda, niño, tenme un momento el abanico. Daremos una vuelta al lago, y luego volveremos al "Foreing-Club". ¡Qué tragedias tiene la vida!
Metióse un confite en la boca, y tomando otro con las yemas de los dedos, brindóselo al duquesito:
—Ten. ¡No hay más!
El galán, con uno de sus gestos de polichinela, solicitó el que la dama tenía en la boca. La dama sacóle al aire en la punta de la lengua:
—¡Vamos, hombre, no te encalabrines!

II. Tuvieron que apartarse para dejar paso a una calesa con potros a la jerezana, pimpante españolada, idea de una bailarina, gloria nacional. Reclinadas en el fondo de la calesa, riendo y abanicándose, iban dos mujeres jóvenes y casquivanas, ataviadas manolescamente con peinetas de teja y pañolones de crespón que parecían

jardines. Cuando pasaron, Rosita murmuró al oído del duquesito:
—Esas son las que ponen el mingo. ¿Las conoces?
—Sí... También son españolas.
—Y de Sevilla.
—¿No sois amigas?
—Muy amigas... Pero no está bien que me saluden a la faz del mundo. A ti mismo te permito que me hables como en nuestros buenos tiempos, porque aquí estoy de incógnito... De otra manera, tendrías que darme tratamiento.
—¿Cuál, Rosita?
—De Majestad.
—Su Graciosa Majestad.
—¡Naturalmente!

Desde la orilla lejana, un largo cortejo de bufones y de azafatas, de chambelanes patizambos y de princesas locas, parecía saludar a Rosita agitando las hachas de viento que se reflejaban en el agua. Era un séquito real. Cuatro enanos cabezudos conducían en andas a un viejo de luengas barbas, que reía con la risa hueca de los payasos, y agitaba en el aire las manos ungidas de albayalde para las bofetadas chabacanas. Princesas, bufones, azafatas, chambelanes, se arremolinaban saltando en torno de las andas ebrias y bamboleantes. Todo el séquito cantaba a coro, un coro burlesco de voces roncas. La dama cogió el brazo del galán:
—Volvamos. No quiero lucirme contigo.

Y levantándose un poco la falda, le arrastró hacia un paseo solitario. La orilla del agua fué iluminándose lentamente con las antorchas del cortejo. Bajo la avenida de los Tilos, la sombra era amable y, propicia. En los viejos bancos de piedra, parejas de enamorados hablaban en voz baja. El duquesito de Ordax intentó rodear el talle de Rosita Zegrí, que le dió con el abanico en las manos:
—Vamos, niño, que atentas a mi pudor.

Con la voz un poco trémula, el duquesito murmuró:
—¿Por qué no quieres?
—Porque no me gustan las uniones morganáticas.
—¿Y un beso?
—¿Uno nada más?
—Nada más.
—Sea... Pero en la mano.

Y haciendo un mohín le alargó la diestra cubierta de sortijas hasta la punta de los dedos. El duquesito posó apenas los labios. Después se atusó el bigote, porque un beso, aun cuando sea muy ceremonioso, siempre lo descompone un poco:
—¡Verdaderamente eres una mujer peligrosa, Rosita!

Rosita se detuvo riendo con carcajadas de descoco, que sonaban, bajo el viejo ramaje de la avenida de los Tilos, como gorjeos de un pájaro burlón:
—Pero oye, mamarracho, ¿has creído que pretendo seducirte?
—Me seduces sin pretenderlo. ¡Ahí está el mal!
—¿De veras...? Pues hijo, separémonos.

La dama apresuró el paso. El galán la siguió:
—¡Oye!
—No oigo.
—En serio.
—Me aburre lo serio.
—Tienes que contarme tu odisea de la India.

Rosita Zegrí se detuvo y volvió a tomar el brazo del duquesito. Mirándole maliciosamente, suspiró:
—Está visto que nos une el pasado.
—Debíamos renovarlo.
—¿Y mi reputación?
—¿Cuál reputación?
—Mi reputación de mujer de mundo. ¡Ni que fuese yo una prójima de las que tienen un amante diez años, y hacen las paces todos los domingos! Es de muy malísimo tono restaurar amores viejos.

El duquesito puso los ojos en blanco, y alzó los brazos al cielo. En una mano tenía el bastón de bambú, en la otra los guantes ingleses:
—¡Ya estamos en ello, Rosita...! Y tú me conoces bastante para saber que yo soy incapaz de proponerte nada como no sea absolutamente correcto. ¡Pero la noche, la ocasión!

Rosita inclinó la cabeza sobre un hombro, con gracia picaresca y gentil:
—¡Ya caigo! Deshojemos una flor sobre su sepultura, y a vivir...

El duquesito se detuvo y miró en torno:
—Sentémonos en aquel banco.

Rosita no hizo caso, y siguió adelante:
—Me hace daño el rocío.
—Sin embargo, en otro tiempo, Rosita...
—¡Ah!... En otro tiempo aun no había estado en la India.

El galán alcanzó a la dama y volvió a rodearle el talle, e intentó besarla en la boca. Ella se puso seria.
—¡Vamos, quieres estarte quieto!
—¿Decididamente, te sientes Lucrecia?
—No me siento Lucrecia, chalado... ¡Pero lo que pretendes no tiene sentido común...! ¡Aquí, al aire libre, sobre la hierba...! Ciertas cosas, o se hacen bien o no se hacen...
—¡Pero Rosita de mi alma, la hierba no impide que las cosas se hagan bien!

Rosita Zegrí, un poco pensativa, paseó sus ojos morunos y velados todo a lo largo de la orilla que blanqueaba al claro de la luna. Los remos de una góndola tripulada por diablos rojos, batían a compás en el dormido lago donde temblaban amortiguadas las estrellas, y alguna dama con la cabeza empolvada, tal vez una duquesa de la Fronda, cruzaba en carretela por la orilla. Rosita se apoyó lánguidamente en el brazo del duquesito.

—Cómo se conoce que eres hombre. ¡Todos sois iguales! Así oye una esas tonterías de que venimos del mono. ¡Vosotros tenéis la culpa, mamarrachos! A los monos también les parece admirable la hierba para hacerse carocas. Los he visto con mis bellos ojos en la India. ¡En achaques de amor, sois iguales!

Y la risa volvió a retozar en los labios de Rosita Zegrí, aquellos labios de clavel andaluz, que parecían perfumar la brisa.

III. El duquesito agitaba en el aire sus guantes y su bastón. Parecía desesperado:
—Rosita, en otro tiempo no eras tan mirada.
—¡Como que en otro tiempo aun no había estado en las tierras del sol, y no me hacía daño el rocío!
—Te desconozco.
—¿Cuándo has sabido leer en mi corazón? ¡Nunca...! Te dió siempre la ventolera por decir que te coronaba. ¡Ay, qué pelma!
—¿Y no era verdad?

Rosita se detuvo rehaciendo en sus dedos los rizos lacios y húmedos de rocío que se le metían por los ojos.

—Como verdad, sí... Pero yo te engañaba solamente con algún amigo, mientras que Leré te ha engañado después con todo el mundo. ¡Suerte que tienen algunas! Esa te había puesto una venda en los ojos.

El duquesito de Ordax alzó los hombros, como pudiera alzarlos el más prudente de los estoicos:

—No creas... Unicamente que con el tiempo cambia uno mucho. He comprendido que los celos son plebeyos.
—Todos los hombres comprendéis lo mismo cuando no estáis enamorados.
—¡Hoy quién se enamora!
—¿También es de plebeyo?
—Anticuado nada más.

Rosita se detuvo recogiéndose la falda, y miró al duquesito con expresión burlona. Su risa de faunesa, alegre y borboteante, iluminaba con una claridad de nieve la rosa de su boca.

—Oye, en nuestros buenos tiempos la pasión volcánica debió ser el último grito: ¡Mira que has hecho tonterías por mí!
—¿Estás segura?
—¿De que eran tonterías? ¡Vaya!

La sonrisa del duquesito hacía temblar el monóculo, que brillaba en la sombra como la pupila de un cíclope. Rosita se puso seria:

—¿Vas a negarlo? Si me escribías unas cartas inflamadas. Aun hace poco las he quemado. Todo era hablar de mis ojos, adonde se asomaba el alma de una sultana, y de las estrellas negras...¿Te acuerdas de tus cartas?

El duquesito dejó caer el monóculo, que, prendido al extremo de la cinta de seda, quedó meciéndose como un péndulo sobre el chaleco blanco:

—¡Ay, Rosita...! ¡Si te dijese que todas esas tonterías las copiaba de los dramas de Echegaray! ¡Las mujeres sois tan sugestionables!

La mirada de Rosita Zegrí volvió a vagar perdida a lo lejos, contemplando las ondas que rielaban. Sobre su cabeza la brisa nocturna estremecía las ramas de los tilos con amoroso susurro. Caminaron algún tiempo en silencio. Después Rosita fijó largamente en el duquesito sus ojos negros, poderosos y velados. ¡Aquellos ojos adonde se asomaba el alma de una sultana!

—¡Oye, ¿cómo no estando enamorado eras tan celoso?

—Por orgullo. Aun no sabía que en amor a todos los hombres nos ocurren los mismos contratiempos.

—¡Ese consuelo no lo tengas, niño!

—¿Qué, no somos todos engañados, Rosita?

—No.

—¿Tú has sido fiel alguna vez?

—No recuerdo.

—¡Pues entonces!

Rosita le miró maliciosamente, humedeciéndose los labios con la punta de la lengua:

—Qué trabajo para que comprendas. ¿A cuántos engañé contigo? ¡A ninguno..! ¡Y a ti, preciosidad, alguna vez...! Ahí tienes la diferencia.

El duquesito cogió una mano de Rosita:

—Anda, déjame que te bese la garra.

—No seas payaso... Dime, ¿y los versos que escribiste en mi abanico?

—De Bécquer.

—¡Habrá farsante...! ¡Yo que casi riño con Carolina Otero porque me dijo que ya los había leído!

—¡Tiene gracia!

—No puedes figurártelo. Porque al fin me confesó que no los había leído... Unicamente que Carolina no te creía capaz...

El duquesito sonrió desdeñosamente, se puso el monóculo y contempló las estrellas. Rosita le miraba de soslayo:

—¡Yo no sabía que fueses tan temible...! ¿De manera, que la tarde aquella, cuando me enseñaste un revólver jurando matarte, también copiabas de Echegaray?

—La frase, de Echegaray; el gesto, de Rafael Calvo.

—Por lo visto, en la aristocracia únicamente servís para malos cómicos.

El duquesito se atusó el rubio bigotejo con toda impertinencia de un dandy:

—Desgraciadamente, ciertos desplantes sólo conmueven a los corazones virginales.

Rosita suspiró, recontando el varillaje de su abanico:

—¡Toda la vida seré una inocente!

IV. Un grupo de muchachas alegres y ligeras pasó corriendo, persiguiéndose con risas y gritos. Entre sus cabellos y sus faldas traían una brisa de jardín. Era un tropel airoso y blanco que se desvaneció en el fondo apenas esclarecido, donde la luna dejaba caer su blanca luz. La. dama se detuvo y alargó su mano, refulgente de pedrerías, al galán. Suspiraba sacando al aire el último confite, en la punta de la lengua, divino rubí.

—Aquí termina nuestro paseo. Encantada de tu compañía.

Y Rosita Zegrí despedía al duquesito de Ordax haciendo una cortesía principesca. El duquesito aparentó sorprenderse:

—¿Qué te ha dado, Rosita?

—Nada. Veo la iluminación del "Foreing-Club", y no quiero lucirme contigo.

—¿Te has enojado por lo que dije?

—No, por cierto. Siempre me había figurado eso...

—¿Entonces, qué?

—¡Entonces, nada! Que me aburre la conversación y prefiero terminar sola el paseo. Quiero ver cómo la luna se refleja en el lago.

—¿Te has vuelto poética?

—No sé...

—Luna, lago, nocturnidad.

—¡Qué quieres! Eso me recuerda las verbenas del Guadalquivir. En ciertos días me entra, un aquel de Sevilla, que siento tentaciones de arrancarme por soleares. Te lo digo yo. El único amor verdad es el amor patrio.

El duquesito no tuvo la osadía de reírse. Había oído lo mismo infinitas veces a todos los grandes oradores de España. Sin embargo, movió la cabeza en señal de duda:

—¿Dónde dejas el amor maternal, Rosita?

Rosita suspiró:

—Por ahí no me preguntes, hijo. Yo no he conocido a la pobrecita de mi madre. Tengo oído que ha sido una mujer de aquellas que dan el ole.

Y Rosita Zegrí permaneció un momento con las manos en cruz, como si rezase por aquella madre desconocida que daba el ole. Bajo ,la luz de la luna fulguraba la pedrería de sus anillos en los dedos pálidos. El aliento del ondulante lago le alborotaba las plumas del sombrero. Distinguió un banco en la orilla del camino, y andando con fatiga fué a sentarse:

—¡Qué hermosa noche...!

—¡Y que mal la aprovechamos!

El galán quiso sentarse en el banco al lado de la dama, pero ella tendió el abanico para impedírselo:

—¡Lejos, lejos...! No te quiero a mi lado.

El duquesito se apoyó en el tronco de un árbol:

—Me resigno a todo.

La luna, arrebujada en nubes, dejaba caer su luz lejana y blanca sobre el negro ramaje de los tilos. Parecía la faz de una Margarita amortajada con tocas negras. Rosita entornó los ojos y respiró con lánguido desmayo:

—¡Qué agradable aroma! Ya empiezan a florecer las acacias. Me gustaría pasar aquí la noche.

—¿Y la humedad, Rosita? Recuerda que has estado en la India.

Rosita siguió abanicándose en silencio y mirando ondular el lago. A lo lejos cantaba un pescador de opereta, con los remos levantados, goteando en el agua, y la barca deslizábase sola, impulsada por la corriente. El pescador cantaba los amores tristes que riman con la luna. El pescador quería morir. Rosita suspiró, arreglándose los rizos:

—¡Ah...! Yo también.

Después volvióse hacia el duquesito:

—Me da pena verte ahí como una estatua. Siéntate si quieres.

Y la dama hizo sitio al galán. En aquel momento tenía los ojos llenos de lágrimas que permanecían temblando en las pestañas. El duquesito pareció consternado:

—¡Tú lloras!

Rosita parpadeó, sonriendo melancólica:

—Me dan estas cosas. Tú quizá no lo comprenderás.

El duquesito se dejó ganar el corazón por aquella voz acariciadora, voz de mujer interesante y bella que le hablaba al claro de la luna, ante el rielar de un lago, en el silencio de la noche:

—Sí, lo comprendo, Rosita. Yo mismo lloro muchas veves el vacío de mi vida. ¡Es ia penitencia por divertirse demasiado, chiquilla!

—¡Ah...! ¡Si cuando yo me lancé hubiese encontrado un hombre de corazón en mi camino! ¡No lo quiso la suerte!

—Te hubieras divertido menos.

—Pero hubiera sido más feliz. Créeme, yo no había nacido para ciertas cosas. La vida ha sido muy dura conmigo. ¿Tú sabes la historia de aquel clown, que se moría de tristeza haciendo reír a la gente...? ¡Ah! ¡Si yo hubiese encontrado un hombre en mi camino!

El monóculo del duquesito permanecía inmóvil, incrustado bajo la ceja rubia. Ya no sonreía:

—¿Y si encontrases, todavía, alguno en tu diapasón, Rosita?

—Puede ser que hiciese una locura.

—¿Una nada más? Para ti es muy poco. De tus amantes antiguos, ¿no has querido a ninguno?

—De esta manera que sueño, no.

Y Rosita volvió a seguir con los ojos el cabrilleo de las ondas. Allá en el fondo misterioso, balanceábase la barca negra donde cantaba el pescador:

—¿Qué exigirías de ese amante ideal?

—No sé.

—¿Sería un Abelardo, un Romeo o un Alfonso?

—Lo que él quisiese.

—¿Y si pretendía ser el único?

Rosita Zegrí se volvió gentilmente:

—¿Tienes alguno que proponerme?

El duquesito no respondió, pero su mano buscó en la sombra la mano de Rosita, una mano menuda que íntima y tibia se enlazó con la suya. La dama y el galán guardaron silencio, mirando a lo lejos cómo la luna crestaba de plata las ondas negras. El duquesito murmuró en voz baja, con cierto trémolo, apasionado y ronco:

—Hace un momento, cuando tú me has llamado, iba pensando en dar un paseo solitario. También estaba triste sin motivo. Cruzaba por la avenida removiendo en mi pensamiento recuerdos casi apagados. Aventando cenizas.

—¿Pensabas en mí?

—También pensaba en ti... ¡Y cuánta verdad, que muchas veces basta un soplo para encender el fuego! Tu voz, tus ojos, tu deseo de un amor ideal, ese deseo que nunca me habían confesado tus labios...¡Si yo lo hubiese adivinado! Pero qué importa, si aun ignorándolo te quise como a ninguna otra mujer, porque yo no he querido a nadie más que a ti, y te quiero aún... Cuando me hablabas hace un momento, veía en tus ojos la claridad de tu alma.

Rosita le interrumpió riendo:

—¡Calla! ¡Calla...!Nada de citas.

—¿De citas?

—Sí... ¡De Echegaray, supongo...! ¡De los dramas de Echegaray!

El galán agitó los guantes, y un poco perplejo, miró a la dama, que reía ocultando el rostro tras el abanico. Y en aquellos labios de clavel andaluz, la risa era fragante, el aire se aromaba.

V. Tomó Rosita repentinamente el brazo del duquesito, y le arrastró hacia el "Foreing-Club". Caminaron un momento en silencio cambiando miradas. Rosita volvió a reírse:

—Parece que jugamos al escondite con los ojos.

El galán se detuvo, estrechando amorosamente en la sombra el talle de la dama, y buscando sus labios:

—Es preciso que volvamos a vernos.

Rosita rompió suavemente el cerco de aquellos brazos, y continuó andando:

—¡Niño, no me tientes! ¡El viaje a la India ha decidido para siempre de mi destino! Yo, con mil amores, vendría aquí todas las noches sólo por oírte.

—¿A pesar de la hierba?

—A pesar de la hierba. Tú no sabes cómo camelan el oído esas frases poéticas, apasionadas, tiernas... Los parlamentos de Echegaray... Pero no puede ser, no puede ser... ¡No puede ser...!

—¿Todo por ese viaje a la India?

—Todo... ¡Ay, chiquillo, si tú supieses lo que verdade ramente me animó a embarcarme para ese fin del mundo...!

¡Yo que hasta en tierra me mareo!

Y, naturalmente, como el duquesito no sabía nada, Rosita se apresuró a contárselo:

—Pues, niño, únicamente ver leones y panteras en libertad. ¡Es de aquello que las fieras me encantan!
—A mí también... Ya lo sabes.
—¡Quita allá, gracioso!
—¿No hubo algún príncipe negro o amarillo que diese cacerías en tu honor?
—¡Todos los días! Los que nunca se dieron en mi honor han sido los leones y los tigres. Solamente he visto un elefante, y el infeliz se arrodillaba para que yo montase. ¡Calcúlate lo fiero que sería!

Y Rosita Zegrí cruzaba las manos con trágico abatimiento. ¡Para eso había dejado su escenario de El Molino Rojo, y los amigos de París, y aquellas alegres cenas del amanecer, las adorables cenas que Rosita terminaba siempre saltando sobre la mesa del festín y bailándose sevillanas entre las copas rotas y las flores marchitas! ¡Qué tiempos! En Londres dijeron los lores que aquel cuerpo de andaluza era la cuna del donaire, y en París dijeron los poetas que las gracias se agrupaban en torno de su falda, cantando y riendo al son de cascabeles de oro. Rosita, al oírlos, se burlaba. Sólo llevaban razón los novilleros de Sevilla: ¡Ella era muy gitana! Todas sus palabras tenían un aleteo gracioso, como los decires de las manolas. En el misterio de su tez morena, en la nostalgia de sus ojos negros, en la flor ardiente de su boca bohemia, vivía aquella quimera de admirar en libertad tigres y leones: Las fieras rampantes y bebedoras de sangre que hace tantos siglos emigraron hacia las selvas lejanas y misteriosas donde están los templos del Sol. Cansada de correr mundo al son de sus castañuelas, volvía de la India sin haber visto, por parte alguna, ni tigres ni leones. Rosita, al recordarlo, cruzaba las manos y se desconsolaba con mucha gracia:

—A mí ya me parecía que esos animalitos no podían andar sueltos por ninguna parte. ¡Infundios que nos tragamos aquí! Todos esos tíos de los circos dicen que cazan los leones en las selvas vírgenes de la India. ¡Guasones! Chiquillo, estoy convencida de que son historias.

Hablaba con adorable alocamiento, entornando los ojos de princesa egipcia. Bajo sus pestañas parecía mecerse y dormitar la visión maravillosa del tiempo antiguo, con las serpientes dóciles al mandato de las sibilas, con los leones favoritos de cortesanas y emperatrices. Siempre riendo, proseguía el cuento cascabeleante de sus aventuras.

—Yo, para decirte la verdad, no pasé de Kilakua. Allí tuve que firmar los pasaportes a mi lord. Ya me tenía hasta más allá de la punta de los pelos. Con todo, el viaje me trajo la suerte. Creo que Dios quiso premiar mi resolución de mandar a paseo a un tío protestante. Esta sortija de la esmeralda, me la regaló el emperador del Japón cuando me casé.

Aquello era tan extraordinario, que el duquesito dejó caer el monóculo:
—¡Diablo, que cosas! Nada, ni la menor noticia.
—¿De veras...? ¡Pero si es imposible que no sepas...! Todas las ilustraciones han traído mi retrato. De España también me lo pidieron, pero no me quedaba ya ninguno. Me escribió aquel tío que vendía en Sevilla el agua de azahar. Puede ser

que quisiese darme en un anuncio como Madama Soponcio. El hombre decía que era dueño de un periódico y me mandaba un número que traía a la familia real. ¡Daba pena verla, pobrecilla!

—¿Es preferible salir en las cajas de fósforos, verdad?

—¡Y bien! Siquiera ahí sólo salen mujeres de aquellas que dan el ole.

—De aquellas que lo dan todo, Rosita.

—¡Quieres callar!... De otra manera renuncio a contarte mis aventuras...

Rosita Zegrí se dió aire con el abanico. Sonreía recordando su historia. ¡Una historia maravillosa, y bella!

—Pues verás...

Y se detuvo de pronto, soltando el brazo del galán. Por la avenida de los Tilos adelantaba un hombre con ropaje oriental. Era negro y gigantesco, admirable de gallardía y de nobleza. Llegóse a ellos y saludó al caballero con leve sonrisa, al par amable y soberana. Rosita Zegrí los presentó:

—Un amigo de Sevilla. Mi marido...

Y ante el gesto de asombro que hizo el duquesito, se interrumpió riendo, con su reír sonoro y claro. Mordiéndose los labios, añadió:

—Mi marido, el rey de las islas de Dalicam.

Su Majestad, después de dudar un momento, dignóse tender al duquesito una mano negra, fabulosa de oros y pedrerías. Parecía la mano de un Rey Mago. Sonrió el duquesito, y con alarde de ironía se inclinó para besarla, pero la reina de Dalicam interpuso su sombrilla llena de encajes:

—¿Qué haces, resalado? ¿No sabes que viajamos de incógnito?

Y bajo aquella mirada picaresca y riente, el rey de Dalicam y el duquesito de Ordax se estrecharon las manos vigorosamente, muy a la inglesa. Rosita, como si la sombrilla fuese una alabarda, dió con el regatón un golpe en tierra:

—¡Al pelo, hijos!

VI. En los jardines del "Foreing-Club", Pierrot y la señora de Pompadour, Colombina y Fausto, bebían cocteles y humeaban cigarrillos turcos. La bella Cardinal y la bella Otero, como dos favoritas reales, se apeaban de sus carrozas doradas, luciendo el zapato de tacón rojo y la media de seda. Un loro mexicano gritaba en el minarete del palacio árabe, y una vieja enlutada, con todo el cabello blanco, acechaba tras los cristales, esperando al galán de su señora la princesa, para decirle por señas que no podía subir. El enjambre de abejorros y tábanos zumbaba en torno de los globos de luz eléctrica que iluminaban el pórtico del "Foreing-Club", y sobre la terraza de mármol blanco, colgada de enredaderas en flor, la orquesta de zíngaros preludiaba en sus violines un viejo minué de Andrés Belino. El duquesito de Ordax quiso despedirse. La reina de Dalicam le retuvo:

—Quédate, niño. Quiero que intimes con mi marido.

Y al mismo tiempo, los dedos enguantados de Rosita Zegrí—primera de su nombre en la Historia de Dalicam— buscaban algunos luises, prisioneros entre las mallas de unbolsillo con cierre de turquesas:

—¡Todo mi caudal...! Vamos a jugarnos estos tres luises. Asocio vuestra suerte a la mía. ¡No olvidéis que cada uno me adeuda un luis...!

Adivinando el sentido de aquellas palabras, Su Majestad el rey de Dalicam mostró la nieve de los dientes bajo el belfo opulento, y alargó su mano florecida de piedras preciosas. Rosita depositó en ella sus tres luises de oro:

—Duquesito, le dejaremos que los juegue.

El duquesito se inclinó:

—La voluntad de un rey es sagrada.

—Si continúas así, serás nuestro primer ministro.

Y con un mohín picaresco de los labios y de los ojos, Su Majestad Risita Zegrí tomó asiento al pie de un arbol iluminado con faroles. Después levantó la cabeza de rizos endrinos, y sonrió al rey:

—Aquí esperamos.

El rey le envió un beso con las yemas de los dedos, que unidos imitaron apretado racimo de moras, y se alejó reposado y solemne. Rosita se volvió al duquesito:

—¿Qué corazonada tienes?

—Ninguna.

—¿Perdemos o ganamos?

—No sé... Debiste advertirle que jugase los reyes.

—¡Pues tienes razón!

Por la carrera enarenada, siempre riendo tras los abanicos, llegaban las dos españolas de los pañolones de crespón y las peinetas de teja. Viendo todavía juntos a la reina de Dalicam y al duquesito de Ordax, se hicieron un guiño picaresco. ¡Qué noble indignación la de Rosita!

—¿Has visto? Se figuran que estamos en camino de ponerle otra corona a mi marido.

—No debes hacer caso.

—Naturalmente.

El rey de Dalicam apareció bajo el pórtico del "Foreing-Club". Desde lejos levantó los brazos y abrió las manos indicando que había perdido. Rosita puso los ojos tristes:

—¡Tiene la suerte más negra! ¡Ah! Tú no olvides que me debes un luis.

—Voy a tener el honor de devolvértelo.

—¡Ahora, no! Pueden verte y creer que se trata de otra cosa. Te lo recuerdo porque estoy completamente arrancada. Nos hemos jugado la corona, y estamos en camino de jugarnos el cetro.

El rey de Dalicam se acercaba lentamente, y el duquesito de Ordax se puso en pie, esperando a que llegase para retirarse con la venia real. Era gentil hombre en la corte de España, y conocía el ceremonial palatino. Su Majestad, después de dudar breves momentos, le retuvo con un gesto, y de entre la faja con que ceñía su túnica de seda azul turquí, sacó varias fotografías hechas a su paso por París, en casa de Nadar. Tomó asiento bajo el árbol iluminado con faroles de colores, al lado de la reina, y con un gesto expresivo que descubría el blanco. de los ojos y el blanco de los dientes, ofreció uno de aquellos retratos al duquesito. Antes de entregárselo, sin duda para hacerle más honor, descolgó el lapicero de oro que colgaba entre los tres mil dijes de su reloj, y silencioso y solemne lo depositó en manos de Rosita como si fuese el cetro de su reino. La andaluza, con el lapicero de oro entre los labios, alzó los ojos hacia las estrellas: Las consultaba. De pronta sacó al aire la roja punta de la lengua. Había sentido el aleteo de la inspiración, bajo la mirada amorosa de su dueño, aquel magnífico rey negro de las islas de Dalicam, que, como los reyes de las edades heroicas, afortunadamente, no sabía escribir...

Eulalia

I. Larga hilera de álamos asomaba por encima de la verja su follaje que plateaba al sol Allá en el fondo, albeaba un palacete moderno con persianas verdes y balcones cubiertos de enredaderas. Las puertas, áticas y blancas, también tenían florido y rumoroso toldo: Daban sobre la carretera y sobre el río. Cuando Eulalia apareció en lo alto de la escalinata, sus hijas, tras los cristales del mirador, le mandaban besos. La dama levantó sonriente la cabeza y las saludó con la mano. Después permaneció un momento indecisa: Estaba muy bella, con una sombra de vaga tristeza en los ojos. Suspirando, abrió la sombrilla y bajó al jardín: Alejóse por un sendero entre rosales, enarenado y ondulante. El aya entonces retiró a las niñas. Eulalia salió al campo. Su sombrilla pequeña, blanca y gentil, tan pronto aparecía entre los maizales como tornaba a ocultarse, y ligera y juguetona, volteaba sobre el hombro de Eulalia, clareando entre los maizales como una flor cortesana. A cada movimiento la orla de encajes mecíase y acariciaba aquella cabeza rubia que permanecía indecisa entre sombra y luz. Eulalia, dando un largo rodeo, llegó al embarcadero del río. Tuvo que cruzar alegres veredas y umbrías trochas, donde a cada momento se asustaba del ruido que hacían los lagartos al esconderse entre los zarzales, y de los perros que asomaban sobre las bardas, y de los rapaces pedigüeños, que pasaban desgreñados, lastimeros, con los labios negros de moras. Eulalia, desde la ribera, llamó:

—¡Barquero...! ¡Barquero...!

Un viejo se alzó del fondo de la junquera donde adormecía al sol. Miró hacia el camino, y cuando reconoció a la dama comenzó a rezongar:

—Quédeme en seco... Apenas lleva agua el río... De haberlo sabido...

Arremangóse hasta la rodilla, y empujó la barca medio oculta entre los juncales Eulalia interrogó con afán:

—¿Hay agua?

El viejo se detuvo. Con el rostro luciente de sudor, cobró aliento:

—Paréceme que habrá.

Restregóse las manos y empujó de nuevo la barca, que resbaló hasta la orilla y quedó meciéndose. Salió a bordo y previno los remos:

—Ya puede embarcar, mi señora.

Eulalia alzóse levemente la falda y quedó un momento indecisa, como queriendo penetrar con los ojos la profundidad del río. Una onda lamió sus pies enterrados en la arena de la ribera. El barquero atracó hincando un remo:

—No tenga miedo de mojarse, mi señora. El agua del río no hace mal.

Eulalia, trémula y sonriente, le alargó una mano y saltó a bordo. Sentíase mojada, y aquello le traía el recuerdo de infantiles alegrías llenas de juegos y de risas. Suspirando por el tiempo pasado, sentóse a proa, enfrente del barquero:

—¡Oh!... ¡Qué paisaje tan encantador!

En la tarde azul, llena de paz, volaban las golondrinas sobre el río, rozando las ondas con un pico del ala, y los mimbrales de la orilla se espejeaban en el fondo de los remansos con vaguedad de ensueño. Eulalia miraba el remolino que hacía el agua en la proa de la barca, y sentía una larga delicia sensual al sumergir su mano. El río dormía cristalino y verdeante. El barquero bogaba con lentitud, y los remos, al romper el espejo del agua, parecía como si rompiesen un encanto. Era el barquero un aldeano viejo, con guedejas blancas y perfil monástico. El viento, entrándole por el pecho, hinchaba su. camisa y dejaba ver un islote de canoso y crespo vello. Sus ojos glaucos parecían dos gotas de agua caídas en la hundida cuenca. Cuando la barca tocó la orilla, el viejo desarmó los remos, y metióse en el río hasta media pierna. Un zagal, que llevaba sus vacas por el fondo de un prado, quedóse mirando a la blanca dama que venía sentada a proa. Eulalia puso la enguantada mano en el hombro sudoroso del barquero y saltó sobre la hierba, lanzando un grito femenil. Al pronto quedó indecisa, buscando con los ojos el camino. Luego abrió la sombrilla y decidióse a seguir una vereda trillada por los zuecos de los pastores que, anochecido, bajaban a la ribera para abrevar sus ganados. Era húmeda y monda aquella vereda, perdida entre setos del laurel, con turbios charcos y pasaderas bailoteantes. Una cuadrilla de segadores pasó llenándola con los gritos de su lengua visigoda. Eulalia sintió espanto de aquellos hombres curtidos, sudorosos, polvorientos, que volvían en hordas de la tierra castellana, con la hoz, al hombro. Se apartó para dejarles paso, y quedó inmóvil sobre la orilla del camino hasta que se perdieron a lo lejos. Entonces interrogó a un zagal que segaba hierba:

—El molino de la Madre Cruces, ¿sabes dónde queda?

El zagal levantó la cabeza y se quitó la montera:

—¿El molino de la Madre Cruces?... Allá abajo, conforme se va para San Amedio...

La dama sonrió levemente:

—Y para San Amedio, ¿es camino por aquí?

—Es camino, sí, señora.

Eulalia siguió adelante. Ya iba lejos, cuando el zagal la llamó a voces:

—¡Señora!... ¡Mi señora! ¿Quiere que le muestre el molino?

La dama se volvió:

—Bueno.

—¿Y qué me dará?

De nuevo asomó una sonrisa en los labios tristes de Eulalia:

—Te daré lo que quieras.

El zagal cargó el haz de hierba y echó delante:

—Ha de saber que el molino de la Madre Cruces casi no muele. No lleva agua la presa.

Eulalia suspiró, distraída en sus pensamientos:

—Hijo, yo tengo poco grano que moler.

El zagal la miró con sus ojos de aldeano, llenos de malicias:

—Eso se me alcanza. La señora va a visitar al caballero que vino poco hace. Un caballero enfermo que toma los aires en el molino de la Madre Cruces.

Eulalia quedó sonriente y pensativa. Después preguntó al zagal:

—¿Tú le conoces?
—Conozco, sí, señora. También le tengo mostrado las veredas.
—¿Y qué hace en el molino?
—Pues toma los aires.
—¿No anda alrededor de las rapazas?
—Por sabido que andará. ¡Andan todos los caballeros!
Soltó el haz de hierba en medio del camino y trepó a un bardal:
—¡Allí tiene el molino! ¡Mírele allí!
Eulalia se detuvo llevándose ambas manos al corazón, que latía como un pájaro prisionero. Del molino, entre higueras y vides, subía un humo ligero, blanco y feliz.

II. Es alegre y geórgica la paz de aquel molino aldeano, con sus muros cubiertos de húmeda hiedra, con su puerta siempre franca, gozando la sombra regalada de un cerezo. Feliz y benigna, la piedra gira moliendo el grano, y el agua verdea en la presa, llena de vida inquieta y murmurante. Sentada ante la puerta, bajo la sombra amiga, hila una vieja que tiene todo el cabello blanco. Las palomas torcaces picotean en la era llena de sol. El perro dormita atado al cerezo. Hállase franca la cancela, y Eulalia entra llamando:
—¡Madre Cruces! ¡Madre Cruces!
La vieja, con la rueca en la cintura, sale a encontrarla:
—¡Mi reina!... ¡Todos los días esperándola!
—¡Hasta hoy estuve prisionera!
—¡Pobre paloma!
La dama se detiene recelosa, mirando al perro, que hace sonar la cadena y endereza las orejas:
—¿Muerde, Madre Cruces?
Aquella vieja recuerda otros tiempos, y parece llena de feudatario respeto:
—No tenga temor, mi reina... Le tenemos atado.
—Puede romper la cadena.
—No tenga temor. ¡Quieto, Solimán!
El perro agacha las orejas y vuelve a echarse en el hoyo polvoriento, donde antes dormitaba. Las moscas acuden de nuevo, y con las moscas anda mezclado un tábano rojo y zumbador. La vieja exclama:
—¡Algo bueno anuncia!
—Yo creía que era de mal agüero, Madre Cruces. Mal agüero si fuese negro... Ese mismo lo vi antes.
Eulalia sonríe con incrédula tristeza, sentada en uno de los poyos que flanquean la puerta:
—¿Estás tú, sola, Madre Cruces?
—Sola, mi reina... Ya llegará el galán que consuele ese corazón.
—¿Dónde ha ido?
—Recorriendo esos campos, paloma.
—Cuéntame, Madre Cruces... ¿Está triste?

—Menos lo estaría si tanto no recordase a quien le quiere.
—¿Tú comprendes que me recuerda?
—¡Claramente! Por veces éntrame pena cuando le oigo suspirar.
—No suspirará más tristemente que suspiro yo.

Los ojos de Eulalia brillan arrasados de lágrimas. La molinera deja quieto el huso entre sus dedos arrugados, y con ademán de abuela consejera se inclina hacia la dama:

—Pues hace mal mi señora. Siempre vale mejor que pene uno solo. Por veces, viendo triste al buen caballero, dígome entre mí: Suspira, enamorado galán, suspira, que todo lo merece aquella paloma blanca.

La vieja habíase levantado para entrar en el molino. Eulalia, al quedar sola, vuelve los ojos con afán hacia aquel camino de verdes orillas, largo y desierto, que aparece dorado bajo el sol de la tarde. En el fondo de los hierbales pacen las vacas, y sobre los oteros triscan las ovejas. La lejanía son montes azules con el caserío sinuoso, cándido y humilde de los nacimientos. La barca de Gondar comienza su lento pasaje entre las dos riberas, y la gente de las aldeas desciende por medio de los maizales dando voces al barquero para que espere. El río, paternal y augusto como una divinidad antigua, se derrama en holganza, esmaltando el fondo de los prados. La Madre Cruces reaparece en la puerta del molino, con la falda. llena de olorosas manzanas.

—¿No quiere mi señora honrar esta pobreza?

Y colma el regazo de la dama, que sonríe encantada:

—¡Qué hermosas son!
—¡Una regalía! Todas del mismo árbol.

La Madre Cruces vuelve a sentarse, y en silencio hila su copo, porque los ojos de Eulalia miran siempre a lo lejos. La dama suspira:

—¡Cuánto tarda! ¡Cómo -no le dice el corazón que yo estoy aquí!...
—¡El corazón es por veces tan traidor!
—¡El mío es tan leal!...
—¡Cuitado pajarillo!
—¡Hoy anochece más temprano, Madre Cruces!
—No anochece... Son los árboles que aquí hacen oscuro, mi reina.
—Si tarda, no le veré.
—Mía fe no tardará. A estas horas ordeñamos la vaca y toma la leche conforme sale de las ubres.

La vieja había dejado la rueca para descolgar las madejas de lino, puestas a secar en la rama de un cerezo. ¡Aquellas madejas de antaño, olorosas, morenas, campesinas, que las abuelas devanaban en los viejos sarillos de nogal! Después la Madre Cruces volvió a sentarse en el poyo de la puerta. Entre sus manos crece un ovillo. Eulalia, distraída, lo mira dar vueltas bajo aquellos dedos arrugados y seniles. La rosa pálida de su boca tiembla con una sonrisa de melancolías:

—¡Déjame. Madre Cruces!

La Madre Cruces le cede el ovillo complacida:

—Antaño algunas madejas me tiene enredado. Apenas si recordará.
—¡Me acuerdo tanto! Venía con mi abuelo. ¿Era tu padrino, verdad, Madre Cruces?
—Sí, mi reina... Padrino como cumple, de bautizo y de boda... ¡Qué gran caballero!
—¡Pobre abuelo!
—Mejor está que nosotros, allá en el mundo de la verdad.
—¡Si viviese no sería yo tan desgraciada!
—Nuestras tribulaciones son obra de Dios, y nadie en este mundo tiene poder para hacerlas cesar.
—Porque nosotros somos cobardes... Porque tememos la muerte.
—Yo, mi reina, no la temo. Tengo ya tantos años que la espero todos los días, porque mi corazón, sabe que no puede tardar.
—Yo también la llamo, Madre Cruces.
—Mi señora, yo llamarla, jamás. Podría llegar cuando mi alma estuviese negra de pecados.
—Yo la llamo, pero le tengo miedo... Si no la tuviese miedo, la buscaría...
La Madre Cruces suspira:
—¡No diga tal, mi reina! ¡No diga tal!

Y quedan las dos silenciosas y tristes, con la vaga tristeza de la tarde. Anochece, y las palomas torcaces vuelan en parejas buscando el nido, y en la orilla del río canta un ruiseñor. El cerezo de la puerta deja caer un velo de sombra, y allá, sobre el camino solitario, tiembla el fosado vapor de la puesta solar. Rostro al molino viene un pordiosero. Torna de recorrer las ventas, las rectorales y los pazos donde le dan limosna cada disanto. Es un aldeano, zaino y sin piernas. Desde hace muchos años va en un caballo blanco por aquellas viejas feligresías de Cela, de Gondar y de Caldeña. Su rocín pace la hierba de las veredas. Ante la cancela del molino el pordiosero se detiene y salmodia la letanía de sus penas. La Madre Cruces se levanta y le pone en las alforjas algunas espigas de maíz. El viejo, inclinado sobre el cuello de su caballo, reza. Es un rezo humilde y lastimero por las buenas almas caritativas y por sus difuntos.

III. Se oyó la zalagarda de los perros, el galán asomaba en lo alto del camino, y Eulalia, con amoroso sobresalto, la voz ahogándose en lágrimas, gritó:
—¡Jacobo! ¡Jacobo! ¡Que te espero!
Y sintiendo cómo las fuerzas le fallecían de amor, tuvo que sentarse. La Madre Cruces salió a la cancela, dando voces regocijadas.
—¡Señor!... ¡Llegue presuroso, señor!... ¡Mal sabe quién le visita!
El galán aún venía lejos. Delante correteaban sus perros: un galgo y un perdiguero, con lujosos collares. Jacobo Ponte volvía de tirar a las codornices en los Agros del Priorato. Caminaba despacio, con las polainas blancas de polvo y el ancho sombrero de cazador derribado sobre las cejas para resguardarse del sol poniente. Los cañones de su escopeta brillaban. Eulalia, con los ojos arrasados, miraba hacia el

camino, y temblaban sus lágrimas en una sonrisa. La Madre Cruces seguía clamando en el umbral de la cancela:

—¡Supiera el enamorado galán la buena ventura que le aguarda!... ¡Tal supiera mía fe, que alas deseara!...

Jacobo Ponte entró silbando a los perros, que se quedaban en el camino, y horadaban los zarzales, de donde salían algunos pájaros asustados. Vió a Eulalia bajo la sombra del cerezo, y sonriendo se detuvo para entregar su escopeta a Madre Cruces, porque era muy medrosa la dama y se asustaba de las armas. Entonces ella, suspirando, vino a su encuentro:

—¡Llegas cuando tengo que irme!...

Y echándole los brazos al cuello descansó la cabeza sobre su hombro. Jacobo murmuró:

—¡Temí que no vinieses ya nunca!

Eulalia levantó los ojcs:

—¿Has creído eso?

—Sí.

—¡Tú no sabes cómo te quiero!

Caminaban enlazados como esos amantes de pastorela enlos tapices antiguos. Los dos eran rubios, menudos y gentiles. Ante una escalera de piedra que tenía frondoso emparrado, se detuvieron. Jacobo oprimió dulcemente la mano de Eulalia:

—¿Subimos?

Eulalia inclinó la cabeza:

—¡Es tarde!... ¡Tengo que irme!...

Jacobo suplicó en voz baja, con ardiente susurro:

—¡Un momento! ¡Sólo un momento!

Se miraban en el fondo de los ojos, indecisos y sonrientes. Después, cogidos de la mano, subieron en silencio la escalera y entraron a una sala entarimada de nogal, con tres puertas sobre la solana, y ruinosa balconada sobre el río. La luna esclarecía débilmente la estancia. En la sombra del techo, grandes racimos de uvas maduraban colgados de las oscuras vigas. Sobre la rústica tracería de las puertas, estaban claveteadas pieles de zorro. Allá en el fondo, bajo la tardecina claridad que caía de dos ventanas guarnecidas por sendos poyos de piedra, brillaba la madera lustrosa de una cama antigua. El aire traía gratos aromas aldeanos. Quiso Eulalia asomarse al balcón, y Jacobo la siguió:

—Espera... Puedes caerte...

Y se asomaron los dos dándose de nuevo la mano. Estaba derruida la balaustrada, y arriesgaron un paso tímido para mirar el fondo de la presa donde temblaba amortiguado el lucero de la tarde. El agua salpicaba hasta el balcón. Quiso Eulalia acercarse más, y Jacobo la retuvo:

—Entremos.

Eulalia se volvió un poco pálida:

—¡Qué felices viviríamos los dos aquí!

Jacobo le cogió las manos:

—¡Si tú quisieses!...

Y ella suspiró, inclinando la frente:

—¡Qué sería de mis pobres hijas!

Jacobo apartóse silencioso y sombrío. Después, sentado en el poyo de una ventana, murmuró con la cabeza oculta entre las manos:

—¡Siempre tus hijas!... ¡Las aborrezco!

Los ojos de Eulalia le buscaron en la mortecina claridad, llenos de amor y resignados:

—¿A mí también me aborreces?

Y se acercaba lenta y lánguida, con andar de sombra. Jacobo alzó la cabeza y sonrió levemente:

—También.

—¿Como a mis hijas?

—Igual.

Eulalia le forzó a que le mirase, posándole las manos en los hombros:

—¡Qué ogro tan salado eres!... Déjame que te vea. ¡Hace tan oscuro aquí dentro!

Y abrió la ventana, de donde volaron dos golondrinas. Jacobo se incorporó. Tenía un aire de grave cansancio, casi de abatimiento. Sobre su frente pálida temblaban algunos rizos húmedos de sudor. La sonrisa de su boca era triste y pensativa. Sus ojos de niño, azules y calenturientos, se fijaban en Eulalia:

—¿Cuándo vas a volver?

Ella le miró intensamente:

—No sé. Ahora estoy más presa que nunca. Mi marido lo sabe todo.

—¡Tu marido!... ¿Quién ha podido decírselo?

—Yo misma. ¡Estaba loca!

—Tu marido, ¿qué ha hecho?

—¡Llorar!... Es un hombre sin valor para nada. Jamás le hubiera confesado la verdad si creyese que podía haberte buscado.

Los labios de Jacobo perdieron el color, quedaron de una altanera lividez. Aquellos ojos infantiles cobraban de pronto el frío azul de dos turquesas. Bajo el rubio entrecejo asestaban la mirada duros y crueles como los ojos de un rey joven:

—¿Cuándo me has visto temblar, Eulalia?

Y su voz velada tenía nobles acentos de cólera y de tristeza. Eulalia se apresuró a besarle, desagraviándole:

—¡Nunca!... ¡Nunca!... Pero podía haberte matado por la espalda.

Jacobo sonrió bajo los besos de Eulalia, dejándose acariciar como un niño dócil y silencioso. Permanecieron en la ventana con las manos unidas y las almas presas en la melancolía crepuscular. Gorjeaban los pájaros ocultos en las copas oscuras de los árboles. Se oyó lejano el mugir de. un buey, y luego el paso de un rebaño y la flauta de un zagal. Después todo se hundía en ese silencio campesino, lleno de paz, con fogatas de pastores y olor de establos. En medio del silencio resonaba la rueda del molino, y como un acompañamiento recordaba las voces caducas y temblonas de las abuelas sabidoras, que refieren consejas y decires, dando vueltas al huso, sentadas bajo el candil que alumbra la velada, mientras cae el grano y muele la piedra.

IV. Hablaban con las manos juntas, apoyados en el borde de la ventana, bajo el claro de la luna. Se contaban su vida durante aquellos días que estuvieron sin verse. Era un susurro ardiente, entrecortado de suspiros.. Tenía la melancolía del amor y la melancolía de la noche. A veces quedaban en silencio y oían las voces de los pastores que cruzaban el camino. Eulalia dijo:

—¡Qué tarde debe ser!... ¿Dejas que me vaya, Jacobo?

Jacobo inclinó la cabeza besándole las manos:

—¿Y cuándo volveremos a vernos?

—¡Quién sabe, amor mío!... Cuando pueda escaparme ctra vez.

—Allá, ¿saben que has venido?'

—Lo sospecharán.

—¿No temes nada?

—Nada.

—¿Qué hará tu marido cuando vuelvas?

—Me tendrá más presa.

Aquella venganza indecisa y lejana transfiguraba su amor, dándole un encanto doloroso y poético. Se apartaron de la ventana con una sonrisa triste. Andaban sin soltarse las manos, y sus sombras se desvanecían lentamente en la oscuridad de la estancia. Jacobo dijo:

—Eulalia, no vuelvas allá.

—¿Por qué?

—Porque te pierdo para siempre... Me lo dice el corazón.

—¡Eso, jamás!... Tendría que morirme.

—Quédate, Eulalia...

—¡No puedo, Jacobo! ¡No puedo!

—¡Eulalia, y que hayas sido, tú misma nuestra delatora!

Eulalia suspiró:

—¡Estaba loca!... No podía seguir tejiendo mi vida con hilos de mentiras. Se lo dije todo... ¿Recuerdas la última tarde que nos vimos? Aquella tarde fué. Yo esperaba que, al saberlo, no querría verme más. Creí que nuestra casa se desharía para siempre. Muchas noches, desvelada, ya tenía cavilado en ello... ¡Cuántas veces me había consolado esa esperanza, al mismo tiempo que me hacía llorar por mi pobre casa deshecha!... Yo viviría retirada con mis hijas. Te vería a ti sin recelos, sin temores. ¡Pobre amor mío! Si tuve valor para decírselo, fué por eso. ¡Jacobo, cómo nos equivocamos al pensar lo que pasa en los corazones! Aquel hombre tan frío, que aparentaba desdeñarme como a una niña sin juicio, me quiere hasta la locura, Jacobo. ¡Me quiere más que a sus hijas, más que a su madre, más. que a todo el mundo!

En el misterio de la sombra, la voz de Eulalia, empañada en lágrimas, temblaba. Al fin los sollozos cubrieron sus querellas. Pasó en el claro de la luna como un fantasma, y tornóse lenta a la ventana y quedó allí silenciosa y suspirante, apoyada en el alféizar. Jacobo la siguió. Volvieron a mirarse en silencio. La brisa pasaba murmuradora. El perro, atado a la puerta del pajar, ladraba a las estrellas que palidecían en el cielo. Jacobo dijo temblándole la voz:

—Eulalia, es la última vez que nos vemos.

—No digas eso... Yo vendré siempre... Te juro que volveré... ¿No se escapan los presos de las cárceles?...

En los labios de Jacobo había una sonrisa doliente:

—¿Y sabes, acaso, si cuando vuelvas me hallarás?

Eulalia le asió las manos:

—Te hallaré, sí... ¿Por qué dices que no te hallaré?

Y quedó mirándole con tímido afán:

—Porque este amor nuestro es imposible ya.

Ella murmuró temblando:

—¿Y qué quieres?

—Quiero que termine por bien tuyo y por bien de tu marido.

—¡Eres cruel!... ¡Eres cruel!...

Y sollozaba con angustia, los ojos puestos en Jacobo, que permanecía mudo y esquivo. De pronto Eulalia serenóse, enjugó sus lágrimas con fiereza y volvió a cogerle las manos hablándole desesperada y ronca:

—Jacobo, tú quieres que yo viva a tu lado. Tú no sabes que seríamos muy desgraciados... No debes sacrificarme lo mejor de tu vida. Eres un niño y tendrías demasiados años para arrepentirte... Yo tampoco merezco ese sacrificio.

Jacobo la miró con amargura:

—¡No quieras mostrarte generosa!

Ella repitió con duelo:

—¡No, no merezco ese sacrificio!...

Estaba pálida, temblaban sus manos y sollozaba con los ojos secos:

—Voy a causarte una gran pena... Pero siempre fuí sincera contigo, y quiero serlo ahora en este momento lleno de angustia...

Jacobo murmuró temblándole la voz:

—¿Qué vas a decirme?

Eulalia le miró fijamente, quieta, severa y muda. Jacobo volvió a repetir:

—¿Qué vas a decirme?

Ella sonrió tristemente, parpadeando como si despertase de un mal sueño:

—¡Que tienes razón!... ¡Que este amor nuestro es imposible ya!...

—¿Te he dicho yo eso?

—¡Hace un momento me lo dijiste!

Jacobo se irguió violentamente:

—Perdona, lo había olvidado.

Eulalia, dominándose, se acercó a la ventana y miró el campo en silencio. Después, volviéndose hacia la estancia ya toda en sombra, comenzó a hablar con la voz apagada de un fantasma:

—Yo no quiero a mi marido... Creo que no le quise jamás... Pero de haber sospechado el dolor que había de causarle esta traición mía, ciega como estoy por ti, hubiera sido una mujer honrada...

Jacobo, desde el fondo de la estancia, gritó con fiereza:

—¡Calla!

Los ojos de Eulalia le buscaron en la oscuridad, con anhelo amoroso y cobarde:

—¡Jacobo!

Y los sollozos, estallando de pronto, velaron su voz. Jacobo volvió a gritar:

—¡Galla!

Ella se acercó lentamente:

—Jacobo, he querido en todos los momentos ser sincera contigo.

—¡Y tu sinceridad me mata! Déjame... Vete para siempre... Vete.

Eulalia quedó mirándole en éxtasis doloroso: ,

—¡Niño!... ¡Niño adorado!...

Ante aquella desesperación candorosa y juvenil, sentía ennoblecidos sus amores, y el dolor de Jacobo le daba estremecimientos, como una nueva ' caricia apasionada y casta. Jacobo la miró con rencor y con duelo:

—¡Te parezco un niño! Tienes razón, como un niño creí todas tus mentiras.

—Jacobo, no merezco ser tratada así.

Y se arrodilló, abrazándose a las rodillas de Jacobo:

—¡Mátame si quieres!

Jacobo sonreía con esa sonrisa triste y agónica de los desesperados. Pálido, trémulo, abatido, se pasó la mano por los ojos, ya falto de voluntad y de cólera:

—No sé matar, Eulalia, ya lo sabes. Yo sólo te digo adiós. Después de oírte siento que a, tu lado ya nunca podría ser feliz... Tengo todas tus cartas, voy a dártelas.

Eulalia, sentada en el suelo, sollozaba. Jacobo, desde el fondo sombrío de la estancia, le arrojó las cartas, y, sin pronunciar una sola palabra, salió. Ella alzóse llamándole:

—¡Jacobo!... ¡Jacobo!...

Desolada, retorciéndose las manos, corrió de la puerta al balcón. Le vió alejarse seguido de los perros que saltaban acosándole con retozos. Atravesaba por medio de un linar ondulante, y las sombras negras de aquellos perros inquietos y ladradores, al claro de la luna, parecían llenas de maleficio.

V. El rumor de unas pisadas sobre el empedrado de la solana sobresaltó a Eulalia. Poco después, la Madre Cruces aparecía en la puerta alumbrándose con un farol:

—Mi reina, que más tarde no tendrá barca.

Eulalia suspiró enjugándose los ojos:

—¿Dónde ha ido Jacobo?

—.¡Y quién lo sabe!

—¡Qué desgraciada soy, Madre Cruces!

La vieja intentó consolarla:

—Mi señora verá cómo las penas del querer luego se tornan alegrías. Entre enamorados todo es así. De las querellas salen las fiestas.

La vieja continuaba en la puerta, y Eulalia se levantó. Salieron en silencio. La Madre Cruces iba delante alumbrando. Era ya noche cerrada, y bajo el follaje de los árboles hacía completamente oscuro. Eulalia murmuró:

—¿Qué decías de la barca, Madre Cruces?

—Que presto se irá.

—¿Aun la alcanzaremos?

—Tal presumo, mi reina. Yo lleve al barquero aviso de esperar. No tenga zozobra.

Cruzaron presurosas el huerto susurrante y húmedo del rocío. La Madre Cruces dejó el farol sobre la hierba para abrir la cancela. Eulalia, con los ojos llorosos, contemplaba las ventanas: les mandaba un adiós. Después salieron al camino:

—¿Cuándo volverá mi señora?

—¡Ya, nunca!

Y Eulalia se llevó el pañuelo a los ojos. La angustia entrecortaba su voz, y al mismo tiempo que combatía por serenarla, pasaban por su alma, como ráfagas de huracán, locos impulsos de llorar, de mesarse los cabellos, de gritar, de correr a través del campo, de buscar un precipicio donde morir. Sentía en las sienes un latido doloroso y febril que le hacía entornar los párpados. Caminaba sin conciencia, viendo apenas cómo el camino blanqueaba al claro de la luna, ondulando entre los maizales que se inclinaban al paso del viento con un largo susurro:

—¡Dios mío, no le veré más!... ¡Nunca más!...

Y el camino se lo figuraba insuperable a sus fuerzas, y su casa y sus hijas se le aparecían en una lontananza triste y fría. Toda su vida sería ya como un largo día sin sol. Caminaba encorvada al lado de la Madre Cruces:

—¡No le veré más! ¡Todo acabó para siempre!... ¡No ha querido ni conservar mis cartas, mis pobres cartas que yo escribí con tanto amor!...

Al cruzar los Agros del Priorato, las dos mujeres se detuvieron asustadas. Rompiendo por entre los maizales venían hacia ellas unos perros negros:

—¿Estarán rabiosos, Madre Cruces?

—No parece, mi señora.

Los perros llegaban con alegre zalagarda, y la Madre Cruces creyó reconocerlos. Los llamó, todavía insegura, con leve susto en la voz:

—¡Morito! ¡Solimán!

Los perros acudieron dando corcovos y ladridos. La vieja acaricióles:

—¿Dónde queda el buen amo, Morito?

Eulalia sollozó:

—¿Son los perros de Jacobo?

—Ellos son, mi reina.

—Y ¿dónde está él?

—Pues no estará lejos.

Eulalia volvióse, y como perdida en la noche miró en torno, gritando con voz desfallecida, que repitió el eco en un castañar.

—¡Jacobo!... ¡Jacobo!...

Los perros la rodeaban retozones, queriendo lamerle las manos, que ella retiraba asustada:

—¡Jacobo!... ¡Jacobo!...

Saltando las cercas un hombre cruzó a lo lejos el camino y metióse entre los maizales. Eulalia gimió:

—¡Es él!

Desesperada quiso detener a los perros, que avizorados tomaban vientos. Lloraba intentando sujetarlos por los collares, y los perros lanzaban alegres ladridos. Oyóse lejos un silbido y se partieron corriendo, dejándola en abandono. Ronca y angustiada volvió a gritar:

—¡Jacobo!... ¡Jacobo!...

Y volvió a responderle el eco desde el temeroso castañar. Desfallecida, se detuvo, asiéndose a la Madre Cruces, porque apenas podía tenerse. Estaba tan pálida, que la vieja creyó verla morir. La llamó asustada:

—¡Mi reina!... ¡Mi paloma!...

Y dejó el farol en medio del camino para poder llevarla hasta un ribazo, donde, la hizo sentar. Eulalia abrió los ojos, dando un largo suspiro, y reclinó la frente sobre el hombro de la vieja:

—Madre Cruces, tú le hablarás siempre de mí.

—Por sabido, mi reina.

—Aun cuando no quiera oírte.

—Sí, paloma.

Por el camino pasaban dos arrieros a caballo. La Madre Cruces acudió a recoger su farol y tornóse adonde estaba Eulalia, que al verla llegar se alzó lánguidamente. Continuaron andando. La noche era calma y serena. Perdida en el silencio oíase la esquila de una cabra descarriada que buscaba su redil. Las luciérnagas brillaban inmóviles entre los zarzales del camino. Al bajar la cuesta de San Amedio comenzaba el lento marrullar de las aguas del río. Un ruiseñor cantaba en los mimbrales de la orilla, y las ranas cantaban en el fango de las junqueras, al borde de las charcas. El río brillaba bajo el cielo estrellado. La Madre Cruces llamó:

—¡Barquero!... ¡Barquero!...

El viejo saltó a la ribera:

—¿Qué hay? Es la señora. Si llego a presumir que sería tan luenga la tardanza, tiendo una red... ¡Mi alma si llego a presumirlo!

La Madre Cruces murmuró:

—¿Acaso son horas de pesca?

—Con la luna que hay, las mejores.

Eulalia tenía el pañuelo sobre los ojos. Muda y pálida, adelantóse hacia la barca. Dejóse abrazar por la Madre Cruces y, sin una palabra, sin un gemido, en medio de un silencio mortal, embarcó. La Madre Cruces permaneció en la ribera. El barquero empuñó los remos y bogó. La barca se alejaba, y la Madre Cruces tornóse al molino con la zozobra de mirar si estaban recogidas las gallinas, porque hacía noches que el raposo andaba al acecho. Caminando a lo largo de la orilla, gritó:

—¡Adiós, mi reina!

Sentada en la proa de la barca, Eulalia lloraba en silencio, y esparcidas en su regazo contemplaba las cartas qué Jacobo le había devuelto. La luz de la luna caía sobre sus manos cruzadas, inmóviles y blancas como las de una muerta, y más lejos temblaba sobre las aguas del río. Eulalia besó con amor todas sus cartas, y sollozando las arrojó en la corriente. En la estela de la barca quedaron flotando como una bandada de nocturnas aves blancas. Eulalia entonces se inclinó, y sus lágrimas cayeron en el río. El viejo barquero, doblándose sobre los remos, le gritó:

—¡Cuidado, mi señora!

Y al erguirse de la boyada oyó un sollozo, y vió apenas una sombra indecisa y blanca que caía en el río. Presuroso acudió a una y otra borda, sondando con los ojos en el agua. Arrastrado por la corriente, en medio de la indecisa bandada de sus cartas, iba el cuerpo de Eulalia. La luna marcaba un camino de luz sobre las aguas, y la cabellera de Eulalia, deshecha ya, apareció dos veces flotando. En el silencio oíase cada vez más distante la voz de un mozo aldeano que cruzaba por la orilla, cantando en la noche para arredar el miedo, y el camino por donde se alejaba aparecía blanco entre una siembra oscura. Y era el del mozo este alegré cantar:

¡Ei ven o tempo de mazar o liño!
¡Ei ven o tempo de liño mazar!
¡Ei ven o tempo rapazas do Miño!
¡Ei ven tempo de se espreguizar!

Augusta

I. ¡Eres encantador...! ¡Eres el único...! Nadie como tú sabe decir las cosas. ¿De veras mis labios son estos tus versos...? Yo quiero que seas el primer poeta del mundo... ¡Tómalos...! ¡Tómalos...! ¡Tómalos..!

Y la gentil Augusta del Fede besaba al príncipe Attilio Bonaparte, con gracioso aturdimiento, entre frescas risas de cristal. Después, rendida y feliz, volvía a leer la dedicatoria un tanto dorevillesca, con que el príncipe le ofrecía los "Salmos Paganos". Aquellos versos de amor y voluptuosidad, que primero habían sido salmos de besos en los labios de la gentil amiga.

Era el amor de Augusta alegría erótica y victoriosa, sin caricias lánguidas, sin decadentismos anémicos, pálidas flores del bulevar. Ella sentía por aquel poeta galante y gran señor esa pasión que aroma la segunda juventud con fragancias de generosa y turgente madurez. Como el calor de un vino añejo, así corría por su sangre aquel amor de matrona lozana y ardiente, amor voluptuoso y robusto como los flancos de una Venus, amor pagano, limpio de rebeldías castas, impoluto de los escrúpulos cristianos que entristecen la sensualidad sin domeñarla. Amaba con la pasión olímpica y potente de las diosas desnudas, sin que el cilicio de la moral atarazase su carne blanca, de blanca realeza, que cumplía la divina ley del sexo, soberana y triunfante, como los leones y las panteras en los bosques de Tierra Caliente.

Bajo las frondas de un jardín real había sentido Augusta la seducción del príncipe Attilio, y el capricho de amarle y de rendirle. No hubo esa larga y sutil seducción que prepara la caída. Como una princesa del Renacimiento, se le ofreció desnuda. Deseaba entregarse, y se entregó. Después aquellos amores llenaron con su perfume galante y sensual el sombrío palacio de una reina viuda. Fueron como las frescas y fragantes rosas Pompadour, que crecían en el fondo de los jardines realengos, bajo las enramadas melancólicas. Augusta parecía hechizada por aquel príncipe poeta, que cincelaba sus versos con el mismo buril que cincelaba Benvenuto las ricas y floreadas copas de oro, donde el magnífico duque de Médicis bebía los vinos clásicos loados por el viejo Horacio.

En los "Salmos, Paganos" queda el recuerdo ardiente de aquella locura. El príncipe Attilio Bonaparte admiraba la tradición erótica y galante del Renacimiento florentino, y quiso continuarla. Sus estrofas tienen el aroma voluptuoso de los orientales camerinos del palacio Borgia, de los verdes y floridos laberintos del Jardín de Bóboli. Como un nuevo Aretino, supo celebrar la pasión cínica y lujuriante con que Augusta del Fede encantaba sus amores. Los "Salmos Paganos" parecen escritos sobre la espalda blanca y tornátil de una princesa apasionada y artista, envenenadora y cruel. Galante y gran señor, el poeta deshoja las rosas de Alejandría sobre la nieve de divinas desnudeces, y ebrio como un dios, y coronado de pámpanos, bebe en la copa blanca de las mangolias el vino alegre y dorado, que luego, en repetidos besos, vierte en la boca roja y húmeda de Venus Turbulenta.

II. Augusta miró al príncipe y suspiró deliciosamente.
—¡Mañana llega mi marido!
—¡Dejémosle llegar!
La dama hizo un delicioso mohín de enfado:
—¿De suerte que no te contraría?
Una sonrisa desdeñosa tembló bajo el enhiesto mostacho del príncipe Attilio:
—Tu marido es el más sesudo despreciador de Otelo.
Augusta le miró un momento fingiendo enojo. Después se levantó riendo con risa picaresca y alocada:
—De Otelo y de ti.
Y alzando las holgadas mangas de su traje, enlazó al cuello del príncipe los brazos desnudos, tibios, perfumados, blancos. El príncipe rodeó el talle de Augusta, y ella se colgó de sus hombros. Con calentura de amor fueron a caer a un diván morisco. De pronto la dama se incorporó jadeante:
—¡Ahora, no, Attilio...! ¡Ahora, no...!
Se negaba y resistía con ese instinto de las hembras que quieren ser brutalizadas cada vez que son poseídas. Era una bacante que adoraba el placer con la epopeya primitiva de la violación y de la fuerza. El príncipe se puso en pie, clavó la mirada en Augusta, y tornó a sentarse, mostrando solamente su despecho en una sonrisa:
—¡Gracias, Augusta.;.! ¡Gracias!
—¿Te has enojado...? ¡Qué chiquillo eres! Si lo hago por la ilusión que me produce el verte así. ¡Todas las pruebas de que te gusto me parecen pocas!
Y graciosa y desenvuelta corrió a los brazos del galán:
—Caballero, béseme usted para que le perdone.
Quiso el príncipe obedecerla, y ella, huyendo velozmente la cabeza, exclamó:
—Ha de ser tres veces: La primera, en la frente; la segunda, en la boca, y la tercera, de libre elección.
—Todas de libre elección.
La voz del príncipe tenía ese trémulo enronquecido, donde aun las mujeres más castas adivinan el pecado fecundo, temeroso como un dios. Breves momentos permanecieron silenciosos los dos amantes. Augusta, viendo las pupilas del príncipe que se abrían sobre las suyas, tuvo un apasionado despertar:
—¡Qué ojos tan bonitos tienes! A veces parecen negros, y son dorados; muy dorados. ¡Cuánto me gusta mirarme en ellos!
Y con los brazos enlazados al cuello de su amante, echaba atrás la cabeza para contemplarle:
—¡Oh...! ¡Traidorcillos, a cuántas miraréis! ¡Ojos míos queridos...! Quisiera robártelos y tenerlos guardados en un cofre de plata con mis joyas.
El príncipe Attilio sonrió:
—¡Róbamelos! Veré con los tuyos.
—¡Embusterísimo!
—¡Preciosa!

Inclinóse el príncipe, y la dama juntó los labios esperando... Después entornó las pestañas con feliz desmayo, y pronunció sin desunir ya las bocas:
—¡Hoy no has de hacerme sufrir!
El príncipe respondió en voz muy baja, con ardiente susurro:
—¡No, mi amor querido!
Augusta, que parpadeaba estremecida y dichosa, cobró aliento en largo suspiro:
—¡Ay...! ¡Cuantísimo nos gustamos...! ¿Sabes lo que estoy pensando, Attilio...? Quisiera que cuantos me han hecho la corte, sin conseguir nada, supiesen que soy tu querida.
El príncipe sonrió levemente, y Augusta insistió mimosa:
—¡Jamás te halaga nada de lo que te digo...! Te quiero tanto, que me gustaría cometer por ti muchas, muchísimas locuras. ¡Ay...!No hallo ninguna nueva. Ya las hice todas...
Augusta reía tendiéndose sobre el diván, mostrando en divino escorzo la garganta desnuda, y el blanco y perfumado nido del escote. Sobre la alfombra yacían los "Salmos Paganos". ¡Aquellos versos de amor y voluptuosidad que primero habían sido salmos de besos en los labios de la gentil amiga...!

III. De pronto Augusta se incorporó, sobresaltada. Una mano blanca, donde lucían las sortijas, alzaba el cortinaje que caía en majestuosos pliegues sobre la puerta del salón. Augusta se inclinó para recoger el libro caído al pie del diván. Azorada y prudente, murmuró en voz baja:
—¡Ahí está mi hija! Arréglate el bigote.
Nelly entró riendo, tirando de las orejas a un perrillo enano que traía en brazos. Su madre la miró con ojos vibrantes de inquietud y despecho:
—Nelly, no martirices a Niñón.
—Ya sabe Niñón que es broma. ¿Verdad que es broma, Niñón?
Y como el lindo gozquejo se desmandase con un ladrido, le hizo callar besuqueándole. Silenciosa y risueña, fué a sentarse en un sillón antiguo de alto y dorado respaldo. El príncipe la contempló en silencio. Ella, sin dejar de sonreír, inclinó los párpados, y quedaron en la sombra sus ojos, sibilinos y misteriosos como aquella sonrisa que no llegaba a entreabrir el divino broche formado por los labios. El príncipe, mirándola intensamente como si buscase el turbarla, pronunció en voz baja, que simulaba distraída:
—¡Parece la Gioconda!
Oyendo al príncipe, bajó los ojos, donde temblaba un miosotis azul. Augusta levantó los suyos, donde reían dos amorcillos traviesos: Reclinada en la mecedora, agitaba un gran abanico de blancas y rizadas plumas. Mecíase la dama, y su indolente movimiento dejaba ver en incitante penumbra la redonda y torneada pierna. Nelly se levantó celerosa y le puso a Niñón en el regazo. Con gracia de niña arrodillóse para arreglarle la falda. Después le echó los brazos al cuello, dejando un beso en aquella boca estremecida aún por los besos del amante. La mano de Augusta, una mano

carnosa y blanca de abadesa joven e infanzona, acarició los cabellos de Nelly con lentitud llena de amor y de ternura:

—¡Es encantadora esta pequeña mía! Y usted, príncipe, ¿por qué no cerraba los ojos?

—Hubiera sido un sacrilegio. ¿Sabe usted de algún santo que los haya cerrado a la entrada del Cielo?

—Pero lo que no hacen los santos lo hacen los diablos.

Y Augusta estrechaba maternalmente la rubia cabeza de su hija, al mismo tiempo que sonreía al príncipe con los ojos. Después se levantó llena de perezosa languidez, apoyándose en ambos hombros de Nelly:

—Pasaremos un momento a la terraza. ¡Cuando se pone el sol está deliciosa!

La terraza era un largo balcón con dos viejas escalinatas y gentiles arcos empenachados de hiedra. Durante los estíos cambiaba de aspecto y aun de nombre, porque era muy bella la boca de Augusta para decir la solana, como hacían el señor capellán y los criados. Pero, llegadas las primeras nieblas de octubre, los señores tornábanse a su palacio de la corte y el balcón recobraba su aspecto geórgico y campesino: Las enredaderas que lo entoldaban sacudían alegremente sus campanillas blancas y azules; volvía a oírse el canto de las tórtolas que el pastor tenía prisioneras en una jaula de mimbres; aspirábase el aroma de las manzanas que maduraban sobre las anchas losas, y la vieja criada, que había conocido a los otros señores, hilaba sentada al sol con el gato sobre la falda.

IV. ¡Desde aquí, los celajes de la tarde son encantadores...!

Y la dama, con el abanico extendido, señalaba el horizonte. Estaba muy bella, detenida en la puerta del balcón, bajo el arco de flores que las enredaderas hacían. En el fondo de sus ojos reía el sol poniente con una risa dorada, aureolaban su frente las campanillas blancas, y las palomas torcaces venían a picotear en ellas deshojándolas sobre los hombros de Augusta como una lluvia de gloria. El príncipe, olvidándose de Nelly, murmuró con lírico entusiasmo:

—¡No sabes todo lo bella que estás!

Nelly se volvió a mirarle con ojos llenos de asombro; pero ya Augusta le interrumpía riendo con su reír sonoro y claro:

—¡Príncipe...! ¡Príncipe...! Ese tuteo debe ser una licencia poética.

El príncipe se inclinó:

—Ciertamente, señora, una licencia involuntaria. Por fortuna el ingenio de usted todo lo salva y todo lo perdona.

Los labios de Augusta se plegaron maliciosos:

—¡Qué hacer! ¿Ofenderme...? Si se tratase de Nelly, tal vez dudase si representaban ustedes una comedia.

—¡La Divina Comedia!

Las mejillas de aquella pálida y silenciosa Gioconda se tiñeron de rosa. Augusta, haciendo un delicioso mohín de horror, ocultó el rostro y la risa en el pañuelito de encajes:

—¡Con qué cinismo confiesa...!
—¿Qué confieso?
—Sus intenciones perversas.

Atendía Nelly con una sonrisa casi dolorosa, deshojando las hiedras que alegraban la vejez de los balaustres. Augusta miró a su hija y le envió un beso. Después, olvidadiza y risueña, comenzó a desnudar de flores la vieja enredadera que entoldaba a la solana. Sus manos, aquellas manos ungidas para las silenciosas y turbulentas caricias, formaban un ramo de jazmines. Feliz y sonriente, arrancó con los labios un capullo y suspiró entornando los ojos para beber su aroma. La, fragante campanilla en la boca de Augusta parecía un beso del abril galán.

Miraba al príncipe al través del velo inquieto de las pestañas, y de tiempo en tiempo sacaba la lengua tentadora y divina, para humedecer los labios y la flor. Nelly clavaba en su madre aquellos ojos de aguamarina misteriosos y profundos, y se ruborizaba. En el fondo de sus pupilas brillaban dos lágrimas indecisas. Augusta se puso en pie y llamó a Niñón. El lindo gozquejo enderezóse velozmente, y Augusta, inclinándose sobre el hombro del príncipe, lanzó por alto el jazmín, que Niñón atrapó en el aire. Sin dejar de reír dió Una vuelta por la solana arrancando puñados de hojas y flores, que arrojaba sobre el príncipe. Llegó al lado de Nelly y se detuvo. Nelly no se movió: Con mirada supersticiosa seguía los aleteos de un murciélago que danzaba en la media luz del crepúsculo. Augusta, apoyada en el hombro de su hija, descansó cobrando aliento: Reía, reía siempre. La respiración levantaba su seno en ola perfumada de juventud fecunda. Por momentos su cabeza desaparecía entre los verdes penachos de las enredaderas que columpiaba el aire. En el recogimiento silencioso de la tarde resonaba el coro glorioso de sus risas. ¡Salmo pagano en aquella boca roja, en aquella garganta desnuda y bíblica de Dalila tentadora...!

V. Augusta volvió al lado del príncipe, e inclinándose pronunció velozmente:
—¿Estás triste?

La respuesta fué esa mirada sin parpadeos, intensa, que parece de rito en todo amoroso escarceo. Augusta buscó en la sombra la mano de su amante y se la estrechó furtivamente:
—¿Esta noche, quieres que nos veamos?

El príncipe dudó un momento. Aquella pregunta, rica de voluptuosidad, perfumada de locura ardiente, deparábale ocasión donde mostrarse cruel y desdeñoso. ¡Placer amargo más grato que todas las dulzuras del amor! Pero Augusta estaba tan bella, tales venturas prometía, que triunfó el encanto de los sentidos y una ola de galantería sensual envolvió al poeta:
—¡Augusta, esta noche y todas...!

Y los dos amantes, sonriendo, tornaron a estrecharse las manos y se dieron las miradas besándose, poseyéndose, con posesión impalpable, en forma mística, intensa y feliz como el arrobo. Fué un momento, no más. Nelly volvió la cabeza, y ellos se soltaron vivamente. La niña se encaminó a la puerta de la solana, y allí, dirigiéndose al poeta, preguntó con timidez adorable:

—¿Príncipe, quiere usted que, como ayer, ordeñemos a la vaca, y que después bajemos a probar la miel de las colmenas?

Augusta los miró sin comprender:

—¿Pero qué locura es ésa? ¡Vaya una merienda de pastores!

Nelly y el príncipe cambiaban sonrisas, como dos camaradas que recuerdan juntos alguna travesura. La niña, sintiéndose feliz, exclamó:

—¡Tú no sabes, mamá...! Ayer lo hemos hecho así. ¿Verdad, príncipe?

Sus mejillas, antes tan pálidas, tenían ahora esmaltes de rosa. Se alegraba el misterio de sus ojos, y su sonrisa de Gioconda adquiría expresión tan sensual y tentadora que parecía reflejo de aquella otra sonrisa que jugaba en la boca de Augusta. El príncipe Attilio, apoyado en el alféizar, se atusaba el mostacho con gallardía donjuanesca. A todo cuanto hablaba Nelly, asentía inclinándose como ante una reina, y sus ojos de gran señor permanecían fijos en ella, siempre audaces y siempre dominadores. Todavía quiso insistir Augusta; pero su hija, echándole los brazos al cuello, la hizo callar sofocada por los besos:

—¡No digas que no, mamá! Ya verás cómo yo misma ordeño a la vaca. El príncipe me prometió ayer que con ese asunto escribiría una "Egloga Mundana". ¿No dijo usted eso, príncipe?

Y Nelly, con aturdimiento desusado en ella, bajó al jardín dando gritos para que sacasen a la vaca del establo. Augusta quedó un momento pensativa. Después, volviéndose a su amante, pronunció entre melancólica y risueña:

—¡Pobre hija mía!

El príncipe Attilio hizo un gesto enigmático. Augusta seguía contemplándole con una vaga sonrisa en la rosa fragante de su boca. Lentamente en el fondo de los ojos; pareció nacerle una luz como si hubiese en ellos dos lágrimas rotas. Tomó una mano del príncipe y le llevó al otro extremo, allí donde la hiedra entrelazaba sus celosías más espesas. Caía la tarde, quedaba en amorosa sombra el nido verde y fragante que recamando el balcón habían tejido las enredaderas. El follaje temblaba con largos estremecimientos nupciales al sentirse besado por las auras, y el dorado rayo del ocaso penetraba triunfante, luminoso y ardiente como la lanza de un arcángel. Aquella antigua solana, con su ornamentación mitológica cubierta de seculares y dorados líquenes, y su airosa balaustrada de granito donde las palomas se arrullaban al sol, y su rumoroso dosel que descendía en cascada de penachos verdes hasta tocar el suelo, recordaba esos parajes encantados que hay en el fondo de los bosques antiguos: Camarines de bullentes hojas donde rubias princesas hilan en ruecas de cristal.

VI. Augusta murmuró suspirando:

—¡Qué tristeza tener que separarnos...! ¡Oh! ¡Qué bien dices tú en aquellos versos! "¡No hay días felices, hay solamente horas felices!"

El príncipe Attilio interrumpió vivamente:

—¡Augusta, no me calumnies!

Augusta repuso con ligereza encantadora:

—Yo lo he aprendido de tus labios, y para mí será siempre tuyo...
Se estrechó a él cubriéndole de bescs, y murmuró en voz muy baja:
—¿Te he dicho que mi marido llega mañana? ¿No te contraría a ti eso...? Para mí es la muerte. ¡Si tú supieses cómo yo deseo tenerte siempre a mi lado! ¡Y pensar que si tú quisieses...! Di, ¿por qué no quieres?
—¡Si yo quiero, Augusta!
Y murmuró quedo, muy quedo, rozando la oreja nacarada y monísima de la dama:
—Pero temo que tú, tan celosa, te arrepientas luego y sufras horriblemente.
Augusta quedóse un momento contemplando a su amante con expresión de alegre asombro.
—¡Estás loco! ¿Por qué había yo de arrepentirme ni de sufrir? Al casarte con ella me parece que te casas conmigo...
Y riendo como una loca, hundía sus dedos blancos en la ola negra que formaba la barba del poeta, una barba asiria y perfumada como la del Sar Peladam El príncipe pronunció con ligera ironía:
—¿Y si la moral llama a tu puerta, Augusta?
—No llamará. La moral es la palma de los eunucos.
El príncipe quiso celebrar la frase besando aquella boca que tales gentilezas decía. Ella continuó:
—¡Pues si es la verdad, corazón...! Cuando se sabe querer, esa vieja está muy encerrada en su convento...
El príncipe reía alegremente. Hallaba encantadora aquella travesura de Colombina ingenua y depravada y aquella sensualidad apasionada y noble de Dogaresa.
—Este verano se arregla todo... Os casáis en mi oratorio. Si es preciso, yo misma os echo las bendiciones, canto la misa y digo la plática.
Habíase sentado en las rodillas de su amante y hablaba con el ceño graciosamente fruncido:
—Si la novia no te gusta, mejor. Te gusto yo, y basta. ¡Como que por eso te casas!
—No, si la novia me gusta.
—¡Embustero! Quieres darme celos. ¡Quien te gusto soy yo!
—Pues por lo mismo que me gustas tú. ¡Es una derivación...!
—No seas cínico, Attilio. ¡Me hace daño oírte esas cosas!
—¡Eres encantadora, y única...! ¡Ya estás celosa...!
—¡No tal...! Comprende que eso sería un horror. Pero no debías jugar así con mis afectos más caros.
—No jugaré ni haré la conquista de ese inocente corazón.
—¡Si ya lo tienes conquistado, ingrato...! ¡Es la herencia...!
Y reían, el uno en brazos del otro. Después Augusta musitaba con susurro ansioso, caliente y blando:
—¿Verdad que eso de que te gusta lo dices por desesperarme?

Entraba Nelly en aquel momento, y Augusta, sin dar tiempo a la respuesta del poeta, continuó en voz alta, con ese incomparable fingimiento que hace de todas las adúlteras actrices adorables.

—¿No preguntaba usted por Nelly? Aquí la tiene usted. Digo, usted no la tiene todavía es de su madre...

Nelly miraba al príncipe y sonreía. El enigma de su boca de Gioconda era alegre y perfumado de pasión como el capullo entreabierto de una rosa. Augusta murmuró maliciosamente mientras acariciaba los cabellos de su hija:

—Oiga usted un secreto, príncipe... Tengo prometidos a la Virgen los pendientes que llevo puestos si me concede lo que le he pedido.

—¡Oh, qué bien sabe usted llegar al corazón de las Vírgenes!

Augusta interrumpió vivamente:

—¡Calle usted, hereje...! Búrlese usted de mí, pero respetemos las cosas del Cielo.

Y hablaba santiguándose para arredrar al Demonio. A fuer de mujer elegante, era muy piadosa, con aquella devoción frivola y mundana de las damas aristocráticas. Era el suyo un cristianismo placentero y gracioso como la faz del Niño Jesús. El príncipe, sin apartar la mirada de Nelly, pero hablando con Augusta, pronunció lenta e intencionadamente:

—¿Se puede saber lo que le ha pedido usted a la Virgen?

—No se puede saber, pero se puede adivinar.

—Tengo para mí que pronto cambiarán de dueño los pendientes.

Y callaron, mirándose y sonriéndose.

VII. Entró en el huerto una zagala pelirroja, conduciendo del ronzal a la Foscarina, la res destinada para celebrar la Egloga Mundana, aquel nuevo rito de un nuevo paganismo. Nelly descendió corriendo los escalones de la solana, y, acercándose a la vaca, comenzó por acariciarle el cuello:

—¡Príncipe, mire usted qué mansa es!

La vaca se estremecía bajo la mano de Nelly, una mano muy blanca que se posaba con infantil recelo sobre el luciente y poderoso yugo. Nelly levantó la cabeza:

—¿Pero no bajan ustedes?

Entonces Augusta interrumpió el coloquio que a media voz sostenía con el príncipe:

—¡Hija mía, a qué cosas obligas tú a este caballero!

Y sonreía burlonamente, designándole con un ademán de gentil y extremada cortesía. El príncipe Attilio inclinóse a su vez y ofreció el brazo a la dama para descender al huerto. En lo alto de la escalinata, bajo el arco de follaje que entretejían las enredaderas, se detuvieron contemplando los dorados celajes del ocaso. El príncipe arrancó un airón de hiedra que se columpiaba sobre sus cabezas:

—¡Salve, Nelly...! Ya tenemos con qué coronar a la Foscarina.

Al mismo tiempo unía los dos extremos de la rama, temblorosa en su alegre y sensual verdor. Augusta se la quitó de las manos:

—Yo seré la vestal encargada de adornar el testuz sagrado.
Miró al príncipe, y sacudió la cabeza alborotándose los rizos y riendo:
—Usted no dudará que sabré hacerlo.
—Por rescatarse de Nelly, adoptaba un acento de alocado candor, que, velando la intención, realzaba aquella gracia cínica, delicioso perfume que Augusta sabía poner en todas sus palabras. Había hecho una corona con el ramo de hiedra, y la colocó sobre las astas de la Foscarina. Después se volvió a Nelly:
—¿No tiene más lances la Egloga Mundana?
Nelly permaneció silenciosa. Sus ojos verdes, de un misterio doloroso y trágico, se fijaban con extravío en el rostro de Augusta, que supo conservar su expresión de placentera travesura. La sonrisa de Gioconda agonizaba dolorida sobre los castos labios de la niña. Augusta cambió una mirada con el príncipe. Al mismo tiempo fué a sentarse en el banco de piedra que había al pie de un castaño secular. El príncipe se acercó a Nelly:
—¿Quiere usted que bajemos al colmenar...?
Nelly pronunció con una sombra de melancolía:
—¡Yo quería ordeñar la vaca para que usted probase la leche como ayer!
Augusta murmuró, reclinándose en el banco:
—¡Pues ordéñala, hija mía, la probaremos todos!
Nelly se arrodilló al pie de la vaca. Su mano pálida, donde ponía reflejos sangrientos el rubí de una sortija, aprisionó temblorosa las calientes ubres: Un chorro de leche salpicó al rostro de la niña, que levantó riendo la cabeza:
—¡Míreme usted, príncipe!
Estaba muy bella con las blancas gotas resbalando sobre el rubor de las mejillas. El príncipe se la mostró a la dama:
—¡Augusta, es el bautizo pagano de la Naturaleza...!
Como si un estremecimiento voluptuoso pasase sobre la faz del huerto, se besaron las hojas de los árboles con largo y perezoso murmullo. La vaca levantó el mitológico testuz coronado de hiedra, y miró de hito en hito al sol que se ocultaba. Herida por los destellos del ocaso, parecía de cobre bruñido: Recordaba esos ídolos que esculpió la antigüedad clásica, divinidades robustas, benignas y fecundas que cantaron los poetas.

VIII. Nelly, ruborosa y feliz, con los ojos llenos de luz, permanecía arrodillada sobre la hierba. El príncipe Attilio murmuró al oído de Augusta:
—¡Es encantadora!
—¡Qué pena no ser ella!
Augusta quedóse un momento contemplándola con expresión de amor y de ternura:
—Ven aquí, hija mía. Este caballero...
Y señalaba al príncipe con ademán gracioso y desenvuelto. El príncipe saludó.
—Ya lo ves cómo se inclina...¡Jesús, qué poco oradora me siento...! En suma, hija mía, acaba de confesarme que está enamorado de ti.

Nelly dudó un momento. Después, abrazándose a su madre, empezó a sollozar nerviosa y agitada:
—¡Ay, mamá! ¡Mamá de mi alma! ¡Perdóname!
—¿Qué he de perdonarte yo, corazón?
Y Augusta, un poco conmovida, posó los labios en la frente de su hija:
—¿Tú no le quieres?
Nelly ocultaba las mejillas en el hombro de su madre y repetía cada vez con mayor duelo:
—¡Mamá de mi alma, perdóname...!
—¿Pero tú no le quieres?
En la voz de Augusta descubríase una ansiedad oculta. Pero de pronto, adivinando lo que pasaba en el alma de su hija, murmuró con aquel cinismo candoroso que era el mayor de sus encantos:
—¡Pobre ángel mío...! ¿Tú has pensado que las galanterías del príncipe se dirigían a tu madre, verdad?
—¡Mamá! ¡Mamá! ¡Soy muy mala...!
—¡No, corazón!
Augusta apoyaba contra su seno la cabeza de Nelly. Sobre aquella aurora de cabellos rubios, sus ojos negros de mujer ardiente se entregaban a los ojos del príncipe. Augusta sonreía viendo logrados sus ensueños:
—¡Pobre ángel...! ¡Quiera Dios, príncipe, que sepa usted hacerla feliz!
El príncipe no contestó. Pensaba si no había en todo aquello un poema libertino y sensual, como pudiera desearlo su musa. Augusta le tocó con el abanico en el hombro:
—¡Hijos míos, daos las manos...! Debimos haber esperada a que llegase mi marido, pero la felicidad no es bueno retardarla... Ahora vamos a las colmenas para celebrar esa Egloga Mundana, que ha dicho Nelly.
Y apoyándose en el brazo del príncipe Attilio, murmuró emocionada, con voz que apenas se oía:
—¡Ya verás lo dichoso que te hago!
Se detuvo enjugándose dos lágrimas que abrillantaban el iris negro y apasionado de sus ojos. ¡Después de haber labrado la ventura de todos, sentíase profundamente conmovida! Y como Nelly tornaba la cabeza y se detenía esperándoles, suspiró, mirándose en ella con maternal arrobo. Las pupilas de Nelly respondieron con alegre llamear. Augusta, reclinando con lánguida voluptuosidad todo el peso delicioso de su cuerpo en aquel brazo amante que la sostenía, exclamó con íntimo convencimiento:
—¡Qué verdad es que las madres, las verdaderas madres, nunca nos equivocamos al hacer la felicidad de nuestras hijas...!

La Generala

I. Cuando el general don Miguel Rojas hizo aquel disparate de casarse, ya debía pasar de los sesenta. Era un veterano muy simpático, con grandes mostachos blancos, un poco tostados por el cigarro, alto y enjuto y bien parecido, aun cuando se encorvaba un tanto al peso de los años. Crecidas y espesas tenía las cejas, garzos y hundidos los ojos, cetrina y arrugada la tez, y cana del todo la escasa guedeja, que peinaba con sin igual arte para encubrir la calva. La expresión amable de aquella hermosa figura de veterano atraía amorosamente. La gravedad de su mirar, el reposo de sus movimientos, la nieve de sus canas; en suma, toda su persona, estaba dotada de un carácter marcial y aristocrático que se imponía en forma de amistad franca y noble. Su cabeza de santo guerrero parecía desprendida de algún antiguo retablo. Tal era, en rostro y talle, el santo varón que dió su nombre a Currita Jimeno.

Currita era una muchacha delgada, morena, muy elegante, muy alegre, muy nerviosa. Rompía los abanicos, desgarraba los pañuelos con sus dientes blancos y menudos de gata de leche, insultaba a las gentes...¡Oh! Aquello no era mujer, era un manojo de nervios. Nadie, al verla, creería que aquel elegante diablillo se hubiese educado entre rejas, sin sol y sin aire, obligada a rezar siete rosarios cada día, oyendo misas desde el amanecer, y durmiéndose en los maitines con las rodillas doloridas y la tocada cabecita apoyada en las rejas del coro. No parecía, en verdad, haber pasado diez años de educanda al lado de sor María del Perpetuo Remedio, una tía suya, encopetada abadesa de un convento de nobles, allá en una vieja ciudad de las Castillas. Currita era la hija menor de los condes de Casa Jimeno. Cuando sus padres fueron por ella, para sacarla definitivamente de aquel encierro y presentarla al mundo, la muchacha creyó volverse loca, y llenó de flores el altar de la santa tutelar del convento y fundadora de la Orden. Casualmente acababa de hacerle una novena pidiéndole aquello mismo, y la santa se lo concedía sin hacerla esperar más tiempo. Currita, no bien llegó la parentela, se lanzó fuera del locutorio, gritando alegremente, sin cuidarse de las buenas madres, que se quedaban llorando la partida de su periquito:

—¡Viva Santa Rita!

Y se arrancó la toca, descubriendo la cabeza pelona, que le daba cierto aspecto de muchacho, acrecentado por la esbeltez, un tanto andrógina, de sus quince años. Currita conservó hasta la muerte este amor a la libertad, tan desenfadadamente expresado con el viva a la Santa de Casia.

II. Mientras los graves varones republicanos se arrepentían y daban golpes de pecho ante el altar y el trono, ella, lanzando carcajadas y diciendo donaires picarescos, caminaba resuelta hacia la demagogia. ¡Pero qué demagogia la suya! Llena de paradojas y de atrevimientos inconcebibles, como elaborada en una cabeza inquieta y parlanchina, donde apenas se asentaba un cerebro de colibrí, pintoresco y brillante, borracho de sol y de alegría. Era desarreglada y genial como un bohemio; tenía supersticiones de gitana, e ideas de vieja miss sobre la emancipación femenina. Si no fuese porque salían de aquellos labios que derramaban la sal y la gracia como gotas de agua los botijos moriscos, sería cosa de echarse a temblar, y vivir en triste soltería, esperando el fin del mundo. Pero ya se sabe que los militares españoles son los más valientes para todo aquello que no sea función de guerra. Currita y el general don Miguel Rojas se casaron, y desde aquel día la muchacha cambió completamente, y cobró ademanes tan señoriles y severos que parecía toda una señora generala. Bastaba verla para comprender que no había salido de la clase de tropa. Llevaba los tres entorchados como la gente de colegio, los que al leer el notición de aquella boda habían exclamado: ¡Pobre don Miguel!, casi estuvieron por achacar a milagro la mudanza de la Casa Jimeno. La verdad es que fácil explicación no tenía, y como la condesa se comía los santos, y la tía abadesa estaba en olor de santidad... Tenía el general por ayudante a cierto ahijado suyo, recién salido de un colegio militar. Era un teniente bonito, de miembros delicados, y no muy cumplido de estatura. Pareciera un niño, a no desmentir la presunción el bozo que se picaba de bigote, y el pliegue, a veces enérgico y a veces severo, de su rubio entrecejo de damisela. Este lindo galán llegó a ser comensal casi diario en la mesa de don Miguel Rojas. La cosa pasó de un modo algo raro, con rareza pueril y vulgar, donde todas las cosas parecen acordadas como en una comedia moderna. Currita no dejaba fumar a su marido: Decía, haciendo aspavientos, que el cigarro irritaba el catarro y las gloriosas cicatrices del buen señor: Unicamente cuando había convidados, se humanizaba la generala. Habíase vuelto tan cortés desde que entrara en la milicia, que deponía parte de su enojo, y la furibunda oposición de cuando comía a solas con el veterano esposo reducíase a un gracioso gestecillo de enfado. Sonreía socarronamente el héroe, y como no podía pasarse sin humear un habano después del café, concluyó por invitar todos los días a su ayudante. Currita, que en un principio había tenido por un quídam al sonrosado teniente, acabó por descubrir en él tan soberbias prendas, y le cayó tan en gracia, que, últimamente, no se sabía si era ayudante de órdenes de la dama o del héroe de Cajigal. A todas parte acompañaba a la señora de día y de noche, y hasta una vez llegó Currita a imponerle un arresto, según ella misma contaba riendo a sus amigas.

III. Una tarde, ya levantados los manteles, tras alguna mirada de flirteo, concluyó la generala:
—¡Si supiese usted cuánto me aburro, Sandoval! ¿No tendría usted una novela que me prestases?

Sandoval, hecho un hilo de miel, le prometió, no una, sino ciento, y al día siguiente llevó a la dama una novela francesa. Tenía el libro un bello título: Lo que no muere. Currita, al azar, fijó los ojos, distraída, en las páginas satinadas, pulcras, elegantes, como para ser vueltas por manos blancas y perfumadas de duquesas o cocotas:
—¿Pero de qué trata esta novela? ¿Qué es lo que no muere?
—La compasión en la mujer... ¡Una idea originalísima! Figúrese usted...

—No, no me lo cuente. ¿Y no tiene usted ninguna novela de Daudet? Es mi autor predilecto. Dicen que es realista, de la escuela de Zola. A mí no me lo parece. ¿Usted leyó Jack? ¡Qué libro tan sentido! No puede una por menos de llorar leyéndolo. ¡Qué diferente de Germinal! ¡Y de todas las novelas de López Bago!

Sandoval repuso, escandalizándose:

—¡Oh, oh...!Generala, es que no pueden compararse Zola y López Bago.

El hermoso ayudante, como era asturiano, era también algo crítico. Pero Currita sonreía con el gracioso desenfado de las señoras que hablan de literatura como de modas:

—Pues se parecen mucho. No me lo negará usted.

Aquellas herejías producían un verdadero dolor al ayudante. El quisiera que la dama no pronunciase más que sentencias, que tuviese el gusto tan delicado y elegante como el talle. Aquella carencia de esteticismo recordábale a las modistas apasionadas de los folletines con quienes había tenido algo que ver. Criaturas risueñas y cantarinas, gentiles, cabezas llenas de peines, pero horriblemente vacías, sin más meollo que los canarios y los jilgueros que alegraban sus buhardillas.. Currita, que seguía hojeando la novela exclamó de pronto:

—¡Sí es lástima...!

Sandoval la mira con extrañeza.

—¿Lástima de qué, generala?

—Ya le he dicho a usted, que no quiero que me llame así. ¡Habrá majadero! Llámeme usted Currita.

Y le dió un capirotazo con el libro. Luego, poniéndose seria:

—¡Sabe usted, me parece éste un francés muy difícil, y yo he sido siempre de lo más torpe para esto de lenguas!

Y le alargaba el libro, mirándole al mismo tiempo con. aquellos ojos chiquitos como cuentas, vivos y negros, los cuales pudieran recibirse de doctores en toda suerte de guiños y coqueteos:

—¿Si usted quisiese...?

El la miraba, sin acertar con lo que había de querer. La generala siguió:

—Es un favor que le pido.

—Usted no pide, manda como reina.

—Pues entonces vendrá usted a leerme un rato todos los días. El general se alegrará mucho cuando lo sepa.

Y puso su mano, donde brillaba la alianza de oro, sobre la mano del ayudante, y así le arrastró hasta el sofá, y le hizo sentar a su lado:

—Empiece usted. Aprovechemos el tiempo.

Sandoval fué lector de la generala. ¡Y no sabía qué pensar del modo como la dama le trataba el blondo ahijado de Apolo y Marte! La Casa Jimeno había momentos en que adoptaba para hablarle una corrección y formalidad excesivas, que contrastaban con la llaneza y confianza antiguas: En tales ocasiones, jamás, ni aun por descuido, le miraba a la cara. Aun cuando la idea de pasar plaza de tímido mortificaba atrozmente al ayudante, los cambios de humor que observaba en la señora manteníanle en los linderos de la prudencia. De las fragilidades de ciertas hembras algo se le alcanzaba; pero de las señoras, de las verdaderas señoras, estaba a oscuras completamente. Creía que, para enamorar a una dama encopetada, lo primero que se necesitaba era un alarde varonil en forma de mostacho de mosquetero, o barba de capuchino, y de todo ello el ayudante estaba muy necesitado. Tantas fueron sus cavilaciones, que cayó en la flaqueza de oscurecerse, con tintes y menjunjes, el vello casi incoloro del incipiente bozo. Miróse en el espejo roto que tenía en el cuarto del hospedaje, hizo ademán de retorcerse los garabatos invisibles de un mostacho, y salió anhelando ser héroe en batallas de amor.

IV. Una tarde leían juntos las últimas páginas de la novéla. Currita estaba cerca del ayudante, sentada en una silla baja. A veces sus rodillas rozaban las del lector, que se estremecía; pero cual si ninguno de los dos advirtiese aquel contacto permanecían largo rato con ellas unidas. La generala escuchaba muy conmovida; de tiempo en tiempo su seno se alzaba para suspirar. Con ojos inmóviles y como anegados en llanto, contemplaba al sonrosado teniente, que sentía el peso de aquella mirada fija y poderosa como la de un sonámbulo, y seguía leyendo, sin atreverse a levantar la cabeza. Las últimas páginas del libro eran terriblemente dolorosas, exhalábase de ellas el perfume de unos sentimientos extraños, a la par pecaminosos y místicos. Era hondamente sugestivo aquel sacrificio de la heroína, aquella su compasión impúdica, pagana como diosa desnuda. ¡Aquella renunciación de sí misma, que la arrastraba hasta dar su hermosura de limosna y sacrificarse en aras de la pasión y del pecado de otro! La generala, con las rodillas unidas a las del ayudante y la garganta seca, escuchaba conmovida la novela del anciano dandy. Sandoval, con voz a cada instante más velada, leía aquella página que dice:

La condesa Iseult halló todavía fuerzas para murmurar: "Pues bien: Si reviviese, esta piedad, dos veces maldita, inútil para aquellos en quien fué empleada y vacía del más simple deber para los que la han sentido, esta piedad no me abandonaría, y volvería a seguir sus impulsos a riesgo de volver a incurrir en mi desprecio. Si Dios me dijese: He ahí el fin que ignoras, y en su misericordia infinita pusiese al alcance de mi mano el conseguirlo, yo no "le escucharía y precipitaríame como una loca en esa "piedad, que no es siquiera una virtud y que, sin embargo, es la única que yo he tenido... "

La generala, sin ser dueña de sí por más tiempo, empezó a sollozar con esa explosión de cristales rotos que tienen las lágrimas en las mujeres nerviosas:

—¡Qué criatura tan rara esa condesa Iseult! ¿Habrá mujeres así?

El ayudante, conmovido por la lectura, y animado, casi irritado, por el contacto de las rodillas de la generala, contestó:

—¡Qué! ¿Usted no sería capaz de hacer lo que ella hizo al darse por compasión?

Y sus ojos bayos, transparentes como topacios quemados, tuvieron el mirar insistente, osado y magnético de celo. La generala púsose muy seria, y contestó con la dignidad reposada de una de aquellas ricas hembras castellanas que criaron a sus pechos los más gloriosos jayanes de la historia:

—Yo, señor ayudante, no puedo ponerme en ese caso. La principal compasión en una mujer casada debe ser para su marido.

Sandoval calla, arrepentido de su atrevimiento. ¡La generala era una virtud! Alrededor de su cuello, en vez de los encajes que adornaban la tunicela azul celeste, veía el alférez, con los ojos de la imaginación, tres entorchados sugestivos, inflexibles, imponiendo el respeto a la ordenanza. Después de un momento, todavía con sombra de enojo, Currita se volvió al ayudante:

—¿Quiere usted seguir leyendo, señor Sandoval?

Y él, sin osar mirarla:

—Se impresiona usted mucho. ¿No sería mejor dejarlo?

La generala, suspirando, se pasó el pañuelo por los ojos:

—Casi tiene usted razón.

Ellos se miraron en silencio. De pronto, Currita, con la impresionabilidad infantil de tantas mujeres, lanzó una carcajada:

—¡Cómo le han crecido a usted los bigotes! ¡Pero si se los ha teñido!

Sandoval, un poco avergonzado, reía también.

—¡Me dará usted la receta para cuando tenga canas!

La generala mordía el pañuelo. Luego, adoptando un aire de señora formal que le caía muy graciosamente, exclamó:

—Eso, hijo mío, es una... Vamos, no quiero decirle lo que es... Pero ya verá cómo en el pecado se lleva la penitencia.

Salió velozmente, para volver a poco con una jofaina, que dejó sobre el primer mueble que halló a mano:

—Venga usted aquí, caballerito.

Era muy divertida aquella comedia, en la cual él hacía de rapaz y ella de abuela regañona. Currita se levantó las mangas para no mojarse, y empezó a lavar los labios al presumido ayudante, quien no pudo menos de besar las manos blancas que tan lindamente le refregaban la jeta:

—¡Formalidad, niño!

Y le dió en la mejilla un golpecito que quedó dudoso entre bofetada y caricia. Se enjugó Sandoval atropelladamente, y, asiendo otra vez las manos de la generala, cubriólas de besos. Ella gritaba:

—¡Déjeme usted! ¡Nunca lo creería!

Sus ojos se encontraron, sus labios se buscaron golosos y se unieron con un beso:

—¡Mi vida!

—¡Payaso!

Los tres entorchados ya no le inspiraban más respeto que unos galones de cabo. Desde fuera dieron dos golpecitos discretos en la puerta. Sandoval, mordiendo la orejita menuda y sonrosada de la generala, murmuró:

—No contestes, alma mía...

Los golpes se repitieron más fuertes:

—¡Curra! ¡Curra...! ¿Qué es esto? ¡Abre!

A la generala tocóle suspirar:
—¡Dios santo...! ¡Mi marido!
Los golpes eran ya furiosos.
—¡Curra! ¡Sandoval...! ¡Abran ustedes o tiro la puerta abajo!
Y a todo esto los porrazos iban en aumento. Currita se retorcía las manos. De pronto, corrió a la puerta, y dijo hablando a través de la cerradura, contraído el rostro por la angustia, pero procurando que la voz apareciese alegre:
—¡Mi general, es que se ha soltado el canario! Si abrimos se escapa con toda seguridad... Ahora lo alcanza Sandoval.
Cuando la puerta fué abierta, el ayudante aun permanecía en pie sobre una silla, debajo de la jaula, mientras el pájaro cantaba alegremente, balanceándose en la dorada anilla de su cárcel.

¡MALPOCADO! [1]

La vieja más vieja de la aldea camina con su nieto dela mano por un sendero de verdes orillas, triste y desierto, que parece aterido bajo la luz del alba. Camina encorvada y suspirante, dando consejos al niño, que llora en silencio:
—Ahora que comienzas a ganarlo, has de ser humildoso, que es ley de Dios.
—Sí, señora, sí...
—Has de rezar por quien te hiciere bien y por el alma de sus difuntos.
—Sí, señora, sí...
—En la feria de San Gundián, si logras reunir para ello, has de comprarte una capa de juncos, que las lluvias son muchas.
—Sí, señora, sí...
—Para caminar por las veredas has de descalzarte los zuecos.
—Sí, señora, sí...

Y la abuela y el nieto van anda, anda, anda... La soledad del camino hace más triste aquella salmodia infantil que parece un voto de humildad, de resignación y de pobreza hecho al comenzar la vida. La vieja arrastra penosamente las almadreñas, que choclean en las piedras del camino, y suspira bajo el manteo que lleva echado por la cabeza. El nieto llora y tiembla de frío; va vestido de harapos: es un zagal albino; con las mejillas asoleadas y pecosas: lleva trasquilada sobre la frente, como un siervo de otra edad, la guedeja lacia y pálida, que recuerda las barbas del maíz.

En el cielo lívido del amanecer aun brillan algunas estrellas mortecinas. Un raposo, que viene huido de la aldea, atraviesa corriendo el, sendero. Oyese lejano el ladrido de los perros y el canto de los gallos... Lentamente el sol comienza a dorar la cumbre de los montes; brilla el rocío sobre la hierba; revolotean en torno de los árboles, con tímido aleteo, loe pájaros nuevos que abandonan el nido por vez primera; ríen los arroyos, murmuran las arboledas, y aquel camino de verdes orillas, triste y desierto, despiértase como viejo camino de sementeras y de vendimias. Rebaños de ovejas suben por la falda del monte; mujeres cantando vuelven de la fuente; un aldeano de blanca guedeja pica la yunta de sus bueyes, que se detienen mordisqueando en los vallados: es un viejo patriarcal: desde larga distancia deja oír su voz:
—¿Vais para la feria de Barbanzón?
—Vamos para San Amedio buscando amo para el rapaz.
—¿Qué tiempo tiene?
—El tiempo de ganarlo: nueve años hizo por el mes de Santiago.

---

[1] Este mismo cuento, ligeramente variado, se hallará, a modo de episodio, en los capítulos I, II y III (cuarta estancia), de "Adega". También otro de los capítulos de esta narración (el capítulo III de la segunda estancia), es la. "Egloga" que había publicado separadamente su autor.

Y la abuela y el nieto van anda, anda, anda... Bajo aquel sol amable que luce sobre los montes, cruza por los caminos la gente de las aldeas. Un chalán asoleado y brioso trota con alegre fanfarria de espuelas y de herraduras; viejas labradoras de Cela y de Lestrove van para la feria con gallinas, con lino, con centeno. Allá, en la hondonada, un zagal alza los brazos y vocea para asustar a las cabras, que se gallardean encaramadas en los peñascales. La abuela y el nieto se apartan para dejar paso al señor arcipreste de Lestrove, que se dirige a predicar en una fiesta de aldea.

—¡Santos y buenos días nos dé Dios!

El señor arcipreste refrena su yegua de andadura mansa y doctoral:

—¿Vais de feria?

—¡Los pobres no tenemos qué hacer en la feria! Vamos a San Amedio buscando amo para el rapaz.

—¿Ya sabe la doctrina?

—Sabe, sí, señor. La pobreza no quita el ser cristiano.

Y la abuela y el nieto van anda, anda, anda... En una. lejanía de niebla azul dibujan los cipreses de San Amedio. que se alzan en torno del santuario, oscuros y pensativos. con las cimas mustias ungidas por un reflejo dorado y matinal. En la aldea ya están abiertas todas las puertas y el humo indeciso y blanco que sube de los hogares se disipa eu la luz como salutación de paz. La abuela y el nieto llegan al atrio. Sentado en la puerta, un ciego pide limosna y levanta al cielo los ojos que parecen dos ágatas blanquecinas:

—¡Santa Lucía bendita vos conserve la amable vista y salud en el mundo para ganarlo!... ¡Dios vos otorgue qué dar y qué tener...! ¡Salud y suerte en el mundo para ganarlo...! ¡Tantas buenas almas del Señor corno pasan, no dejarán al pobre un bien de caridad...!

Y el ciego tiende hacia el camino la palma seca y amarillenta. La vieja se acerca con su nieto de la mano y murmura tristemente:

—¡Somos otros pobres, hermano...! Dijéronme que buscabas un criado...

—Dijéronte verdad. Al que tenía enantes abriéronle la cabeza en la romería de Santa Baya de Cela. Está que loquea...

—Yo vengo con mi nieto.

—Vienes bien.

El ciego extiende los brazos palpando en el aire:

—Llégate, rapaz.

La abuela empuja al niño que tiembla como una oveja acobardada y mansa ante aquel viejo hosco, envuelto en un capote de soldado. La mano amarillenta y pedigüeña del ciego se posa sobre los hombros del niño, anda a tientas por la espalda, corre a lo largo de las piernas:

—¿Te cansarás de andar con las alforjas a cuestas?

—No, señor; estoy hecho a eso.

—Para llenarlas hay que correr muchas puertas. ¿Tú conoces bien los caminos de las aldeas?

—Donde no conozca, pregunto.

—En las romerías, cuando yo eche una copla, tú tienes de responderme con otra. ¿Sabrás?
—En aprendiendo, sí, señor.
—Ser criado de ciego es acomodo que muchos quisieran.
—Sí, señor, sí.
—Puesto que has venido, vamos hasta el Pazo de Cela. Allí hay caridad. En este paraje no se recoge ni una mala limosna.

El ciego se incorpora entumecido y apoya la mano en el hombro del niño que contempla tristemente el largo camino, y la campiña verde y húmeda, y la lejanía por donde un zagal anda encorvado segando hierba, mientras la vaca de trémulas y rosadas ubres pace mansamente arrastrando el ronzal. El ciego y el niño se alejan lentamente, y la abuela murmura enjugándose los ojos:

—¡Malpocado, nueve años y gana el pan que come...! ¡Alabado sea Dios...!

Geórgicas

La vieja tenía siete nietas mozas, y las siete juntó en su casa para espadar el lino. Lo espadaron en pocos días, sentadas al sol en la era, cantando alegremente. Después se volvieron a casa de sus padres, y la vieja quedó sola con su gata, hilando copo tras copo y devanando en el sarillo las madejas. Como a todas las abuelas campesinas, le gustaban las telas de lino casero y las guardaba avariciosa en los arcones de nogal con las manzanas tabardillas y los membrillos olorosos. La vieja, después de hilar todo el invierno, juntó doce grandes madejas; y pensó hacer con ellas una sola tela, tan rica cual no tenía otra.

Compuesta como una moza que va de romería sale una mañana de su casa: lleva puesto el dengue de grana, la cofia rizada y el mantelo de paño sedán. Dora los campos la mañana, y la vieja camina por una vereda húmeda, olorosa y rústica, como vereda de sementeras y de vendimias. Por el fondo verde de las eras cruza una zagala pecosa y asoleada con su vaca bermeja del ronzal. Camina hacia la villa, adonde va todos los amaneceres para vender la leche que ordeña ante las puertas. La vieja se acerca a la orilla del camino, y llama dando voces:

—¡Eh, moza...! ¡Tú, rapaza de Cela...!

La moza tira del ronzal a su vaca y se detiene:

—¿Qué mandaba?

—Escucha una fabla...

Mediaba larga distancia y esforzaban la voz, dándole esa pauta lenta y sostenida que tienen los cantos de la montaña. La vieja desciende algunos pasos, pregonando esta prosa:

—¡Mía fe, no hacía cuenta de hallarte en el camino! Cabalmente voy a donde tu abuelo... ¿No eres tú nieta del Texelán de Cela?

—Sí, señora.

—Ya me lo parecías, pero como me va faltando la vista...

—A mí por la vaca se me conoce de bien lejos.

—Vaya, que la tienes reluciente como un sol. ¡San Clodio te la guarde!

—¡Amén!

—¿Tu abuelo demora en Cela?

—Demora en el molino, cabo de mi madre.

—Como mañana es la feria de Brandeso, estaba dudosa. Muy bien pudiera haber salido.

—Tomara el poder salir fuera de nuestro quintero.

—¿Está enfermo?

—Está muy acabado. Los años y los trabajos, que son muchos.

—¡Malpocado!

—¡Quede muy dichosa!

—¡El Señor te acompañe!

En la orilla del río algunos aldeanos esperan la barca sentados sobre la hierba, a la sombra de los verdes y retorcidos nimbrales. La vieja busca sitio en el corro. Un ciego mendicante y ladino, que arrastra luenga capa y cubre su cabeza con parda y puntiaguda montera, refiere historias de divertimiento a las mozas, sentadas en torno suyo. Aquel viejo prosero tiene un grave perfil monástico, pero el pico de su montera parda y su boca rasurada y aldeana, semejante a una gian sandía abierta, guardan todavía más malicia que sus decires, esos añejos decires de los jocundos arciprestes aficionados al vino y a las vaqueras, y a rimar las copias Las aldeanas se alborozan, y el cielo sonríe como un fauno viejo entre sus ninfas.

—¿Quién es?

La vieja se vuelve festera:

—Una buena moza.

El ciego sonríe ladino:

—Para el señor abade.

—Para dormir contigo. El señor abade ya está muy acabado.

El ciego pone una atención sagaz, procurando reconocer la voz. La vieja se deja caer a su lado sobre la hierba, suspirando con fatiga:

—¡Asús! ¡Cómo están esos caminos!

Un aldeano interroga:

—¿Va para la feria de Brandeso?

—Voy más cerca...

Otro aldeano se lamenta:

—¡Válanos Dios, si esta feria es como la pasada...!

Una vieja murmura:

—Yo entonces vendí la vaca.

—Yo también vendí, pero fué perdiendo...

—¿Mucho dinero?

—Una amarilla redonda.

—¡Fué dinero, mi fijo! ¡Válate San Pedro!

Otro aldeano advierte:

—Entonces estaba un tiempo de aguas, y agora está un tiempo de regalía.

Algunas voces murmuran:

—¡Verdade...! ¡Verdade...!

Sucede un largo silencio, y el ciego alarga el brazo hacia el lado de la vieja, y queriendo alcanzarla, vuelve a interrogar:

—¿Quién es?

—Ya te dije que una buena moza.

—Y yo te dije que fueses a donde el señor abade.

—Déjame reposar primero.

—Vas a perder los colores.

Los aldeanos se alborozan de nuevo. El ciego permanece atento y malicioso, gustando el rumor de las risas como los ecos de un culto con los ojos abiertos, inmóviles, semejantes a un dios primitivo, aldeano y jovial. La vieja sigue su camino.

Busca la sombra de los valladares y desdeña el ladrido de los perros que asoman feroces con la cabeza erguida, arregañados los dientes. En una revuelta del río, bajo el ramaje de los álamos que parecen de plata antigua, sonríe un molino. La vieja salmodia en la cancela:

—¡Sanios y buenos días!

Un viejo que está sentado al sol responde desde el fondo de la era:

—¡Santos y buenos nos los dé Dios!

Y se levanta para franquear la cancela. La vieja entra murmurando:

—¡Aquí te traigo doce madejas de lino como doce soles!

El viejo inclina la cabeza con abatimiento:

Un año hace que no cojo en mis manos la lanzadera... El telar no me daba para comer, y he tenido que venirme al arrimo de mi hija...

La vieja suplica en voz baja:

—¿Por un favor no me tejerás estas doce madejas?

El viejo la contempla pesaroso:

—Créeme que lo haría, pero los nietos hanme estragado el telar. ¡Juegan con él!

—¿Cómo los has dejado?

—De nada me servía. ¡Ya no hay en estas aldeas manos que hilen!

La vieja le muestra sus manos arrugadas y temblonas:

—¡Y éstas...!Di que no hay manos que tejan.

Se miran fijamente. Los dos tienen lágrimas en los ojos y guardan silencio, escuchando el canilleo del telar y Las voces de los niños que juegan con él, destrozándolo.

Fue Satanás

I. Por aquel entonces, conocí a la princesa Gaetani. Había sido amiga de mi madre, y me recibió en su palacio con exquisita cortesía. Tenía cinco hijas, que la rodeaban en el estrado, como en una Corte de Amor. No tardé en sentirme enamorado de la mayor, que se llamaba María Rosario. Su recuerdo, a pesar de los años y de la vejez, aun pone en mis ojos un vapor de lágrimas. ¡Qué triste fué para mí aquella tarde de otoño, cuando la vi por última vez!

II. María Rosario estaba en el fondo de un salón llenando de rosas los floreros de la capilla.

Cuando yo entré quedóse un momento indecisa: sus ojos miraron medrosos hacia la puerta, y luego se volvieron a mí con un ruego tímido y ardiente.

Llenaba en aquel momento el último florero, y sobre sus manos deshojóse una rosa.

Yo entonces le dije, sonriendo:

—¡Hasta las rosas se mueren por besar vuestras manos!

Ella también sonrió contemplando las hojas que había entre sus dedos, y después con leve soplo las hizo volar. Quedamos silenciosos: era la caída de la tarde y el sol doraba una ventana con sus últimos reflejos: los cipreses del jardín levantaban sus cimas pensativas en el azul del crepúsculo, al pie de la vidriera iluminada. Dentro apenas se distinguía la forma de las cosas, y en el recogimiento del salón las rosas esparcían un perfume tenue y las palabras morían lentamente igual que la tarde. Mis ojos buscaban los ojos de María Rosario con el empeño de aprisionarlos en la sombra. Ella suspiró angustiada como si el aire le faltase, y apartándose el cabello con ambas manos, huyó hacia la ventana. Yo, temeroso de asustarla, no intenté seguirla, y sólo le dije después de un largo silencio:

—¿No me daréis una rosa?

Volvióse lentamente y repuso con voz tenue:

—Si la queréis...

Dudó un instante y de nuevo se acercó. Procuraba mostrarse serena, pero yo veía temblar sus manos sobre los floreros al elegir la rosa. Con una sonrisa llena de angustia me dijo:

—Os daré la mejor.

Ella seguía buscando en los floreros. Yo suspiré romántico:

—La mejor está en vuestros labios.

Me miró apartándose pálida y angustiada.

—No sois bueno... ¿Por qué me decís esas cosas?

—Por veros enojada.

—¡Algunas veces me parecéis el demonio...!

—El demonio no sabe querer.

Quedóse silenciosa. Apenas podía distinguirse su rostro en la tenue claridad del salón, y sólo supe que lloraba cuando estallaron sus sollozos. Me acerqué queriendo consolarla:

—¡Oh...!Perdóname.

Y mi voz fué tierna, apasionada y sumisa. Yo mismo, al oírla, sentí un extraño poder de seducción. Era llegado el momento supremo, y presintiéndolo, mi corazón se estremecía con el ansia de la espera cuando está próxima una gran ventura. María Rosario cerraba los ojos con espanto, como al borde de un abismo. Su boca descolorida parecía sentir una voluptuosidad angustiosa. Yo cogí sus manos que estaban yertas: ella me las abandonó sollozando, con un frenesí doloroso.

—¿Por qué os gozáis en hacerme sufrir...? ¡Si sabéis que todo es imposible...!

—¡Imposible...! Yo nunca esperé conseguir vuestro amor... ¡Ya sé que no lo merezco...! Solamente quiero pediros perdón y oír de vuestros labios que rezaréis por mí cuando esté lejos.

—¡Callad...! ¡Callad...!

—Os contemplo tan alto, tan lejos de mí, tan ideal, que juzgo vuestras oraciones como las de una santa.

—¡Callad...! ¡Callad...!

—Mi corazón agoniza sin esperanza. Acaso podré olvidaros: pero tened seguro que este amor habrá sido para mí como un fuego purificador.

—¡Callad...! ¡Callad...!

Yo tenía lágrimas en los ojos, y sabía que cuando se llora las manos pueden arriesgarse a ser audaces. ¡Pobre María Rosario! Quedóse pálida como una muerta, y pensé que iba a desmayarse en mis brazos. Aquella niña era una santa, y viéndome a tal extremo desgraciado, no tenía valor para mostrarse más cruel conmigo. Cerraba los ojos y gemía agobiada:

—¡Dejadme...! ¡Dejadme...!

Yo murmuré:

—¿Por qué me aborrecéis tanto?

Me miró despavorida como si al sonido de mi voz se despertase, y arrancándose de mis brazos huyó hacia la ventana que doraban todavía los últimos rayos del sol. Apoyó la frente en los cristales y comenzó a sollozar. En el jardín se levantaba el canto de un ruiseñor que evocaba, en la sombra azul de la tarde, un recuerdo ingenuo de santidad.

III. ¡Entra...! ¡Entra...!

María Rosario llamaba a la más niña de sus hermanas, que, con una muñeca en brazos, asomaba en la puerta del salón.

—¡Entra...! ¡Entra...!

La llamaba afanosa, tendiéndole los brazos desde el fondo de la ventana.

La niña, sin moverse, le mostró la muñeca.

—Me la hizo Polonio.

—Ven a enseñármela.

—¿No la ves así?
—No, no la veo.

María Nieves acabó por decidirse y entró corriendo: los cabellos flotaban sobre su espalda como una nube de oro. Era llena de gentileza, con movimientos de pájaro, alegres y ligeros: María Rosario, viéndola llegar, sonreía, cubierto el rostro de rubor y sin secar las lágrimas. Inclinóse para besarla y la niña se le colgó del cuello, hablándole al oído.

—¡Si le hicieses un vestido a mi muñeca!
—¿Cómo lo quieres...?
—Azul.

María Rosario le acariciaba los cabellos reteniéndola a su lado. Yo veía cómo sus dedos trémulos desaparecían bajo la infantil y olorosa crencha. En voz baja le dije:

—¿Qué temíais de mí?

Sus mejillas llamearon.

—Nada...

Y aquellos ojos, no he visto otros hasta ahora, ni los espero ver ya, tuvieron para mí una mirada tímida y amante. Callábamos conmovidos, y la niña empezó a referirnos la historia de su muñeca. Se llamaba Golanda, y era una princesa. Cuando le hiciesen aquel vestido azul le pondrían también una corona. María Nieves hablaba sin descanso: sonaba su voz con un murmullo alegre, continuo, como el barboteo de una fuente. Recordaba cuántas muñecas había tenido, y quería contar la historia de todas. Unas habían sido princesas, otras pastoras. Eran largas historias confusas, donde se repetían continuamente las mismas cosas. La niña extraviábase en aquellos relatos como en el jardín encantado del ogro las tres niñas hermanas, Andara, Magalona y Aladina... De pronto huyó de nuestro lado. María Rosario la llamó sobresaltada:

—¡Ven...! ¡No te vayas!
—No me voy.

Corría por el salón, y la cabellera de oro le revoloteaba sobre los hombros. Como cautivos, la seguían a todas partes los ojos de María Rosario: volvió a suplicarle:

—¡No te vayas...!
—¡Si no me voy!

La niña hablaba desde el fondo oscuro del salón. María Rosario respiraba anhelante llamando a su hermana:

—¡Ven, hermana...! ¡Ven!

Y le tendía los brazos: la niña acudió corriendo: María Rosario la estrechó contra su pecho alzándola del suelo, pero estaba tan desfallecida de fuerzas, que apenas podía sostenerla, y suspirando con fatiga tuvo que sentarla sobre el alféizar de la ventana. Los rayos del sol poniente circundaron como una aureola la cabeza infantil: la crencha sedeña y olorosa fué como onda de luz sobre los hombros. La niña estaba sobre el alféizar, como un arcángel en una antigua vidriera. El recuerdo de aquel momento aun pone en mis mejillas un frío de muerte. Ante nuestros ojos espantados se abrió la ventana, con ese silencio de las cosas inexorables, que están determinadas en lo invisible, y han de suceder por un destino fatal y cruel. La figura de la niña, inmóvil sobre el alféizar, se destacó un momento sobre el azul del cielo donde palidecían las primeras estrellas, y cayó al jardín, cuando llegaban a tocarla los brazos de la hermana.

IV. —¡Fué Satanás...! ¡Fué Satanás...!
Aun resuenan en mis oídos los gritos angustiados de María Rosario:
—¡Fué Satanás...! ¡Fué Satanás...!
La niña estaba inerte sobre la escalinata. El rostro aparecía entre el velo de los cabellos, blanco como un lirio, y de la rota sien manaba el hilo de sangre que los iba empapando. La hermana, como una poseída, gritaba:
—¡Fué Satanás...! ¡Fué Satanás...!
Levanté a la niña en brazos, y sus ojos se abrieron un momento llenos de tristeza. La cabeza ensangrentada y blanca rodó yerta sobre mi hombro, y los ojos se cerraron de nuevo, lentos como dos agonías. Los gritos locos de la hermana resonaban en el silencio del jardín:
—¡Fué Satanás...! ¡Fué Satanás...!
La cabellera de oro, aquella cabellera flúida como la luz, olorosa como una huerta, estaba negra de sangre. Yo la sentí pesar sobre mi hombro semejante a la fatalidad en un destino trágico. Con la niña en brazos subí la escalinata. En lo alto salió a mi encuentro el coro angustiado de las hermanas. Yo escuché su llanto y sus gritos, yo sentí la muda interrogación de aquellos rostros pálidos que tenían el espanto en los ojos. Los brazos se tendían hacia mí desesperados, y ellos recogieron el cuerpo de La hermana, y lo llevaron hacia el palacio. Yo quedé inmóvil, sin valor para ir detrás, contemplando la sangre que tenía en las manos. Desde el fondo de las estancias llegaba hasta mí el lloro de las hermanas, y los gritos, ya roncos, de aquella que clamaba enloquecida:
—¡Fué Satanás...! ¡Fué Satanás...!
Sentí miedo. Bajé a las caballerizas, y con ayuda de un criado enganché los caballos a la silla de posta. Partí al galope. Al desaparecer bajo el arco de la plaza, volví los ojos llenos de lágrimas para enviarle un adiós al palacio Gaetani. En la ventana, siempre abierta, me pareció distinguir una sombra trágica y desolada. ¡Pobre sombra envejecida, arrugada, miedosa, que vaga todavía por aquéllas estancias, y todavía cree verme acechándola en la oscuridad! Me contaron que ahora, al cabo de tantos años, ya repite sin pasión, sin duelo, con la monotonía de una vieja que reza:
—¡Fué Satanás...! ¡Fué Satanás...!

La Hueste

(Un camino. A lo lejos, el verde y oloroso cementerio de una aldea. Es de noche y la luna naciente brilla entre los cipreses. Don Juan Manuel Montenegro, que vuelve borracho de la feria, cruza por el camino jinete en un potro que se muestra inquieto y no acostumbrado a la silla. El hidalgo, que se tambalea de borrén a borrén, le gobierna sin cordura, y tan pronto le castiga con la espuela como le recoge las riendas. Cuando el caballo se encabrita, luce una gran destreza y reniega como un condenado.)

EL CABALLERO.—¡Maldecido animal...! ¡Tiene todos los demonios en el cuerpo...! ¡Un rayo me parta y me confunda!
UNA VOZ.—¡No maldigas, pecador!
OTRA VOZ.—¡Tu alma es negra como un tizón del infierno, pecador!
OTRA VOZ.—¡Piensa en la hora de la muerte, pecador!
OTRA VOZ.—¡Siete diablos hierven aceite en una gran caldera para achicharrar tu cuerpo mortal, pecador!
EL CABALLERO.—¿Quién me habla? ¿Sois voces del otro mundo? ¿Sois almas en pena o sois hijos de...

(Un gran trueno retiembla en el aire, y el potro se encabrita con amenaza de desarzonar al jinete. Entre los maizales brillan las luces de la Santa Compaña. El cabollero siente erizarse los cabellos de su frente, y disipados los vapores del mosto. Se oyen gemidos de agonía y herrumbroso son de cadenas que arrastran en la noche oscura las ánimas en pena que vienen al mundo para cumplir penitencias. La blanca procesión pasa como una niebla sobre los maizales)

UNA VOZ.—¡Sigue con nosotros, pecador!
OTRA VOZ.—¡Toma un cirio encendido, pecador!
OTRA VOZ.—¡Alumbra el camino de la muerte, pecador!

(El caballero siente el escalofrío del otro mundo viendo en su diestra oscilar la llama de un cirio. La procesión de las ánimas le rodea, y un aire frío, aliento de sepultura, le arrastra en el giro de los blancos fantasmas que marchan al son de las cadenas y salmodian en latín.)

UNA VOZ.—¡Reza con los muertos por los que van a morir!
OTRA VOZ.—¡Sigue con las ánimas hasta que cante el gallo negro!
OTRA VOZ.—¡Eres nuestro hermano y todos somos hijos de Satanás!
OTRA VOZ.—¡El pecado es sangre y hace hermanos a los hombres como la sangre de los padres!
OTRA VOZ.—¡A todos nos dió la leche de sus tetas peludas la Madre Diablesa!

MUCHAS VOCES.—...¡La madre coja, coja y bisoja que rompe los pucheros! ¡La madre morueca que hila en su rueca los cordones de los frailes putaneros, y la cuerda del ajusticiado que nació de un bandullo embrujado! ¡La madre bisoja, bisoja, corneja, que se espioja con los dientes de una vieja! ¡La madre tiñosa, tiñosa raposa, que se mea en la hoguera y guarda el cuerno del carnero en la faltriquera, y del cuerno hizo el alfiletero! ¡Madre bruja, que con la aguja que lleva en el cuerno cose los virgos en el Infierno, y los calzones de los maridos cabrones.!

(El caballero siente que una ráfaga le arrebata de la silla, y ve desaparecer a su caballo echando lumbre por los ojos, en una carrera infernal. Mira temblar la luz del cirio sobre su puño cerrado, y advierte con espanto que sóla oprime un hueso de muerto. Cierra los ojos, y la tierra le falta bajo el pie y se siente llevado por los aires; cuando de nuevo se atreve a mirar, la procesión de los blancos fantasmas se detiene a la orilla de un rio, donde las brujas departen sentadas en rueda. Por otra orilla va un entierro. (anta un gallo.)

LAS BRUJAS.—¡Cantó el gallo blanco, pico al canto!

(Los fantasmas han desaparecido en una niebla. Las brujas comienzan a levantar un puente y parecen murciélagos revoloteando sobre el río, ancho como un mar. En la orilla opuesta está detenido el entierro. (anta otro gallo.)

LAS BRUJAS.—¡Canta el gallo pinto, ande el pico!

(Los arcos del puente empiezan a surgir en la noche. Las aguas negras y siniestras espuman bajo ellos con el hervor de las calderas del Infierno. Ya sólo falta colocar una piedra, y las brujas se apresuran porque se acerca el día. Inmóvil en la orilla opuesta, el entierro espera el puente para pasar. (anta otro gallo.)

LAS BRUJAS.—¡Canto el gallo negro, pico quedo!

(Las brujas dejan caer en el fondo de la corriente la piedra que todas en un remolino llevaban por el aire, y huyen convertidas en murciélagos. El entierro se vuelve hacia la aldea y desaparece en una niebla.. El caballero, como si despertase de un sueño, se halla tendido en medio de la vereda. La luna ha trasmontado los cipreses del cementerio y los nimba de oro. El caballo pace la hierba olorosa y lozana que crece en el rocío de la tapia. El caballero vuelve a montar y emprende el camino de su casa, de la cual halla francas las puertas. Congregadas en la cocina están cuatro viejas de la aldea y muerta y amortajada en su lecho la moza con quien vivía en pecado mortal.)

Una Desconocida

Hace algunos años viajaba yo en el ferrocarril Interoceánico de Jalapa a Méjico. El tiempo era deliciòso y encantábase la vista con el riquísimo verdor de la campiña, que parecía palpitar ebria de vida bajo aquel sol tropical que la hacía eternamente fecunda.

A veces venía a distraerme de la contemplación del paisaje la charla, un poco babosa, de cierta pareja que ocupaba asiento frontero al mío. Ella bien podría frisar en los treinta años; era blanca y rubia, muy gentil de talle y de ademán brioso y desenvuelto. Él parecía un niño; estaba enfermo sin duda, porque, a pesar del calor del día, iba muy abrigado, con los pies envueltos en una manta listada, y cubierta con un fez encarnado la rala cabeza, de la cual se despegaban las orejas, que transparentaban la luz.

Presté atención a lo que hablaban. Se decían ternezas en italiano. Ella quería ir a los Estados Unidos y consultar allí a los médicos de más fama; él se oponía, llamándola "cara" y "buona amica"; sostenía que no estaba enfermo para tanto extremo, y que era preciso trabajar y tener juicio. Si hallaban contrata en Méjico, no debían perderla.

A lo que pude comprender, eran dos cantantes. Cerré los ojos y escuché, procurando aparecer dormido.

No estaban casados. Ella tenía marido; pero el tal marido debía ser peor que Nerón, a juzgar por las cosas que contaba de él.

Por un periódico tuvo noticia de que se hallaba cantando en Méjico, y la dama, que parecía muy de armas tomar, hablaba de ir a verle, para que le devolviese las joyas con que se le había quedado el "berganto".

—"Io no ho paura"—decía con una sonrisa extraña, que dejaba al descubierto la doble hilera de sus dientes, donde brillaban algunos puntos de oro.

Hundió en el bolsillo la mano, cubierta de sortijas, y la sacó armada de un revólver diminuto, un verdadero juguete, muy artístico y muy mono.

Siguieron hablando largo rato de gentes y cosas para mí desconocidas, hasta que fatigado el joven se acostó en el asiento, que ella dejó por completo a su disposición, para lo cual vino a instalarse cerca de mí, saludándome al mismo tiempo con una sonrisa.

Al principio guardamos silencio. Los dos fingimos contemplar el paisaje. El campo se hundía lentamente en el silencio amoroso y lleno de suspiros de un atardecer ardiente. Por las ventanillas abiertas penetraba la brisa aromada y fecunda de los crepúsculos tropicales; la campiña toda se estremecía cual si acercarse sintiese la hora de sus nupcias, y exhalaba de sus entrañas vírgenes un baho caliente de negra enamorada, potente y deseosa.

Aquí y allá, en la falda de las colinas, y en lo hondo de los valles inmensos, se divisaban algunos jacales que entre vallados de enormes cactus asomaban sus agudas techumbres de cáñamo gris medio podrido. Mujeres de tez cobriza y mirar dulce salían a los umbrales, e indiferentes y silenciosas contemplaban el tren que pasaba silbando y estremeciendo la tierra.

En el coche las conversaciones hacíanse cada vez más raras. Se cerraron algunas ventanillas, se abrieron otras; pasó el revisor pidiendo los billetes; apeáronse en una estación de nombre indio algunos viajeros, y todo fué silencio en el vagón. Y en tanto el crepúsculo detendía, por la gran llanura, su sombra llena de promesas apasionadas. La naturaleza salvaje, aun palpitante del calor de la tarde, semejaba dormir el sueño profundo y jadeante de una fiera cansada.

En aquellas tinieblas pobladas de susurros misteriosos y nupciales, y de moscas de luz que danzan entre las altas hierbas raudas y quiméricas, parecíame respirar una esencia suave, deliciosa, divina; la esencia que la primavera vierte al nacer en el cáliz de las flores y en los corazones.

Ya no recuerdo con qué ocasión, ni a qué propósito, empezamos a hablarnos la italiana y yo. Sólo recuerdo que ella me contó su vida: una historia novelesca que en nada se parecía a la otra historia que pude colegir, cuando al comienzo del viaje oía su conversación con el adolescente del fez.

Y ahora resultaba que ella era la condesa de Lucca; y aquel caballero enfermo, el conde, su marido. Si yo había estado en Italia, con seguridad alguna vez había oído hablar de los Luccas, ¡porque eran de lo más ilustre! Y como yo recordase vagamente haber conocido un título de aquel o parecido nombre, ella, sin dejarme hacer memoria, interrumpía

—¿Era viejo? Sería mi tío el príncipe. ¿Era mozo? ¿Militar? Sería mi hermano Aquiles, marqués de Lucca Vecchia.

Y sin detenerse proseguía el relato de sus grandezas con una verbosidad pintoresca y descosida, como los cintajos de su sombrerillo de viaje que alborotaba la brisa de las lagunas.

No llegamos hasta el anochecer. En el cielo sereno y límpido lucían las primeras estrellas, que se reflejaban en el fondo de las grandes charcas que esmaltan la meseta central.

Allá, en el borde del horizonte, sobre la ciudad, relampagueaban las nubes, mientras en el otro borde se marcaba el ocaso con una faja sangrienta. En la atmósfera tibia y muda flotaba el olor acre de la tierra.

Antiguos canales de la época azteca orillan el camino. Las luces de la ciudad parpadeaban a lo lejos como pupilas foscas e inquietas de una gran manada de gatos monteses.

Ayudé a bajar del coche al conde de Lucca, que apenas podía moverse, y me despedí deseando toda suerte de felicidades a aquella extraña pareja: La condesa me estrechó las manos con muestras de mucho afecto. ¡Oh, ella no se olvidaría nunca de mí! ¡Yo tampoco la olvidé, qué diablo!

Después volví a verlos muchas veces: en todas partes los hallaba. Un día, en las torres de la Catedral; otro, en un reñidero de gallos; la última vez, en el castillo de Chapultepec dando confites a los tigres.

El conde de Lucca parecía más enfermo cada vez: no podía andar si no era apoyado en el brazo de la condesa.

Por algún tiempo dejé de verlos. Un día, ya los tenía casi olvidados, me tropecé con ella sola. Cuando le pregunté por el enfermo, se echó a llorar:

—¡Ah, mío povero!

Luego, entre suspiros, me contó que había muerto, y que ella quería trasladar sus adorados despojos a Italia, al panteón de familia. Se cubrió los ojos con el pañuelo, y lanzando un gemido, murmuró:

—¡Oh, el mío caro, el mío carísimo fratelo!

—¿Su hermano...? ¡Pues no habíamos quedado en que era su marido...!

Hierbas Olorosas

Yo estaba de cacería en Viana del Prior, cuando recibí una carta donde mi madre, en trance de muerte, me llamaba a su lado. Anochecía y aun recuerdo aquella trágica espera mientras encendía el velón, para poder leer. Decidí partir al día siguiente. Pasé la velada solo y triste, sentado en un sillón cerca del fuego. Había conseguido adormecerme cuando llamaron a la puerta con grandes aldabadas, que en el silencio de las altas horas parecieron sepulcrales y medrosas. Me incorporé sobresaltado, y abrí la ventana. Era el mayordomo que había traído la carta, y que venía a buscarme para ponernos en camino. Manteníase ante la puerta, jinete en una mula y con otra del diestro. Le interrogué:

—¿Ocurre algo, Brión?
—Que empieza a rayar él día, señor marqués.

Bajé presuroso, sin cerrar la ventana, que una ráfaga batió. Nos pusimos en camino con toda premura. Cuando llamó el mayordomo aun brillaban algunas estrellas en el cielo: cuando partimos, oí cantar los gallos de la aldea. De todas suertes no llegaríamos hasta cerca del anochecer. Hay nueve leguas de jornada y malos caminos de herradura, trasponiendo monte. El mayordomo era un viejo aldeano, que llevaba capa de juncos con capucha y madreñas. Adelantó su mula para enseñarme el camino, y al trote cruzamos la Quintana de San Clodio, acosados por el ladrido de los perros que vigilaban en las eras, atados bajo los hórreos. Cuando salimos al campo empezaba la claridad del alba. Vi en lontananza unas lomas yermas y tristes, veladas por la niebla. Traspuestas aquéllas, vi otras, y después otras. El sudario ceniciento de la llovizna las envolvía: no acababan nunca. Todo el camino era así. A lo lejos, por La Puente del Prior, desfilaba una recua madrugadora, y el arriero, sentado a mujeriegas en el rocín que iba postrero, cantaba a usanza de Castilla. El sol empezaba a dorar las cumbres de los montes: rebaños de ovejas blancas y negras subían por la falda, y sobre verde fondo de praderas, allá en el dominio de un Pazo, larga bandada de palomas volaba sobre la torre señorial. Acosados por la lluvia, hicimos alto en los viejos molinos de Gundar, y como si aquello fuese nuestro feudo, llamamos autoritarios a la puerta. Salieron dos perros flacos, que ahuyentó el mayordomo, y después una mujer hilando. El viejo aldeano saludó cristianamente:

—¡Ave María Purísima!

La mujer contestó:

—¡Sin pecado concebida!

Era una pobre alma, llena de caridad. Nos vió ateridos de frío, vió las mulas bajo el cobertizo, vió el cielo encapotado, con torva amenaza de agua, y franqueó la puerta, hospitalaria y humilde:

—Pasen y siéntense al fuego. ¡Mal tiempo tienen, sí son caminantes...! ¡Ay! ¡Qué tiempo! ¡Toda la siembra anega...! ¡Mal año nos aguarda!

Apenas entramos, el mayordomo volvió a salir por las alforjas. Yo me acerqué al hogar, donde ardía un fuego miserable. La pobre mujer avivó el rescoldo y trajo un brazado de jara verde y mojada, que empezó a dar humo, chisporroteando. En el fondo del muro, una puerta vieja y mal cerrada, con las losas del umbral blancas de harina golpeaba sin tregua: ¡tac! ¡tac! La voz de un viejo, que entonaba un cantar, y la rueda del molino, resonaban detrás. A poco tornó el mayordomo con las alforjas colgadas de un hombro:

—Aquí viene el yantar. La señora se levantó para disponerlo todo por sus manos. Salvo su mejor parecer, podríamos aprovechar este huelgo. Si cierra a llover no tendremos escampo hasta la noche.

La molinera se acercó solícita y humilde:

—Pondré uria trébede al fuego, si acaso les place calentar la vianda.

Puso la trébede, y el mayordomo comenzó a vaciar las alforjas: sacó una gran servilleta adamascada y La extendió sobre la piedra del hogar. Yo, en tanto, me salí a la puerta. Durante mucho tiempo estuve contemplando la cortina cenicienta de la lluvia, que ondulaba en las ráfagas del aire.

El mayordomo se acercó, respetuoso y familiar a la vez:

—Cuando a vuecencia bien le parezca... ¡Dígole que tiene un rico yantar!

Entré de nuevo en la cocina, y me senté cerca del fuego. No quise comer, y mandé al mayordomo que únicamente me sirviese un vaso de vino. El viejo aldeano obedeció en silencio. Buscó la bota en el fondo de las alforjas y me sirvió aquel vino rojo y alegre que daban las viñas del palacio, en uno de esos pequeños vasos de plata que nuestras abuelas mandaban labrar con soles del Perú—¡un vaso por cada sol!— Apuré el vino, y como la cocina estaba llena de humo, salirne otra vez a la puerta. Desde allí mandé al mayordomo y a la molinera que comiesen ellos. La molinera solicitó mi venia para llamar al viejo que cantaba dentro. Le llamó a voces:

—¡Padre! ¡Mi padre...!

Apareció blanco de harina, la montera derribada sobre un lado y el cantar en los labios. Era un abuelo con ojos bailadores y guedejas de plata: alegre y picaresco como un libro de antiguos decires. Arrimaron al hogar toscos escabeles ahumados, y entre un coro de bendiciones sentáronse a comer. Los dos perros flacos vagaban en torno. Fué un festín donde todo lo había previsto el amor de la pobre enferma. ¡Aquellas manos pálidas, que yo amaba tanto, servían la mesa de los humildes comó las manos ungidas de las santas princesas! Al probar el vino el viejo molinero, se levantó salmodiando:

—¡A la salud del buen caballero, que nos lo da...! De hoy en muchos años torne a catarlo en su noble presencia.

Después bebieron la mujeruca y el mayordomo, todos con igual ceremonia. Mientras cemían yo les oía hablar en voz baja. Preguntaba el molinero adónde nos encaminábamos, y el mayordomo respondía que al palacio de Brandeso. El molinero conocía aquel camino: pagaba un foro antiguo a la señora del palacio, un foro de dos ovejas, siete ferrados de trigo y siete de centeno. El año anterior, como la sequía fuera tan grande, perdonárale todo el fruto: era una señora que se compadecía del pobre aldeano. Yo, desde la puerta, mirando caer la lluvia, les oía emocionado y complacido. Volvía la cabeza, y con los ojos buscábales en torno del hogar, en medio del humo. Entonces bajaban la voz y me parecía entender que hablaban de mí. El mayordomo se levantó:

—Si a vuecencia le parece, echaremos un pienso a las mulas y luego nos pondremos en camino.

Salió con el molinero, que quiso ayudarle. La mujeruca se puso a barrer la ceniza del hogar. En el fondo de la cocina los perros roían un hueso. La pobre mujer, mientras recogía el rescoldo, no dejaba de enviarme bendiciones con un musitar de rezo:

—¡El Señor quiera concederle la mayor suerte y salud en el mundo, y que cuando llegue al palacio tenga una grande alegría...! ¡Quiera Dios que se encuentre sana a la señora y con los colores de una rosa...!

Dando vueltas en torno del hogar, la molinera repetía monótonamente:

—¡Así la encuentre como una rosa en su rosal!

Aprovechando un claro del tiempo, entró el mayordomo a recoger las alforjas en la cocina, mientras el molinero desataba las mulas y del ronzal las sacaba hasta el camino, para que montásemos. La hija asomó en la puerta a vernos partir:

—¡Vaya muy dichoso el noble caballero...! ¡Que nuestro Señor le acompañe...!

Cuando estuvimos a caballo salió al camino, cubriéndose la cabeza con el mantelo para resguardarla de la lluvia, que comenzaba de nuevo, y se llegó a mí llena de misterio. Así, arrebujada, parecía una sombra milenaria; Temblaba su carne, y los ojos fulguraban calenturientos bajo el capuz del mantelo. En la mano traía un manojo de hierbas. Me las entregó con un gesto de sibila, y murmuró en voz baja:

—Cuando se halle con la señora mi condesa, póngale, sin que élla lo vea, estas hierbas bajo la almohada. Con ellas sanará. Las almas son como los ruiseñores, todas quieren volar. Los ruiseñores cantan en los jardines, pero en los palacios del rey se mueren poco a poco...

Levantó los brazos, como si evocase un lejano pensamiento profètico, y los volvió a dejar caer. Acercóse sonriendo el viejo molinero, y apartó a su hija sobre un lado del camino, para dejarle paso a mi ínula:

—No haga caso, señor. ¡La pobre es inocente!

Yo sentí, como un vuelo sombrío, pasar sobre mi alma la superstición, y tomé en silencio aquel manojo de hierbas mojadas por la lluvia. Las hierbas olorosas, llenas de santidad, las que curan la saudade de las almas y los males de los rebaños, las que aumentan las virtudes familiares y las cosechas... ¡Qué poco tardaron en florecer sobre una sepultura, en el verde y oloroso cementerio de San Clemente de Brandeso!

La Niña Chole

Hace bastantes años, como final a unos amores, desgraciados, me embarqué para Méjico en un puerto de las Antillas españolas. Era yo entonces mozo y algo poeta, con ninguna experiencia y harta novelería en la cabeza; pero creía de buena fe en muchas cosas de que dudo ahora; y libre de escepticismos, dábame buena prisa a gozar de la existencia. Aunque no lo confesase, y acaso sin saberlo, era feliz, con esa felicidad indefinible que da el poder amar a todas las mujeres. Sin ser un donjuanista, he vivido una juventud amorosa y apasionada; pero de amor juvenil y bullente, de pasión equilibrada y sanguínea. Los decadentismos de la generación nueva no los he sentido jamás; todavía hoy, después de haber pecado tanto, tengo las mañanas triunfantes, como dijo el poeta francés.

El vapor que me llevaba a Méjico era el Dalila, hermoso barco que después naufragó en las costas de Galicia. Aun cuando toda la navegación tuvimos tiempo de bonanza, como yo iba herido, de mal de amores, los primeros días apenas salí del camarote ni hablé con nadie. Cierto que viajaba para olvidar; pero hallaba tan novelescas mis cuitas, que no me resolvía a ponerlas en olvido. En todo me ayudaba aquello de ser yanqui el pasaje, y no parecerme tampoco muy divertidas las conversaciones por señas.

¡Cuán diferente mi primer viaje a bordo del Masniello que conducía viajeros de todas las partes del mundo! Recuerdo que, al segundo día, ya tuteaba a un príncipe napolitano. No hubo entonces damisela mareada a cuya pálida y despeinada frente no sirviese mi mano de reclinatorio. Érame divertido entrar en los corrillos que se formaban sobre cubierta, a la sombra de grandes toldos de lona, y aquí, chapurrear el italiano con los mercaderes griegos, de rojo fez y fino bigote negro; y allá, encender el cigarro en la pipa de los misioneros mormones. Había gente de toda laya: tahures que parecían diplomáticos; cantantes con los dedos cubiertos de sortijas, comisionistas barbilindos, que dejaban un rastro de almizcle, y generales americanos, y toreros españoles, y judíos rusos, y grandes señores ingleses. ¡Una farándula exótica y pintoresca, cuya algarabía causaba vértigo y mareo!...

El amanecer de las selvas tropicales cuando sus macacos aulladores y sus verdes bandadas de loritos saludan al sol, me ha recordado muchas veces la cubierta de aquel trasatlántico, con su feria babélica de tipos, de trajes y de lenguas; pero más, mucho más, me lo recordaron las horas untadas de opio que constituían la vida a bordo del Dolila.

Por todas partes asomaban rostros pecosos y bermejos, cabellos azafranados y ojos perjuros. ¡Yanquis en el comedor; yanquis en el puente; yanquis en la cámara! ¡Cualquiera tendría para desesperarse! Pues bien: yo lo llevaba muy en paciencia. Mi corazón estaba muerto, ¡tan muerto, que, no digo la trompeta del juicio; ni siquiera unas castañuelas le resucitarían! Desde que el pobrecillo diera las boqueadas, yo parecía otro hombre: habíame vestido de luto; y en presencia de las mujeres, a poco lindos que tuviesen los ojos, adoptaba una actitud lúgubre, de poeta sepulturero y doliente, actitud que no estaba reñida con ciertos soliloquios y discursos que me hacía harto frecuentemente, considerando cuán pocos hombres tienen la suerte de llorar una infidelidad a los veinte años!...

Por no ver aquella taifa de usureros yanquis, apenas salía de mi camarote; solamente cuando el sol declinaba iba a sentarme a popa, y allí, libre de importunos, pasábame las horas viendo borrarse la estela del Dolila. El mar de las Antillas, cuyo trémulo seno de esmeralda penetraba la vista, me atraía, me fascinaba, como fascinan los ojos verdes y traicioneros de las hadas que habitan en el fondo de los lagos. Pensaba siempre en mi primer viaje. Allá, muy lejos, en la lontananza azul donde se disipan las horas felices, percibía, como en esbozo fantástico, las viejas placenterías. El lamento informe y sinfónico de las olas despertaba en mí un mundo de recuerdos: perfiles desvanecidos; ecos de risas; murmullo de lenguas extranjeras, y los aplausos, y el aleteo de los abanicos mezclándose a las notas de la tirolesa que en la cámara de los espejos cantaba Lilí. Era una resurrección de sensaciones; una esfumación luminosa del pasado; algo etéreo, brillante, cubierto de polvo de oro, como esas reminiscencias que los sueños nos dan a veces de la vida...

A los tres días de viaje, el Dolila hizo escala en un puerto de Yucatán. Recuerdo que fué a media mañana, bajo un sol abrasador que resecaba las maderas y derretía la brea, cuando dimos fondo en aquellas aguas de bruñida plata. Los barqueros indios, verdosos como antiguos bronces, asaltan el vapor por ambos costados, y del fondo de sus canoas sacan exóticas mercancías: cocos esculpidos, abanicos de palma y bastones de carey que muestran, sonriendo como mendigos, a los pasajeros que se acodan sobre la borda. Cuando levanto los ojos hasta los peñascos de la ribera, que asoman la tostada cabeza entre las olas, distingo grupos de muchachos desnudos que se arrojan desde ellos, nadan grandes distancias, hablándose a medida que se separan y lanzando gritos; otros descansan sentados en las rocas con los pies en el agua, o se encaraman, para secarse al sol que ya decae, y los ilumina de soslayo, gráciles y desnudos como figuras de un friso del Pertenón. Visto con ayuda de los gemelos del capitán, Progreso recuerda paisajes de caserío inverosímil que dibujan los niños precoces; es blanco, azul, encarnado; de todos los colores del iris. Una ciudad que sonríe, como niña vestida con trapos de primavera, que sumerge la punta de los piececillos lindos en la orilla del puerto. Algo extraña resulta con sus azoteas enchapadas de brillantes azulejos y sus lejanías límpidas, donde la palmera recorta su gallarda silueta que parece hablar del desierto remoto, y de caravanas fatigadas que sestean a la sombra propicia.

Por huir el enojo que me causaba la compañía de los yanquis, decidíme a desembarcar. No olvidaré nunca las tres horas mortales que duró el pasaje desde el Dolila a la playa. Aletargado por el calor, voy todo este tiempo echado en el fondo de la canoa de un negro africano, que mueve los remos con una lentitud desesperante. A través de los párpados entornados veía erguirse y doblarse sobre mí, guardando el mareante compás de la bogada, aquella figura de carbón, que unas veces me sonríe con sus abultados labios de gigante, y otras silba esos aires cargados de hipnótico y religioso sopor, una sonata compuesta solamente de tres notas tristes, con que los magnetizadores de algunas tribus salvajes adormecen a las grandes culebras. Así debía ser el viaje infernal de los antiguos en la barca de Caronte: sol abrador; horizontes blanquecinos y calcinados; mar en calma, sin brisas y murmullos; y en el aire todo el calor de las fraguas de Vulcano.

Aun a riesgo de perder el vapor me aventuré hasta Mérida. De este viaje a la ciudad maya conservo una impresión somnolente y confusa, parecida a la que deja un libro de grabados hojeado perezosamente en la hamaca, durante el bochorno de la siesta; hasta me parece que cerrando los ojos el recuerdo se aviva y cobra relieve; vuelvo a sentir la angustia de la sed y el polvo; atiendo el despacioso ir y venir de aquellos indios ensabanados como fantasmas; oigo la voz melosa de aquellas criollas, ataviadas con graciosa ingenuidad de estatuas clásicas, el cabello suelto, los hombros desnudos, velados apenas por rebociño de transparente seda.

Almorcé en el Hotel Cuahutemoc, que tiene por comedor fresco claustro de mármol, sombreado por toldos de lona, a los cuales la fuerte luz cenital comunica tenue tinte dorado, de marinas velas. Los cínifes zumbaban en torno de un surtidor que gallardeaba al sol su airón de plata, y llovía, en menudas irisadas gotas, sobre el tazón de alabastro. En medio de aquel ambiente encendido, bajo aquel cielo azul, donde la palmera abre su rumoroso parasol, la fresca música del agua recordábame de un modo sensacional y remoto las fatigas del desierto, y el deleitoso sestear en los oasis. Allí, en el comedor del hotel, he visto por vez primera una singular mujer, especie de Salambó, a quien sus criados indios, casi estoy por decir sus siervos, llamaban dulcemente la niña Chole. Almorzaba en una mesa próxima a la mía, con un inglés joven y buen mozo, al cual tuve por su marido. El contraste que ofrecía aquella pareja era por demás extraño: él, atlético, de ojos azules y rubio ceño, de mejillas bermejas y frente blanquísima; ella, una belleza bronceada, exótica, con esa gracia extraña y ondulante de las razas nómadas; una figura a la vez hierática y serpentina, cuya contemplación evocaba el recuerdo de aquellas princesas hijas del sol, que en los poemas indios resplandecen con el doble encanto sacerdotal y voluptuoso. Vestía, como todas las criollas yucatecas, albo hipil, recamado con sedas de colores—vestidura indígena semejante a una tunicela antigua—y zagalejo andaluz, que en aquellas tierras, ayer españolas, llaman todavía con el castizo y jacaresco nombre de fustán. El negro cabello caíale suelto, el hipil jugaba sobre el clásico seno. Por desgracia, desde donde yo estaba, solamente podía verla el rostro aquellas raras veces que lo tornaba a mí: y la niña Chole tenía esas bellas actitudes de ídolo; esa quietud estática y sagrada de la raza maya; raza tan antigua, tan noble, tan misteriosa, que parece haber emigrado del fondo de la India. Pero a cambio del rostro, desquitábame, en lo que no alcanzaba a velar el rebociño, admirando, como se merecía, la tornátil morbidez de los hombros y el contorno del cuello. ¡Válgame Dios! Parecíame que de aquel cuerpo, bruñido por el ardiente sol de Yucatán, se exhalaban lánguidos efluvios, y que yo los aspiraba, los bebeía, que me embriagaba con ellos...

Un criado se acerca a levantar los manteles; la niña Chole se aleja sonriendo. Entonces, al verla de frente, el corazón me dió un vuelco. ¡Tenía la misma sonrisa de Lilí! ¡Aquella Lilí, no sé si amada, si aborrecida!...

Mientras el tren corría hacia Progreso, por dilatados llanos que empezaba a invadir la sombra, yo pensaba en la desconocida del Hotel Cuahutemoc; aquella Salambó de los palacios de Mixtla.

Verdaderamente la hora era propicia para tal linaje de memorias. El campo se hundía lentamente en el silencio amoroso y lleno de suspiros de un atardecer ardiente; por las ventanillas abiertas, penetraba la brisa aromada y fecunda de los crepúsculos tropicales; la campiña toda se estremecía, cual si acercarse sintiera la hora de sus nupcias, y exhalaba de sus entrañas vírgenes un vaho caliente de negra enamorada, potente y deseosa. Aquí y allá, en la falda de las colinas, y en lo hondo de los valles inmensos, se divisaban algunos jacales que entre vallados de enormes cactus asomaban sus agudas techumbres de cáñamo gris medio podrido. Mujeres de tez cobriza y mirar dulce salían a los umbrales, e indiferentes y silenciosas, contemplaban el tren que pasaba silbando y estremeciendo la tierra. La actitud de aquellas figuras broncíneas revelaba esa tristeza transmitida, vetusta, de las razas vencidas. Su rostro era humilde y simpático, con dientes muy blancos, y grandes ojos negros, selváticos, poderosos y velados. Parecían nacidas para vivir eternamente en los aduares, y descansar al pie de las palmeras y de los ahuehuetes.

El calor era insoportable. El tren, que traza curvas rapidísimas, recorría extensas llanuras de tierra caliente; plantíos, que no acaban nunca, de henequen y caña dulce. En la línea del horizonte se perfilaban las colinas de configuración volcánica, montecillos chatos, revestidos de maleza espesa y verdinegra. En la llanura los chaparros tendían sus ramas formando una a modo de sombrilla gigantesca, a cuya sombra, algunos indios, vestidos con zaragüelles de lienzo, devoraban la miserable ración de tamales. En el coche las conversaciones hacíanse cada vez más raras. Se cerraron algunas ventanillas, se abrieron otras; pasó el revisor pidiendo los billetes; apeáronse en una estación de nombre indio los últimos viajeros, y todo fué silencio en el vagón. Adormecido por el ajetreo, el calor y el polvo, soñé como un árabe que imaginase haber traspasado los umbrales del paraíso. ¿Necesitaré decir que las siete huríes con que me regaló el profeta eran siete yucatecas vestidas de fustán e hipil y que todas siete tenían la sonrisa de Lilí, y el mirar de la niña Chole? ¡Verdaderamente, aquella desconocida empezaba a preocuparme demasiado! Estoy seguro que acabaría por enamorarme locamente de sus lindos ojos si tuviese la desgracia de volver a verlos; pero, afortunadamente, las mujeres que así, tan súbito, nos cautivan, suelen no aparecerse más que una vez en la vida. Pasan como sombras, envueltas en el misterio de un crepúsculo ideal. Si volviesen a pasar, quizá desvaneceríase el encanto. ¿Y a qué volver? Si una mirada suya basta a comunicarnos todas las secretas melancolías del amor...

Bien puede presumirse que no me detuve entonces a analizar mis sensaciones. Recuerdo vagamente haberme sorprendido murmurando dos estrofas de cierta canción americana, que Nieves Agar, la amiga querida de mi madre, me enseñaba hace muchos años, allá en tiempos que yo era rubio como un tesoro, y solía dormirme en el regazo de las señoras que iban a mi casa de tertulia. Esta afición a dormir en un regazo femenino, la conservo todavía. ¡Pobre Nieves Agar, cuántas veces me has mecido en tus rodillas al compás de aquel danzón criollo!

Al par que en la falda reposa una mano,
con la otra abanicas el rostro gentil,
arrulla la hamaca, y el cuerpo liviano
dibuja, entre mallas, tu airoso perfil.

Son griegas tus formas; tu tez, africana;
tus ojos, hebreos; tu acento, español;
la arena, tu alfombra; la palma, tu hermana,
te hicieron morena los besos del sol.

¡Oh románticos enamoramientos! ¡Pobres hijos del ideal, nacidos durante algunas horas de ferrocarril, o en torno de la mesa de una fonda!, ¿quién ha llegado a viejo y no ha sentido estremecerse el corazón a la caricia de vuestra ala blanca ¡Yo guardo en el alma tantos de estos amores! Aun hoy, con la cabeza llena de canas, viejo prematuro, no puedo recordar sin melancolía un rostro de mujer, entrevisto cierta madrugada entre Cádiz y Sevilla, a cuya Universidad me enviaba mi padre: una figura de ensueño, pálida y suspirante, que flota en lo pasado, y esparce sobre todos mis recuerdos de adolescente el perfume ideal de esas flores secas, que, entre cartas y rizos, guardan los enamorados, y, en el fondo de algún cofrecillo, parecen exhalar el cándido secreto de los primeros amores. Los ojos de la niña Chole habían removido en mi alma tan lejanas memorias, tenues como fantasmas; blancas como bañadas por luz de luna. Aquella sonrisa, evocadora de la sonrisa de Lilí, había encendido en mi sangre tumultuosos deseos, y en mi espíritu ansia, vaga de amar. Rejuvenecido y feliz, con cierta felicidad melancólica, suspiraba por los amores ya vividos al mismo tiempo que me embriagaba con el perfume de aquellas rosas abrileñas, que tornaban a engalanar el viejo tronco. El corazón, tanto tiempo muerto, sentía, con la ola de savia juvenil que lo inundaba nuevamente, la nostalgia de viejas sensaciones: sumergíase en la niebla del pasado y saboreaba el placer de los recuerdos—placer de moribundo que amó mucho, y en formas muy diversas—. ¡Ay, era delicioso aquel delicado temblorcillo que la imaginación excitada comunicaba a los nervios!...

Y en tanto la noche detendía por la gran llanura su sombra llena de promesas apasionadas, un vago olor marino, olor de algas y brea, mezclábase por veces al mareante de la campiña; y allá muy lejos, en el fondo oscuro del horizonte, se divisaba el resplandor rojizo de la selva que ardía... La naturaleza lujuriosa y salvaje, aun palpitante del calor de la tarde, semejaba dormir el sueño profundo y jadeante de una fiera fecunda. En aquellas tinieblas pobladas de susurros misteriosos nupciales, y de moscas de luz que danzan entre las altas hierbas, raudas y quiméricas, parecíame respirar una esencia suave, deliciosa, divina: la esencia que la primavera vierte, al nacer, en el cáliz de las flores y en los corazones.

    La locomotora silba, ruge, jadea, retrocede. Por las válvulas abiertas escápase la vida del monstruo, con estertor entrecortado y asmático. Henos ya en Progreso. Un indio ensabanado abre la portezuela del coche, y asoma la oscura cabeza.
    —¿No tiene mi amito alguna cosita que llevá?...
    De un salto estoy en el andén.
    —Nada, nada.
    El indio hace ademán de alejarse.
    —¿Ni precisa que le guíe, niño?
    —No preciso nada.
    Mal contento y musitando, embózase mejor con la sábana que le sirve de clámide, y se va...
    Eramos tan pocos los viajeros que en el tren veníamos, que la puerta de la estación hallábase desierta. Vime, pues, fuera sin apreturas ni trabajos, y al darme en el rostro la brisa del mar avizoréme, pensando si el vapor habría zarpado. En estas dudas iba camino de la playa, cuando la voz mansa y humilde del maya llega nuevamente a mi oído:

> —Cuatro por medio
> y ocho por un real,
> mirando que el tiempo
> está tan fatal.

    Vuelvo la cabeza, y le descubro a pocos pasos. Venía a la carrera, y cantaba pregonando las golosinas alineadas en una banasta que llevaba bajo el brazo:

> —¡Mi alma los alfajores!
> Para pobre y para rico,
> de leche de mantequilla:
> los traigo de a medio,
> y también de a cuartilla.

    En este tiempo me dió alcance, y murmuró emparejándose:
    —¿De verdad, niño, no me lleva un realito de gelatinas, de alfajores, de charamuscas? ¡Andele mi jefe, un realito?
    El hombre empieza a cansarme y me resuelvo a no contestarle. Esto sin duda le anima, porque sigue renuente acosándome buen rato de camino. Calla un momento, y luego, en tono misterioso, añade:

—¿No quiere que le, lleve junto a una chinita, mi jefe?... Una tapatía de quinse año ¡mu chula!, que vive aquí merito. Andele niño, verá bailar el jarabe. Todavía no hace un mes que la perdió el amo del ranchito de Huaxila, niño Nacho, ¿no sabe?

De pronto se interrumpe, y con un salto de salvaje, plántaseme delante, en ánimo y actitud de cerrarme el paso: encorvado, la banasta en una mano, a guisa de broquel, la otra echada fieramente atrás, armada de una faca ancha y reluciente, ¡siniestramente reluciente! Confieso que me sobrecogí. El paraje era a propósito para tal linaje de asechanzas: médanos pantanosos cercados de negros charcos donde se reflejaba la luna; y allá lejos, una barraca de siniestro aspecto, cuyos resquicios iluminaba la luz de dentro. Quizá me dejo robar entonces, si llega a ser menos cortés el ladrón, y me habla torvo y amenazante, jurando arrancarme las entrañas, y prometiendo beberse toda mi sangre. Pero en vez de la intimación breve e imperiosa que esperaba, le escucho murmurar con su eterna voz de esclavo:

—¡No se llegue, mi amito, que puede clavarse!...

Oírle y recobrarme fué obra de un instante. El indio ya se recogía, como un gato montes, dispuesto a saltar sobre mí. Pareciome sentir en la medula el frío del acero: tuve horror a morir apuñalado; y de pronto me sentí fuerte y valeroso. Con ligero estremecimiento en la voz, grité al truhán adelantando un paso apercibido a resistirle:

—¡Andando o te dejo seco!

El indio no se movió. Su voz de siervo pareciome llena de ironía.

—¡No se arrugue, valedor!... Si quiere pasar, ahí merito, sobre esa piedra, arríe la plata: ándele, luego, luego.

Otra vez volví a tener miedo; así y todo murmuré entre dientes:

—¡Ahora vamos a verlo, bandido!

No tenía armas; pero en Mérida, a una india joven que vendía pieles de jaguar, cocos delicadamente esculpidos, idolillos de Mixtla, caracoles marinos, y qué se yo cuántas cosas raras y exóticas, había tenido el capricho de comprarle un bastón de ébano que me encantó por la rareza de sus labores. Téngolo sobre la mesa que escribo: parece el cetro de un rey negro—¡tan oriental, y al mismo tiempo tan ingenua y primitiva, es la fantasía con que está labrado!—. Me afirmé los quevedos, requerí el palo, y con gentil compás de pies, como diría un bravo de ha dos siglos, adelanté hacia el ladrón, que dió un salto, procurando herirme de soslayo. Por ventura mía la luna dábale de lleno, advertí el ataque en sazón de evitarlo. Recuerdo confusamente que intenté un desarme con amago a la cabeza y golpe al brazo, y que el indio lo evitó jugándome la luz con destreza de salvaje. Después no sé. Sólo conservo una impresión angustiosa como de pesadilla. El médano iluminado por la luna; la arena negra y movediza, donde se entierran los pies; el brazo que se cansa; la vista que se turba; el indio que desaparece, vuelve, me acosa, se encorva y salta con furia fantástica de gato embrujado y macabro; y cuando el palo va a desprenderse de mi mano, un bulto que huye, y el brillo de la faca que pasa sobre mi cabeza, y queda temblando, como víbora de plata, clavada en el árbol negro y retorcido de una cruz hecha de dos troncos chamuscados...

Quedéme un momento azorado, y sin darme cuenta cabal del suceso. Como a través de niebla muy espesa, vi abrirse sigilosamente la puerta de la barraca, y salir dos hombres a catear la playa. Recelé algún encuentro como el pasado, y tomé a buen paso camino del muelle: llegué a punto que largaba un bote del Dolila, donde iban el segundo de a bordo y el doctor: griteles, me conocieron, y mandaron virar para recogerme. Ya con el pie sobre la borda, exclamé:

—¡Buen susto!

A contar iba la aventura con el indio, cuando, sin saber por qué, cambié de propósito, y me limité a decir:

—¡Buen susto, a fe! ¡Creí que el vapor habría zarpado!...

Y el segundo, que era brusco como buen escocés, tornando a colocar la caña del timón, repuso en mal español y sin moverse:

—Hasta mañana la noche...

Arrastró una alfombrilla, y doblando el cuerpo, como el jinete que quiere dar ayudas al caballo, gritó:

—¡Avante!

Seis remos cayeron en el mar, y el bote arrancó como una flecha.

Llegado que fuí al vapor, recogíme a mi camarote, y, como estuviese muy fatigado, me acosté en seguida. Cátate que, no bien apago la luz, empiezan a removerse las víboras mal dormidas del deseo que desde todo el día llevaba enroscadas al corazón, apercibidas a morderle. Al mismo tiempo, sentíame invadido por una gran melancolía, llena de confusión y de misterio, la melancolía del sexo, germen de la gran tristeza humana. El recuerdo de la niña Chole perseguíame con mariposeo ingrávido y terco. Su belleza índica, y aquel encanto sacerdotal, aquella gracia serpentina; y el mirar sibilino, y las caderas ondulosas, la sonrisa inquietante, los pies de niña, los hombros desnudos, todo cuanto la mente adivinaba, cuanto los ojos vieran, todo, era hoguera voraz en que mi carne ardía. Me figuraba que las formas juveniles y graciosas de aquella Venus de bronce florecían entre céfiros, y que veladas primero se entreabrían turgentes, frescas, lujuriosas, fragantes, como rosas de Alejandría en los jardines de tierra caliente. Y era tal el poder sugestivo del recuerdo, que, en algunos momentos, creía respirar el perfume voluptuoso, que, al andar, esparcía su falda, con ondulaciones suaves.

Poco a poco, cerróme los ojos la fatiga, y el arrulla monótono y regular del agua acabó de sumirme en un sueño amoroso, febril e inquieto, representación y símbolo de mi vida. Despertéme al amanecer con los nervios vibrantes, cual si hubiese pasado la noche en un invernadero entre plantas exóticas, de aromas raros, afroditas y penetrantes. Sobre mi cabeza sonaban voces confusas y blando pataleo de pie's descalzos, todo ello acompañado de mucho chapoteo y trajín. Empezaba la faena del baldeo. Me levanté y subí al puente. Héme ya respirando la ventolina que huele a brea y algas. En aquella hora el calor es deleitante. Percíbense en el aire estremecimientos voluptuosos; el horizonte ríe bajo un hermoso sol; ráfagas venidas de las selvas vírgenes, tibias y acariciadoras como alientos de mujeres ardientes, juegan en las jarcias, y penetra, y enlanguidece el alma, el perfume que se eleva del oleaje casi muerto. Dijérase que el dilatado golfo mejicano sentía en sus verdosas profundidades la pereza de aquel amanecer cargando de pólenes misteriosos y fecundos, como si fuese el serrallo del Universo.

Envuelto en el rosado vapor que la claridad del alba extendía sobre el mar azul adelantaba un esquife. ¡Y era tan esbelto, ligero y blanco, que la clásica comparación con la gaviota y con el cisne veníale de perlas! En las bancas traía hasta seis remeros: bajo un palio de lona levantado a popa se guarecían del sol dos bultos vestidos de blanco, Cuando el esquife tocó la escalera del Dalila, ya estaba yo allí, en confusa espera de no sé qué gran ventura. Una mujer venía sentada al timón. El toldo solamente me deja ver el borde de la falda, y los pies de reina calzados con chapines de raso blanco, pero mi alma la adivina. ¡Es ella! ¡La niña Chole! ¡La Salambó de los palacios de Mixtla!... Sí, era ella, más gentil que nunca, con su blusa de marinero, y la gorrilla de soslayo. Hela en pie sobre una de las bancas, apoyada en los hercúleos hombros de su marido, aquel inglés que la acompañaba en Mérida; el labio abultado y rojo de la yucateca sonríe con la gracia inquietante de una egipcia, de una turania; sus ojos, envueltos en' la sombra de las pestañas, tienen algo de quimérico y lejano, algo que hace recordar las antiguas y nobles razas que en remotas edades fundaron grandes imperios en los países del sol... El esquife cabecea al costado del vapor. La criolla, entre asustada y divertida, se agarra a los blondos cabellos del gigante, que impensadamente la toma al vuelo, y se lanza con ella a la escala. Los dos ríen envueltos en un salsero que les moja la cara. Ya sobre cubierta, el inglés la deja sola un momento, y se aparta secreteando con el contramaestre.

Yo gano la cámara por donde necesariamente han de pasar. Nunca el corazón me latiera con más violencia. Recuerdo perfectamente que el gran salón estaba desierto y un poco oscuro; las luces del amanecer cabrilleaban en los cristales. Tomé una revista inglesa que estaba sobre el piano, y me situé en la puerta aparentando leer.

Pasa un momento. Oigo voces y gorjeos; un rayo de sol más juguetón, más vivo, más alegre, ilumina la cámara, y en el fondo de los espejos se refleja la niña Chole. Majestuosa y altiva, se acercaba con lentitud, dando órdenes a una india joven que escuchaba con los ojos bajos, y respondía en lengua yucateca, esa vieja lengua que tiene la dulzura del italiano y la ingenuidad pintoresca de los idiomas primitivos. Yo me hice vivamente a un lado plegando el periódico. Ella pasó. Creo que me miró un momento como queriendo hacer memoria, y que su boca fresca y sana insinuó una sonrisa. ¡Aquella sonrisa con que me enloquecía Lilí!

La esperanza de ver en alguna parte a la yucateca, trájome toda la mañana avizorado y errabundo: fué vana esperanza. En cambio, su marido no cesó de pasearse a lo largo del puente. Visto con espacio, parecióme un hombre necio y altivo: peinábase como el príncipe de Gales, y no usaba barba ni bigote: tenía los ojos de un azul descolorido y neutro; y al mirar entornaba los párpados. Sin duda alguna, presumía de aristócrata. Recorría el puente a grandes trancos, con los brazos caídos, y una pipa corta entre los dientes: a veces se detenía para echar tabaco o escupir en el mar. En toda la mañana no le vi sonreírse ni hablar con nadie.

A las diez, una campanada anunció el almuerzo. Bajé a mi camarote, y me peiné con más cuidadlo y detenimiento que suelo: en seguida pasé al comedor. Aunque no bajarían de cien las personas que se sentaban en rededor de aquellas dos largas mesas cubiertas por blanquísimos manteles, y adornadas de flores como para un festín, ni el murmullo de una conversación se escuchaba. Reinaba allí un silencio de iglesia, sólo turbado por el ruido de los tenedores, y las tácitas pisadas de los camareros, que, con el pecho echado fuera de sus fraques, daban vueltas por detrás de los comensales. Todos aquellos criados eran buenos mozos, rubios y patilludos, como príncipes alemanes. Tomé asiento, y mis ojos buscaron a la niña Chole. Allí estaba, al otro extremo de la mesa, sonriendo a un señorón yanqui con cuello de toro, y grandes barbazas rojas, barbas de banquero, que caían llenas de gravedad sobre los brillantes de la pechera. Al mismo tiempo reparé que el blondo gigante miraba a su mujer y sonreía también. ¡Cuánto 'me preocupó aquella sonrisa, tan extraña, tan enigmática, en labios de un marido! Ella volvió la cabeza, hizo un gesto imperceptible, y sus ojos, sus hermosos ojos de mirar hipnótico y sagrado, continuaron acariciando al banquero. Tuve tan vivo impulso de celos y de ira, que me sentí palidecer. Despechado, arrojé la servilleta sobre el plato y dejé la mesa. No comprendía que un marido tolerase tal. ¿De qué estofa era aquel coloso que dejaba a su mujer el libre ejercicio de los ojos? ¡Y de unos ojos tan lindos!...

Desde la puerta volvíme para lanzarles una mirada de desprecio. ¡Oh, si llego a tener entonces el poder del basilisco, allí se quedan hechos polvo. No lo tenía, y el señorón yanqui pudo seguir acariciándose las barbas color de buey; y resoplar dentro de su chaleco blanco, poniendo en conmoción los dijes de una gran cadena, que, tendida de bolsillo a bolsillo, le ceñía la panza; y ella, la Salambó de los palacios de Mixtla, pudo dirigirle aquella sonrisa de reina indulgente que yo había visto y amado en otros labios!...

Borráronse en la lontananza las costas de Yucatán, y tres días después, ¡días tediosos e interminables, durante los cuales no salió de su camarote la yucateca!, dió fondo el Dalila en las aguas de la Villa Rica de Veracruz.

Presa el alma de religiosa emoción, contemplé la abrasada playa, donde desembarcaron antes que pueblo alguno de la vieja Europa los aventureros españoles, hijos de Alarico el bárbaro y de Tarik el moro. Vi la ciudad que fundaron, y a la que dieron abolengo de valentía, espejarse en el mar quieto y de plomo, como si mirase fascinada la ruta que trajeron los hombres blancos: a un lado, sobre desierto islote de granito, baña sus pies en las olas el castillo de San Juan de Ulúa, sombra romántica que evocaba un pasado feudal que allí no hubo, y a lo lejos, la cordillera del Orizaba, blanca como la cabeza de un abuelo, dibújase con indecisión fantástica sobre un cielo clásico, un cielo de azul tan límpido y tan profundo como el cielo de Grecia. Y recordé lecturas casi olvidadas que, niño aún, me habían hecho soñar con aquella tierra hija del sol, narraciones medio históricas, medio novelescas, en que siempre se dibujaban hombres de tez cobriza, tristes y silenciosos, como cumple a los héroes vencidos, y selvas vírgenes, pobladas de pájaros de brillante plumaje, y mujeres como la niña Chole, ardientes y morenas, símbolo de la pasión, que dijo el poeta. La imaginación exaltada me fingía al aventurero extremeño poniendo fuego a sus naves, y a sus hombres esparcidos por la arena, atisbándole de través, los mostachos enhiestos al antiguo uso marcial, y sombríos los rostros varoniles, curtidos y con patina, como las: figuras de los cuadros muy viejos. Y como no es posible renunciar a la patria, yo, español, sentía el corazón henchido de entusiasmo, y poblada de visiones gloriosas la mente, y la memoria llena de recuerdos históricos. ¡Era verdad que iba a desembarcar en aquella playa sagrada! Oscuro aventurero, sin paz y sin hogar, siguiendo los impulsos de una vida errante, iba a perderme, quizá para siempre, en la vastedad del viejo imperio azteca, imperio de historia desconocida, sepultada para siempre con las momias de sus reyes, pero cuyos restos ciclópeos, que hablan de civilizaciones, de cultos y de razas que fueron, sólo tienen par en ese' misterioso cuanto remoto Oriente.

¡Oh! ¡Cuán bellos son esos países tropicales! El que una vez los ha visto, no los olvidará jamás. Aquella calma azul del mar y del cielo; aquel sol, que ciega y quema; aquella brisa cargada de todos los aromas de la "tierra caliente" como ciertas queridas muy amadas, dejan en la carne, en los sentidos, en el alma, reminiscencias tan voluptuosas, que el deseo de hacerlas revivir sólo se extingue con la muerte. Mi pensamiento rejuvenece hoy, recordando la inmensa extensión plateada de ese Golfo mejicano, que no he vuelto a surcar. Por mi memoria desfilan las torres de Veracruz; los bosques de Campeche; las arenas de Yucatán; los palacios de Palenque; las palmeras de Tuxpan y Laguna... ¡Y siempre, siempre unido al recuerdo de la niña Chole, tal como la vi por vez primera, suelto el cabello, y vestido el blanco hipil de las antiguas sacerdotisas mayas!...

Apenas anclamos, sale en tropel de la playa una gentil flotilla compuesta de esquifes y canoas. Desde muy lejos, se oye el son monótono del remo. Centenares de cabezas asoman sobre la borda del Dalila, y abigarrada muchedumbre hormiguea, se agita y se desata en el entrepuente. Háblase a gritos el español, el inglés, el chino. Los pasajeros hacen señas a los barqueros indios para que se aproximen: ajustan, disputan, regatean, y al cabo, como rosario que se desgrana, van cayendo en el fondo de las canoas que rodean la escalera y esperan ya con los remos armados. La flotilla se dispersa. Todavía, a la larga distancia, vese una diminuta figura moverse y gesticular como polichinela, y se oyen sus voces que destaca y agranda la quietud solemne de aquellas regiones abrasadas. Ni una sola cabeza se ha vuelto hacia el vapor, para mandarle un adiós de despedida. Allá van, sin otro deseo que tocar cuanto antes la orilla. Son los conquistadores del oro.

La noche se avecina. En esta hora del crepúsculo, el deseo ardiente que la niña Chole me produce se aquilata y purifica, hasta convertirse en ansia Vaga de amor ideal y poético. Todo oscurece lentamente: gime la brisa; riela la luna; el cielo azul turquí se torna negro, de un negro solemne, donde las estrellas adquieren una limpidez profunda.

Es la noche americana de los poetas.

Acababa de bajar a mi camarote, y hallábame tendido en la litera fumando una pipa, y quizá soñando con la niña Chole, cuando se abre la puerta y veo aparecer a Julio César—un rapazuelo mulato con que el año anterior habíame regalado en Jamaica cierto aventurero portugués que, andando el tiempo, llegó a general y ministro en la República Dominicana—. Julio César se detiene en la puerta bajo el pabellón que forman las cortinas.

—¡Mi amito! A bordo viene un moreno que mata lo tiburon en el agua, con el trinchete. ¡Suba, mi amito, no se dilate!...

Y desaparece velozmente, como esos etíopes, carceleros de princesas, en los castillos encantados. Yo, espoleado por la curiosidad, salgo tras él. Heme en el puente, que ilumina la plácida claridad del plenilunio. Un negro colosal, con el traje de tela chorreando agua, se sacude como un gorila, en medio del corro que a su alrededor han formado los pasajeros, y sonríe, mostrando sus blancos dientes de animal familiar. A pocos pasos, dos marineros encorvados sobre la borda de estribor halan un tiburón medio degollado, que se balancea fuera del agua, al costado del Dalila. Mas he ahí que de pronto rompe el cable, y el enorme cetáceo desaparece en medio de un remolino de espumas. El negrazo musita apretando los labios elefancíacos:

—¡Pendejos!

Y se va, dejando como un rastro, en la cubierta del navío, las huellas húmedas de sus pies descalzos. Una voz femenil le grita desde lejos:

—¡Che, moreno!...

—¡Voy horita, niña!... No me dilato.

La forma de una mujer blanquea en el negro, fondo de la puerta de la cámara. ¡No hay duda, es ella! ¿Pero cómo no la he adivinado? ¿Qué hacías tú, corazón burgués, corazón prosaico, que no me anunciabas su presencia? ¡Oh! ¡Con cuánto gusto hubiérate entonces puesto bajo sus lindos pies para castigo!

El marinero se acerca.

—¿Mandaba alguna cosa la niña Chole?

—Quiero verte matar un tiburón.

El negro sonríe, con esa sonrisa blanca, de los salvajes, y pronuncia lentamente, sin. apartar los ojos de las olas, que argenta la luna:

—No puede ser, mi amita: se ha juntado una punta de tiburones ¿sabe?

—¿Y tienes miedo?

—¡Qué va!... Aunque fácilmente, como la sazón está peligrosa... Vea su merced no más...

La niña Chole no le dejó concluir.

—¿Cuánto te han dado esos señores?

—Veinte tostone: dos centene, ¿sabe?

Oyó la respuesta el contramaestre, que pasaba ordenando una maniobra, y con esa concisión ruda y franca de los marinos curtidos, sin apartar el pito de los labios ni volver la cabeza, apuntóle.

—¡Cuatro monedas, y no seas guaje!...

El negro pareció dudar. Asomóse al barandal de estribor y observó un instante el fondo del mar, donde temblaban amortiguadas las estrellas. Veíanse cruzar argentados y fantásticos peces que dejaban tras sí estela de fosforecentes chispas, y desaparecían confundidos en los rieles de la luna; mientras en la zona de sombra que sobre el azul de las olas proyectaba el costado del Dalila esbozábase la informe mancha de una cuadrilla de tiburones. El marinero se apartó reflexionando. Todavía volvióse una o dos veces a mirar las dormidas olas, como penetrado de la queja que lanzaban en el silencio de la noche. Picó un cigarro con las uñas, y se acercó a la criolla.

—Cuatro centenes, ¿le apetece a mi amita?

La niña Chole, con ese desdén patricio que las americanas opulentas sienten por los negros, volvió a él su hermosa cabeza de reina india; y en tono tal, que las palabras parecían dormirse cargadas de tedio en el borde de los labios, murmuró:

—¿Acabarás?... ¡Sean los cuatro centenes!...

Los labios hidrópicos del negro, esbozaron una sonrisa de ogro avaro y sensual: seguidamente despojóse de la camiseta, desenvainó el cuchillo que llevaba en la cintura, y como un perro de Terranova tomóle entre dientes, y se encaramó sobre la borda. El agua del mar relucía aún en aquel torso desnudo, que parecía de barnizado ébano. Inclinóse el negrazo sondando con, los ojos el abismo, y cuande los tiburones salieron a la superficie, le vi erguirse negro y mitológico sobre el barandal que iluminaba la luna; y con los brazos extendidos, echarse de cabeza, y desaparecer bajo el haz de una ola que, mansa y quejumbrosa, vino a quebrarse en el costado del Datila. Tripulación y pasajeros, cuantos se hallaban sobre cubierta, agolpáronse a los bordas. Sumiéronse los tiburones en busca del negro; y todas las miradas quedaron fijas en un remolino de espumas que no tuvo tiempo a borrarse, porque casi incontinenti, una mancha de burbujas rojas tiñó el mar; y en medio de los hurras de la marinería, y el vigoroso aplaudir de las manos coloradotas y burguesas de los yanquis, salió a flote la testa chata y lanuda del marinero, quien nadaba ayudándose de un solo brazo, mientras con el otro sostenía entre aguas un tiburón degollado por la garganta, donde aun traía clavado el cuchillo. Tratóse en tropel de izar al negro; arrojáronse cuerdas, ya para el caso prevenidas, y cuando levantaba medio cuerpo fuera del agua, rasgó el aire un alarido horrible, y le vimos abrir los brazos y desaparecer, sorbido por los tiburones...

No tuviera yo tiempo a recobrarme, cuando sonó a mi espalda una voz que decía en inglés:

—Sir, présteme usted cuatro libras.

Al mismo tiempo, alguien tocó suavemente en mi hombro. Volví la cabeza y halléme con la niña Chole. Vagaba cual siempre, por su labio, inquietante sonrisa; y abría y cerraba velozmente una de sus manos, en cuya palma vi lucir varias monedas de oro. Rogóme con cierto misterio que la dejase sitio; y, doblándose sobre la borda, arrojólas al océano lo más lejos que pudo. En seguida volvióse a mí con gentil escorzo de todo el busto.

—¡Ya tiene para el flete de Caronte!...

Yo debía estar pálido como la muerte; pero como ella fijaba en mí sus hermosos ojos y sonreía, vencióme el encanto de los sentidos, y mis labios, aun trémulos, pagaron aquella sonrisa cínica con la risa humilde del esclavo qué aprueba cuanto hace su señor. La irónica crueldad de la criolla me horrorizaba y me atraía: nunca como entonces me pareciera tentadora y bella. Del mar oscuro y misterioso subían murmullos y aromas, a que el blanco lunar prestaba no sé qué rara voluptuosidad. La trágica muerte del coloso negro; el mudo espanto que se pintaba aún en todos los rostros; un violin que lloraba en el gran salón, todo en aquella luna era para mí objeto de voluptuosidad depravada y sutil...

Alejóse la yucateca con ese andar rítmico y ondulante que recuerda al tigre, y al desaparecer, una duda cruel mordióme el corazón. Hasta entonces no había reparado que a mi lado, casi hombro con hombro, estaba el judío yanqui de la barba roja y perjura. ¿Sería a él a quien mirasen los ojos de la Salambó de Mixtla? ¡Aquellos ojos, en cuyo fondo parecía dormir el enigma de algún antiguo culto licencioso, cruel y diabólico!...

De cualquier suerte que fuese, yo no debía verlos más.

Al día siguiente, con las primeras luces del alba, desembarqué en Veracruz. Tuve miedo de aquella sonrisa, la sonrisa de Lilí, que ahora se me aparecía en boca de otra mujer. Tuve miedo de aquellos labios, los labios de Lili, frescos, rojos y fragantes como las cerezas de nuestro huerto, que ella gustaba de ofrecerme en ellos. ¡Ay! Aun cuando el corazón tenga veinte años, si el pobrecillo es liberal, y dió hospedaje al amor más de una y dos veces, y gustó sus contadas alegrías, y sus innumerables tristezas, no pueden menos de causarle temblores miradas y sonrisas, cuando los ojos y los labios que las prodigan son como los de la niña Chole.

¡Yo he temblado entonces, y temblaría hoy, que la nieve de tantos inviernos cayó sin deshelarse sobre mi cabeza!...

Adega

Primera Estancia

I. Caminaba rostro a la venta uno de esos peregrinos que van en romería a todos los santuarios y recorren los caminos salmodiando una historia sombría, forjada con reminiscencias de otras cien, y a propósito para conmover el alma de los montañeses, milagreros y trágicos. Aquel mendicante desgreñado y bizantino, con su esclavina adornada de conchas, y el bordón de los caminantes en la diestra, parecía resucitar la devoción penitente del tiempo antiguo, cuando toda la Cristiandad creyó ver en la celeste altura el Camino de Santiago. ¡Aquella ruta poblada de riesgos y trabajos, que la sandalia del peregrino iba labrando piadosa en el polvo de la tierra!

No estaba la venta situada sobre el camino real, sino en mitad de un descampado donde sólo se erguían algunos pinos desmedrados y secos. El paraje de montaña, en toda sazón austero y silencioso, parecíalo más bajo el cielo encapotado de aquella tarde invernal. Ladraban los perros de la aldea vecina, y como eco simbólico de las borrascas del mundo se oía el tumbar ciclópeo y opaco de un mar costeño muy lejano. Era nueva la venta y en medio de la sierra adusta y parda, aquel portalón color de sangre y aquellos frisos azules y amarillos de la fachada, ya borrosos por la perenne lluvia del invierno, producían indefinible sensación de antipatía y de terror. La carcomida venta de antaño, incendiada una noche por cierto famoso bandido, impresionaba menos tétricamente.

Anochecía y la luz del crepúsculo daba al yermo y riscoso paraje entonaciones anacoréticas que destacaban con sombría idealidad la negra figura del peregrino. Ráfagas heladas de la sierra que imitan el aullido del lobo le sacudían implacables la negra y sucia guedeja, y arrebataban, llevándola del uno al otro hombro, la ola de la barba que al amainar el viento caía estremecida y revuelta sobre el pecho donde se zarandeaban cruces y rosarios. Empezaban a caer gruesas gotas de lluvia, y por el camino real venían ráfagas de polvo y en lo alto de los peñascales balaba una cabra negra. Las nubes iban a congregarse en el horizonte, un horizonte de agua. Volvían las ovejas al establo, y apenas turbaba el reposo del campo aterido por el invierno el son de las esquilas. En el fondo de una hondonada verde y umbría se alzaba el Santuario de San Clodio Mártir rodeado de cipreses centenarios que cabeceaban tristemente. El mendicante se detuvo y apoyado a dos manos en el bordón contempló la aldea agrupada en la falda de un monte, entre foscos y sonoros pinares. Sin ánimo para llegar al caserío cerró los ojos nublados por la fatiga, cobró aliento en un suspiro y siguió adelante.

II. Sentada al abrigo de unas piedras célticas, doradas por líquenes milenarios, hilaba una pastora. Los ovejas rebullían en torno; sobre el lindero del camino pacían las vacas de trémulas y rosadas ubres, y el mastín, a modo de viejo adusto, ladraba al recental que le importunaba con infantiles retozos. Inmóvil en medio de la mancha movediza del hato, con la rueca afirmada en la cintura y las puntas del capotillo mariñán vueltas sobre los hombros, aquella zagala parecía la zagala de las leyendas piadosas. Tenía la frente dorada como la miel y la sonrisa cándida. Las cejas eran rubias y delicadas, y los ojos, donde temblaba una violeta azul, místicos y ardientes como preces. Velando el rebaño, hilaba su copo con mesura acompasada y lenta, que apenas hacía ondear el capotillo mariñán. Tenía un hermoso nombre antiguo: se llamaba Adega. Era muy devota, con devoción sombría, montañesa y arcaica. Llevaba en el justillo cruces y medallas, amuletos de azabache y faltriqueras de velludo que contenían brotes de olivo y hojas de misal. Movida por la presencia del peregrino, se levantó del suelo, y echando el rebaño por delante tomó a su vez camino de la venta, un sendero entre tojos trillado por los zuecos de los pastores. A muy poco juntóse con el mendicante, que se había detenido en la orilla del camino, y dejaba caer bendiciones sobre el rebaño. La pastora y el peregrino se saludaron con cristiana humildad:

—¡Alabado sea Dios!

—¡Alabado sea, hermano!

El hombre clavó en Adega la mirada, y, al tiempo de volverla al suelo, preguntóle con la plañidera solemnidad de los pordioseros si por acaso servía en la venta. Ella, con harta prolijidad, pero sin alzar la cabeza, contestó que era la rapaza del ganado y que servía allí por el yantar y el vestido. No llevaba cuenta del tiempo, mas cuidaba que en el mes de San Juan se remataban tres años. La voz de la sierva era monótona y cantarína. Hablaba el romance arcaico, casi visigodo, de la montaña. El peregrino parecía de luengas tierras. Tras una pausa, renovó el pregunteo:

—Paloma del Señor, querría saber si los venteros son gente cristiana, capaz de dar hospedaje a un triste pecador que va en peregrinación a Santiago de Galicia.

Adega, sin aventurarse a una respuesta, torcía entre sus dedos una punta del capotillo mariñán. Dió una voz al hato, y murmuró levantando los ojos:

—¡Asús!... ¡Como cristianos, sonlo, sí, señor!...

Se interrumpió de intento para acuciar las vacas, que, paradas de través en el sendero, alargaban el yugo sobre los tojos, buscando los brotes nuevos. Después continuaron en silencio hasta las puertas de la venta. Y mientras la zagala encierra el ganado y previene en los pesebres recado de húmeda y olorosa hierba, el peregrino salmodia padrenuestros ante et umbral del hospedaje. Adega, cada vez que entra o sale en los establos, se detiene un momento a contemplarle. El sayal androjoso del peregrino encendía en su corazón la llama de cristianos sentimientos. Aquella pastora de cejas de oro y cándido seno hubiera lavado gustosa los empolvados pies del caminante y hubiera desceñido sus cabellos para enjugárselos. Llena de fe ingenua, sentíase embargada por piadoso recogimiento. La soledad profunda del paraje, el resplandor fantástico del ocaso anubarrado y con luna; la negra, desmelenada y penitente sombra del peregrino, le infundían aquella devoción medrosa que se experimenta a deshora en la paz de las iglesias ante los retablos poblados de san tas imágenes: bultos sin contorno ni faz, que a la luz temblona de las lámparas se columbran en el dorado misterio de las hornacinas, lejanos, solemnes, milagrosos.

III. Adega era huérfana. Sus padres habían muerto de pesar y de fiebre aquel malhadado Año del Hambre, cuando los antes alegres y picarescos molinos del Sil y del Miño parecían haber enmudecido para siempre. La pastora aun rezaba muchas noches recordando con estremecimiento de amor y de miedo la agonía de dos espectros amarillos y calenturientos sobre unas briznas de paja. Con el pavoroso relieve que el silencio de las altas horas presta a este linaje de memorias, veía otra vez aquellos pobres cuerpos que tiritaban, volvía a encontrarse con la mirada de la madre que a todas partes la seguía, adivinaba en la sombra la faz afilada del padre contraída con una mueca lúgubre, el reír mudo y burlón de la fiebre que lentamente le cavaba la hoya...

¡Qué invierno aquél! El atrio de la iglesia se cubrió de sepulturas nuevas. Un lobo rabioso bajaba todas las noches a la aldea y se le oía aullar desesperado. Al amanecer no turbaba la paz de los corrales ningún cantar madruguero, ni el sol calentaba los ateridos campos. Los días se sucedían monótonos, amortajados en el sudario ceniciento de la llovizna. El viento soplaba áspero y frío; no traía caricias; no llevaba aromas; marchitaba la hierba; era un aliento embrujado. Algunas veces, al caer la tarde, se le oía escondido en los pinares quejarse con voces del otro mundo. Los establos hallábanse vacíos, el hogar sin fuego; en la chimenea, el trasgo moría de tedio. Por los resquicios de las tejas filtrábase la lluvia maligna y terca en las cabañas llenas de humo. Aterida, mojada, tísica, temblona, una bruja hambrienta velaba acurrucada a la puerta del horno. La bruja tosía llamando al muerto eco del rincón calcinado, negro y frío...

¡Qué invierno aquél! Un día y otro día desfilaban por el camino real procesiones de aldeanos hambrientos que bajaban como lobos, de los casales escondidos en el monte. Sus madreñas producían un ruido desolador cuando al caer de la tarde cruzaban la aldea. Pasaban silenciosos, sin detenerse, como un rebaño descarriado. Sabían que allí también estaba el hambre. Desfilaban por el camino real lentos, fatigados, dispersos, y sólo hacían alto cuando las viejas campanas de alguna iglesia perdida en el fondo del valle dejaban oír sus voces familiares anunciando aquellas rogativas que los señores abades hacían para que se salvasen los viñedos y los maizales. Entonces, arrodillados a lo largo del camino, rezaban con un murmullo plañidero. Después continuaban su peregrinación hacia las villas lejanas, las antiguas villas feudales que aun conservan las puertas de sus murallas. Los primeros aparecían cuando la mañana estaba blanca por la nieve, y los últimos cuando huía la tarde arrebujada en los pliegues de la ventisca. Conforme iban llegando unos en pos de otros, esperaban sentados ante la portalada de las casas solariegas, donde los galgos flacos y cazadores, atados en el zaguán, los acogían ladrando. Aquellos abuelos de blancas guedejas, aquellos zagales asoleados, aquellas mujeres con niños en brazos, aquellas viejas encorvadas, con grandes bocios colgantes y temblones, imploraban limosna entonando una salmodia humilde. Besaban la borona, besaban la mazorca del maíz, besaban la cecina, besaban la mano que todo aquello les ofrecía, y rezaban para que hubiese siempre caridad sobre la tierra: rezaban al Señor Santiago y a Santa María.

¡Qué invierno aquél! Adega, al quedar huérfana, también pidió limosna por villas y por caminos, hasta que un día la recogieron en la venta. La caridad no fué grande, porque era ya entonces una zagala de doce años que cargaba mediano haz de hierba e iba al monte con las ovejas y con grano al molino. Los venteros no la trataron como hija, sino como esclava. Marido y mujer eran déspotas, blasfemos y crueles. Adega no se rebelaba nunca contra los malos tratamientos. Las mujerucas del casal encontrábanla mansa como una paloma y humilde como la tierra. Cuando la veían tornar de la villa chorreando agua, descalza y cargada, solían compadecerla, rezando en alta voz: ¡Pobre rapaza, sin padres!...

IV. El mendicante salmodiaba ante el portalón de la venta:
—¡Buenas almas del Señor, haced al pobre peregrino un bien de caridad!
Era su voz austera y plañida. Apoyó la frente contra el bordón, y la guedeja negra, polvorienta y sombría, cayó sobre su faz. Una mujeruca asomó en la puerta:
—¡Vaya con Dios, hermano!
Traía la rueca en la cintura, y sus dedos de momia daban vueltas al huso. El peregrino no levantó la frente, voluntariosa y ceñuda como la de un profeta:
—¿Y adónde quiere que vaya, perdido en el monte?
—A donde le guíe Dios, hermano.
—A que me coman los lobos.
—¡Asús!... No hay lobos.
Y la mujeruca, hilando su copo, entróse nuevamente en la casa. Una ráfaga de viento cerró la puerta, y el peregrino alejóse musitando. Golpeaba las piedras con el cueto de su bordón. De pronto volvióse, y rastreando un puñado de tierra lo arrojó a la venta. Erguido en medio del sendero, con la voz apasionada y sorda de los anatemas,, clamó:
—¡Permita Dios que una peste cierre para siempre esa casa sin caridad! ¡Que los brazados de ortigas crezcan en la puerta! ¡Que los lagartos anden por las ventanas a tomar el sol!...
Sobre la esclavina del peregrino temblaban las cruces, las medallas, los rosarios de Jerusalén. Sus palabras ululaban en el viento, y las greñas lacias y tristes le azotaban las mejillas. Adega le llamó en voz baja desde la cancela del aprisco:
—¡Oiga, hermano!.. ¡Oiga!...
Como el peregrino no la atendía, se acercó tímidamente:
—¿Quiere dormir en el establo, señor?
El peregrino la miró con dureza. Adega, cada vez más temerosa y humilde, ensortijaba a sus dedos bermejos una hoja de juncia olorosa:
—No vaya de noche por el monte, señor. Mire, el establo de las vacas lo tenemos lleno de heno y podría descansar a gusto.

Sus ojos de violeta alzábanse en amoroso ruego, y sus labios trémulos permanecían entreabiertos con anhelo infinito. El mendicante, sin responder una sola palabra, sonrió. Después volvióse avizorado hacia la venta, que permanecía cerrada, y fué a guarecerse en el establo, andando con paso de lobo. Adega le siguió. El mastín, como en una historia de santos, vino silencioso a lamer las manos del peregrino y la pastora. Apenas se veía dentro del establo. El aire era tibio y aldeano; sentíase el aliento de las vacas. El recental, que andaba suelto, se revolvía juguetón entre las patas de la yunta, hocicaba en las ubres y erguía el picaresco testuz dando balidos. La Marela y la Bermella, graves como dos viejas abadesas, rumiaban el trébol fresco y oloroso, cabeceando sobre los pesebres. En el fondo del establo había una montaña de heno, y Adega condujo al mendicante de la mano. Los dos caminaban a tientas. El peregrino dejóse caer sobre la hierba, y sin soltar la mano de Adega pronunció a media voz:

—¡Ahora solamente falta que vengan los amos!...
—Nunca vienen.
—¿Eres tú quien acomoda el ganado?
—Sí, señor.
—¿Duermes en el establo?
—Sí, señor.

El mendicante rodeóle los brazos a la cintura y Adega cayó sobre el heno. No hizo el más leve intento por huir. Temblaba agradecida al verse cerca de aquel santo que la estrechaba con amor. Suspirando cruzó las manos sobre el cándido seno como para cobijarlo y rezar. El mastín vino a posar la cabeza en su regazo. Adega, con apagada y religiosa voz, preguntó al peregrino:

—¿Ya traerá mucho andado por el mundo?
—Desde la misma Jerusalén.
—¿Eso deberá ser muy desviado, muy desviado de aquí?...
—¡Más de cien leguas!
—¡Glorioso San Berísimo!... ¿Y todo por monte?
—Todo por monte y malos caminos.
—¡Ay, Santo!... Bien ganado tiene el cielo.

Los rosarios del peregrino habíanse enredado en el cabello de la zagala, que para mejor desprenderlos se puso de rodillas. Las manos le temblaban, y toda confusa hubo de arrancárselos. Llena de santo respeto besó las cruces y las medallas que desbordaban entre sus dedos.

—Diga, ¿están tocados estos rosarios en el sepulcro de Nuestro Señor?
—En el sepulcro de Nuestro Señor... ¡Y además, en el sepulcro de los Doce Apóstoles!.

Adega volvió a besarlos. Entonces el peregrino, con ademán pontifical, le colgó un rosario al cuello:

—Guárdalo aquí, rapaza.

Y apartábala suavemente los brazos que la pastora tenía aferrados en cruz sobre el pecho. La niña murmuraba con anhelo:

—¡Déjeme, señor!... ¡Déjeme!
El mendicante sonreía y procuraba desabrocharla el justillo. Sobre sus manos velludas revoloteaban las manos de la pastora como dos palomas asustadas.
—Déjeme, señor; yo lo guardaré.
El peregrino la amenazó:
—Voy a quitártelo.
—¡Ah, señor, no haga eso!... Guárdemele aquí, donde quiera...
Y se desabrochaba el corpiño, y descubría la cándida garganta, como una virgen mártir que se dispusiese a morir decapitada.

V. Adega, cuando iba al monte con las ovejas, tendíase a la sombra de grandes peñascales y pasaba así horas enteras, la mirada sumida en las nubes y en infantiles éxtasis el ánima. Esperaba llena de fe ingenua que la azul inmensidad se rasgase dejándole entrever la gloria. Sin conciencia del tiempo, perdida en la niebla de este ensueño, sentía pasar sobre su rostro el aliento encendido del milagro. ¡Y el milagro acaeció!... Un anochecer de verano Adega llegó a la venta jadeante, transfigurada la faz. Misteriosa llama temblaba en la azulada flor de sus pupilas; su boca de niña melancólica se entreabría sonriente, y sobre su rostro derramábase, como óleo santo, mística alegría. No acertaba con las palabras; el corazón latía en el pecho cual azorada paloma. ¡Las nubes habíanse desgarrado, y el cielo apareciera ante sus ojos, sus indignos ojos, que la tierra había de comer! Hablaba postrada en tierra, con trémulo labio y frases ardientes. Por sus mejillas corría el llanto. ¡Ella, tan humilde, había gozado favor tan extremado! Abrasada por la ola de la gracia, besaba el polvo con besos apasionados y crepitantes, como esposa enamorada que besa al esposo.

La visión de la pastora puso pasmo en todos los corazones, y fué caso de edificación en el lugar. Solamente el hijo de la ventera, que había andado por luengas tierras, osó negar el milagro. Las mujerucas de la aldea augurábanle un castigo ejemplar. Adega, cada vez más silenciosa, parecía vivir en perpetuo ensueño. Eran muchos los que la tenían en olor de saludadora. Al verla desde lejos, cuando iba por hierba al prado o con grano al molino, las gentes que trabajaban los campos dejaban la labor y pausadamente venían a esperarla en el lindar de la vereda. Las preguntas que le dirigían eran de un candor milenario. Con los rostros resplandecientes de fe, en medio de murmullos piadosos, los aldeanos pedían nuevas de sus difuntos. Parecíales que si gozaban de la bienaventuranza se habrían mostrado a la pastora, que al cabo era de la misma feligresía. Adega bajaba los ojos vergonzosa. Ella tan sólo había visto a Dios Nuestro Señor, con aquella su barba nevada y solemne, los ojos de dulcísimo mirar y la frente circundada de luz. Oyendo a la pastora, las mujeres se hacían cruces y los abuelos de blancas guedejas la bendecían con amor.

Andando el tiempo, la niña volvió a tener nuevas visiones. Tras aquellas nubes de fuego que las primeras veces deslumhraron sus ojos, acabó por distinguir tan claramente la gloria, que hasta el rostro de los santos reconocía. Eran innumerables. Patriarcas de luenga barba, vírgenes de estática sonrisa, doctores de calva sien, mártires de resplandeciente faz, monjes, prelados y confesores. Vivían en capillas de plata cincelada, bordadas de pedrería como la corona de un rey. Las procesiones se sucedían unas a otras, envueltas en la bruma luminosa de la otra vida. Precedidas del tamboril y de la gaita, entre pendones carmesí y cruces resplandecientes, desfilaban por fragantes senderos alfombrados con los pétalos de las rosas litúrgicas que ante el trono del Altísimo deshojan día y noche los serafines. Mil y mil campanas prorrumpían en repique alegre, bautismal, campesino. Un repique de amanecer, cuando el gallo canta y balan en el establo las ovejas. Y desde lo alto de sus andas de marfil, Santa Baya de Cristamilde, San Berísimo de Céltigos, San Cidrán, Santa Minia, San Clodio, San Electus, tornaban hacia la pastora el rostro pulido, sonrosado, riente. ¡También ellos, los viejos tutelares de las iglesias y santuarios de la montaña, reconocían a su sierva! Oíase el murmullo solemne, misterioso y grave de las letanías, de los salmos, de las jaculatorias. Era una agonía de rezos ardientes, y sobre ella revoloteaba el áureo campaneo de las llaves de San Pedro. Zagales que tenían por bordones floridas varas guardaban en campos de lirios ovejas de nevado, virginal vellón, que acudían a beber el agua de fuentes milagrosas cuyo murmullo semeja rezos informes. Los zagales tocaban dulcísimamente pífanos y flautas de plata; las zagalas bailaban al son, agitando los panderos de sonajas de oro. ¡En aquellas regiones azules no había lobos; los que allí pacían eran los rebaños del Niño Dios!... Y tras montañas de fantástica cumbre, que marcan el límite de la otra vida, el sol, la luna y las estrellas se ponen en un ocaso que dura eternidades. Blancos y luengos rosarios de ánimas en pena giran en torno, por los siglos de los siglos. Cuando el Señor se digna mirarlas, purificadas, felices, triunfantes, ascienden a la gloria por misteriosos rayos de luminoso, viviente polvo.

Después de estas muestras que Dios Nuestro Señor le daba de su gracia, la pastora sentía el alma fortalecida y resignada. Se aplicaba al trabajo con ahinco, abrazábase enternecida al cuello de las vacas y hacía cuanto los amos la ordenaban, sin levantar los ojos, temblando de miedo bajo sus harapos.

Segunda Estancia

I. Despertóse Adega con el alba y creyó que una celeste albura circundaba la puerta del establo abierta sobre un fondo de prados húmedos que parecían cristalinos bajo la helada. El peregrino había desaparecido, y sólo quedaba el santo hoyo de su cuerpo en la montaña de heno. Adega se levantó suspirando y acudió al umbral donde estaba echado el mastín. En el cielo lívido del amanecer aun temblaban algunas estrellas mortecinas. Cantaban los gallos de la aldea, y por el camino real cruzaba un rebaño de cabras conducido por dos rabadanes a caballo. Llovía queda, quedamente, y en los montes lejanos, en los montes color de amatista, blanqueaba la nieve. Adega se enjugó los ojos llenos de lágrimas, para mejor contemplar al peregrino que subía la cuesta amarillenta y barcina de un sendero trillado por los rebaños y los zuecos de los pastores. Una raposa con la cola pegada a las patas saltó la cancela del huerto y atravesó corriendo el camino. Venía huida de la aldea. El mastín enderezó las orejas y prorrumpió en ladridos. Después salió a la carretera, olfateando con el hocico al viento. Al peregrino ya no se le veía. La ventera llamó desde el corral:

—¡Adega!... ¡Adega!...

Adega besó el rosario que llevaba al cuello, y se abrochó el corpiño.

—¡Mande, mi ama!

La ventera asomó por encima de la cerca su cabeza de bruja:

—Saca las ovejas y llévalas al monte.

—Bien está; sí, señora.

—Al pasar, pregunta en el molino si anda la piedra del centeno.

—Bien está; sí, señora.

Abrió el aprisco y entró a buscar el cayado. Las ovejas iban saliendo una a una, y la ventera las contaba en voz baja. La última cayó muerta en el umbral. Era blanca y nacida aquel año; tenía el vellón intonso, el albo y virginal vellón de una oveja eucarística. Viéndola muerta, la ventera clamó:

—¡Ay!... De por fuerza hiciéronle mal de ojo al ganado... ¡San Clodio bendito! ¡San Clodio glorioso!

Las ovejas acompañaban aquellos clamores balando tristemente: Adega respondió:

—Es la maldición del peregrino, señora ama. Aquel santo era Nuestro Señor. ¡Algún día se sabrá! Era Nuestro Señor, que andaba pidiendo por las puertas para saber dónde había caridad.

Las ovejas agrupábanse amorosas en torno suyo. Tenía en los ojos lumbre de bienaventuranza, cándido reflejar de estrellas. Su voz estaba ungida de santidad. Cantaba profética:

—¡Algún día se sabrá! ¡Algún día se sabrá!

Parecía una. iluminada llena de gracia saludadora. El sol naciente se levantaba sobre su cabeza como para un largo día de santidad. En la cima nevada de los montes temblaba el rosado vapor del alba como gloria seráfica. La campiña se despertaba bajo el oro y la púrpura del amanecer, que la vestía con una capa pluvial: la capa pluvial del gigantesco San Cristóbal, desprendida de sus hombros solemnes... Los aromas de las eras verdes esparcíanse en el aire, como alabanzas de una vida aldeana, remota y feliz. En el fondo de las praderas el agua detenida en remansos esmaltaba flores de plata. Rosas y lises de la heráldica celestial que sabe la leyenda de los Reyes Magos y los amores ideales de las santas princesas. En una lejanía de niebla azul se perfilaban los cipreses de San Clodio mártir rodeando el santuario, oscuros y pensativos en el descendimiento angélico de aquel amanecer, con las cimas mustias ungidas en el ámbar dorado de la luz. La ventera, con las secas manos enlazadas sobre la frente, contemplaba llorosa su oveja muerta, su oveja blanca preferida entre cien. Lentamente volvióse a la pastora y le preguntó con desmayo:

—¿Pero tú estás cierta, rapaza?... Aquel caminante venía solo, y tengo oído en todos los ejemplos que Nuestro Señor, cuando andaba por el mundo, llevaba siempre al Señor San Pedro en su compaña.

Adega repuso con piadoso candor:

—No le hace, mi ama. El señor San Pedro, como es muy anciano, quedaríase sentado en el camino descansando.

Convencida la ventera, alzó al cielo sus brazos de momia:

—¡Bendito San Clodio, guárdame el rebaño, y tengo de donarte la mejor oveja el día de la fiesta! ¡La mejor oveja, bendito San Clodio, que solamente el verla meterá gloria! ¡La mejor oveja, santo bendito, que habrán de envidiártela en el cielo!

Y la ventera andaba entre el rebaño como loca rezadora y suspirante, platicando a media voz con los santos del Paraíso, halagando el cuello de las ovejas, trazándoles en el testuz signos de conjuro con sus toscos dedos de labriega, trémulos y zozobrantes. Cuando alguna oveja se escapaba, Adega la perseguía hasta darle alcance. Jadeando, jadeando, correteaba tras ella por todo el descampado. Con las manos enredadas al vellón dejábase caer sobre la hierba cubierta de rocío. Y la ventera, desde lejos, inmóvil en medio del rebaño, la miraba con ojos llenos de brujería:

—¡Levántate, rapaza!... No dejes escapar la oveja... Hazle en la testa el círculo del rey Salomón, que deshace el mal de ojo... ¡Con la mano izquierda, rapaza!...

—¡Voy, mi ama!

Adega obedecía y dejaba en libertad a la oveja, que se quedaba a su lado mordisqueando la hierba...

II. La ventera y la zagala bajan del monte llevando el ganado por delante. Las dos mujeres caminan juntas, con los mantelos doblados sobre la cabeza, como si fuesen a una romería. Dora los campos la mañana, y el camino fragante, con sus setos verdes y goteantes, se despierta bajo el campanilleo de las esquilas, y pasan apretándose las ovejas. El camino es húmedo, tortuoso y rústico, como vejo camino de sementeras y de vendimias. Bajo la pezuña de las ovejas quédase doblada la hierba, y lentamente, cuando ha pasado el rebaño, vuelve a levantarse esparciendo en el aire santos aromas matinales de rocío fresco... Por el fondo verde de las eras cruza una zagala pecosa con su vaca bermeja del ronzal. Camina hacia la villa, adonde va todos los amaneceres para vender la leche que ordeña ante las puertas. La vieja se acerca a la orilla del camino y llama dando voces:

—¡Eh, moza!... ¡Tú, rapaza de Cela!...

La moza tira del ronzal a su vaca y se detiene:

—¿Qué mandaba?

—Escucha una fabla...

Mediaba larga distancia y esforzaban la voz dándole esa pauta lenta y sostenida que tienen los cantos de la montaña. La vieja desciende algunos pasos pregonando esta prosa:

—¡Mía fe no hacía cuenta de hallarte en el camín! Cabalmente voy adonde tú abuelo... ¿No eres tú nieta del Texelan de Cela?

—Sí, señora.

—Ya me lo parecías; pero como me va faltando la vista...

—A mí, por la vaca, se me conoce de bien lejos.

—Vaya, que la tienes reluciente como un sol. ¡San Clo-dio te la guarde!
—¡Amén!
—Tu abuelo, ¿demora en Cela?
—Demora en el molino, cabo de mi madre.
—Como mañana es la feria de Brandeso, estaba dudosa. Muy bien pudiera haber salido.
—Tomara el poder salir fuera de nuestro quintero.
—¿Está enfermo?
—Está muy acabado. Los años y los trabajos, que son muchos.
—¡Malpocado!
—Si tenía algún lino para tejer, llévaselo a mi tío Electus.
—Lino tengo. ¡Pasa bien de una docena de madejas! Mas el ir ahora donde tu abuelo es solamente por ver si me da remedio contra el mal del ganado.
—Tanto no le podré decir. Remedio contra todos los males, así de natural como de brujería, en otro tiempo lo daba; mas agora ya no quiere curar como enantes. El nuevo abade llegóse una tarde por el quintero y quería descomulgarlo. Con todo, no deje de ir a verle.
—Como me diese remedio, bien había de corresponder.
—Yo nada puedo decirle... Mas ya que tiene medio camino andado...

Y la moza, con un grito, acucia a la vaca. Después se vuelve hacia la vieja:
—¡Quede muy dichosa!
—¡El Señor te acompañe!

La vieja sigue andando. Sus ojos tristes y adustos contemplan el rebaño que va delante. Por los caminos lejanos pasan hacia la feria de Brandeso cuadrillas de hombres recios y voceadores armados con luengas picas y cabalgando en jacos de áspero pelaje y enmarañada crin. Son vaqueros y chalanes. Sobre el pecho llevan cruzados ronzales y rendajes, y llevan los anchos chapeos sostenidos por rojos pañuelos a guisa de barboquejos. Pasan en tropel espoleando los jacos pequeños y trotinantes, con alegre son de espuelas y de bocados. Algunos labradores de Cela y de San Clodio pasan también guiando sus yuntas lentas y majestuosas, y mujeres asoleadas y rozagantes pasan con gallinas, con cabras, con centeno.

En la orilla del río algunos aldeanos esperan la barca sentados sobre la hierba, a la sombra de los verdes y retorcidos mimbrales. La ventera busca sitio en el corro, y Adega, algo más apartada,. quédase al cuidado del rebaño. Un ciego mendicante y ladino, que arrastra luenga capa y cubre su cabeza con parda y puntiaguda montera, refiere historias de divertimiento a las mozas, sentadas en torno suyo. Aquel viejo prosero tiene un grave perfil monástico; pero el pico de su montera parda y su boca rasurada y aldeana, semejante a una gran sandía abierta, guardan todavía más malicia que sus decires, esos añejos decires de los jocundos arciprestes aficionados al vino y a las vaqueras y a rimar las coplas. Las aldeanas se alborozan y el ciego sonríe como un fauno viejo entre sus ninfas. Al oír los pasos de la ventera interroga vagamente:
—¿Quién es?

La ventera se vuelve desabrida:

—Una buena moza.
El ciego sonríe ladino:
—Para el señor abade.
—Para dormir contigo. El señor abade ya está muy acabado.
El ciego pone una atención sagaz procurando reconocer la voz. La ventera se deja caer a su lado sobre la hierba, suspirando con fatiga:
—¡Asús! ¡Cómo están esos caminos!
Un aldeano interroga:
—¿Va para la feria de Brandeso?
—Voy más cerca...
Otro aldeano se lamenta:
—¡Válanos Dios, si esta feria es como la pasada!...
Una vieja murmura:
—Yo entonces vendí la vaca.
—Yo también vendí, pero fué perdiendo...
—¿Mucho dinero?
—Una amarilla redonda.
—¡Fué dinero, mi fijo! ¡Válate San Pedro!
Otro aldeano advierte:
—Entonces estaba un tiempo de aguas, y agora está un tiempo de regalía.
Algunas voces murmuran:
—¡Verdad!... ¡Verdad!...
Sucede un largo silencio. El ciego alarga el brazo hacia la ventera, y queriendo alcanzarla vuelve a interrogar:
—¿Quién es?
—Ya te dije que una buena moza.
—Y yo te dije que fueses adonde el abade.
—Déjame reposar primero.
—Vas a perder las colores.
Los aldeanos se alborozan de nuevo. El ciego permanece atento y malicioso, gustando el rumor de las risas, como los ecos de un culto, con los ojos abiertos, inmóviles, semejante a un dios primitivo, aldeano y jovial.

III. En la paz de una hondonada, dos zagales andaban encorvados segando el trébol oloroso y húmedo, y entre el verde de la hierba, las hoces brillan con extraña ferocidad. Un asno viejo, de rucio pelo y luengas orejas, pace gravemente arrastrando el ronzal, y otro asno infantil, con la frente aborregada y lanosa y las orejas inquietas y burlonas mira hacia la vereda erguido, alegre, picaresco, moviendo la cabeza como el bufón de un buen rey. Al pasar las dos mujeres uno de los zagales grita hacia el camino:
—¿Van para la feria de Brandeso?
—Vamos más cerca.
—¡Un ganado lucido!

—¡Lucido estaba!... ¡Agora le han echado una plaga, y vamos al molino de Cela!...
—¿Van adonde el saludador?... ¡A mi amo le sanó una vaca! Sabe palabras para deshacer toda clase de brujerías.
—¡San Berísimo te oiga!
—¡Vayan muy dichosas!
Las dos mujeres siguen adelante. Buscan la sombra de los valladares y desdeñan el ladrido de los perros que asoman feroces, con la cabeza erguida, arregañados los dientes. Las ovejas llenan el camino y pasan temerosas, con un dulce balido como en las viejas églogas. Los pardales revolotean a lo largo y se posan en bandadas sobre los valladares de laurel, derramando con el pico el agua de la lluvia que aun queda en las hojas. En una revuelta del río, bajo el ramaje de los álamos que parecen de plata antigua, sonríe un molino. El agua salta en la pressa, y la rueda fatigada y caduca canta el salmo patriarcal del trigo y la abundancia: Su vieja voz geórgica se oye por las eras y por los caminos. La molinera, en lo alto del patín, desgrana mazorcas con la falda recogida en la cintura y llena dè maíz. Grita desde lo alto al mismo tiempo que desgrana:
—¡Suras!... ¡Suras!...
Y arroja al viento un puñado de fruto que cae con el rumor de lluvia veraniega sobre secos follajes. Las gallinas acuden presurosas picoteando la tierra. El gallo canta. Las dos aldeanas salmodian en la cancela del molino:
—¡Santos y buenos días!
La molinera responde desde el patín:
—¡Santos y buenos nos los dé Dios!
A las salutaciones siguen las preguntas lentas y cantarínas. La ventera habla con una mano puesta sobre los ojos para resguardarlos del sol.
—¿Hay mucho fruto?
—¡Así hubiera gracia de Dios!
—¿Cuántas piedras muelen?
—Muelen todas tres: la del trigo, la del maíz y la del centeno.
—¡Conócese que trae agua la presa!
—En lo de agora no falta.
—¡Por algo decían los viejos que el hambre a esta tierra llega nadando!
La molinera baja a franquearles la cancela, pero la ventera y la zagala quedan en el camino hasta que una a una pasan las ovejas. Después, cuando el rebaño se extiende por la era, entran suspirando. La molinera hundía sus toscos dedos de aldeana en el vellón de los corderos.
—¡Lucido ganado!
—¡Lucido estaba!
—¿Por acaso hiciéronle mal de ojo?
—¡Todos los días se muere alguna oveja.
—Entonces, ¿buscáis al abuelo?... Por ahí andaba... ¡Abuelo! ¡Abuelo!
Las tres mujeres esperan bajo el emparrado de la puerta. El gallo canta subido al patín. Las gallinas aun siguen picoteando en la hierba, y la molinera les arroja los

últimos granos de maíz que lleva en la falda. Por el fondo del huerto, bajo la sombra de los manzanos, aparece el abuelo, un viejo risueño y doctoral, con las guedejas blancas, con las arrugas hondas y bruñidas, semejante a los santos de un antiguo retablo. Conduce lentamente, como en procesión, a la vaca y al asno, que tienen en sus ojos la tristeza del crepúsculo campesino. Tras ellos camina el perro que, cauteloso, va acercándose al rebaño y le ronda con las orejas gachas y la cola entre piernas. El viejo se detiene y levanta los brazos sereno y profético:

—¡Claramente se me alcanza que a este ganado vuestro le han hecho mal de ojo!...

La ventera murmura tristemente:

—¡Ay!... ¡Por eso he venido!...

El viejo inclina la cabeza. Las ovejas balan en torno suyo y las acaricia plácido y evangélico. Después murmura gravemente:

—¡No puedo valeros!... ¡No puedo valeros!...

La ventera suspira consternada:

—¿No sabe un ensalmo para romper el embrujo?

—Sé un ensalmo, pero no puedo decirlo. El señor abade estuvo aquí y me amenazó con la paulina... ¡No puedo decirlo!...

—¡Y hemos de ver cómo las ovejas se nos mueren una a una!... ¡Un ganado que daba gloria!...

—¡Sí que está lucido! Aquel virriato ¿es todavía cordero?

—¡Todavía cordero, sí, señor!

—Y la blanca de los dos lechazos parece cancina.

—¡Cancina, sí, señor!

El viejo volvía a repetir:

—¡Sí que está lucido! ¡Un ganado de regalía!

Entonces la ventera, triste y resignada, volvióse a la zagala:

—Alcanza el virriato, rapaza...

Adega corrió asustando al perro, y trajo en brazos un cordero blanco con manchas negras, que movía las orejas y balaba. Al acercarse, en los ojos cobrizos de su ama, donde temblaba la avaricia, vió como un grito de angustia el mandato de ofrecérselo al viejo. El saludador lo recibió sonriendo:

—¡Alabado sea Dios!

—¡Alabado sea!

La ventera, arreglándose la cofia, dijo con malicia de aldeana:

—Suyo es el cordero, mas tendrá que hacerle el ensalmo para que no se muera, como los míos.

El saludador sonreía, pasando su mano temblorosa y senil por el vellón de la res.

—Le haremos el ensalmo sin que lo sepa el señor abade.

Y sentándose bajo su viña quitóse la montera, y con el cordero en brazos, benigno y feliz como un abuelo de los tiempos patriarcales, dejó caer una larga bendición sobre el rebaño, que se juntaba en el centro de la era yerma y silenciosa, dorada por el sol.

—Habéis de saber que son tres las condenaciones que se hacen al ganado: una en las hierbas, otra en las aguas, otra en el aire... Este ganado vuestro tiene la condenación en las aguas.

La ventera escuchaba al saludador con las manos juntas y los ojos húmedos de religiosa emoción. Sentía pasar sobre su rostro el aliento del prodigio. Un rayo de sol, atravesando los sarmientos de la parra, ponía un nimbo de oro sobre la cabeza plateada del viejo. Alzó los brazos, dejando suelto al cordero, que permaneció en sus rodillas.

La condenación de las aguas solamente se rompe con la primera luna, a las doce de la noche. Para ello es menester llevar el ganado a que beba en fuente que tenga un roble y esté en una encrucijada...

Dejó de hablar el saludador, y el cordero saltó de sus rodillas. La ventera, con el rostro resplandeciente de fe, cavilaba recordando dónde había una fuente que estuviese en una encrucijada y tuviera un roble, y entonces el saludador le dijo:

—La fuente que buscas está cerca de San Gundián, yendo por el Camino Viejo... Hace años había otras dos: una, en los Agros de Brandeso; otra, en el Atrio de Cela; pero una bruja secó los robles.

Durante la conversa, la pastora arreaba a las ovejas, que, afanosas por salir al camino, estrujábanse entre los quicios de la cancela.

IV. Contaba la ventera los días esperando la primera luna para llevar sus ovejas a la fuente, donde había de romperse el hechizo. La pastora, sentada en el monte a la sombra de las piedras célticas doradas por líquenes milenarios, hilaba en su rueca y sentía pasar sobre su rostro el aliento encendido de las santas apariciones. Todos los anocheceres imaginábase que el peregrino volvería a subir aquel sendero trillado por los pastores, y nunca se realizó su ensueño. Sólo subían hacia la venta hombres de mala catadura: Laneros encorvados y sudorosos que apuraban un vaso de vino y continuaban su ruta hacia la aldea, y mendigos que mostraban al descubierto una llaga sangrienta, y caldereros negruzcos que cabalgaban en jacos de áspero pelaje y tenían en el blanco de los ojos una extraña ferocidad. Adega, acurrucada en la cocina cerca del fuego, les oía disputar y amenazarse sin que nadie pusiese paz entre ellos. Después; sus ojos asustados adivinaban cómo aquellos hombres se avenían y se apaciguaban, reunidos en los rincones oscuros, y escuchaba el ruido del dinero que se repartían a hurto.

El hijo de la ventera había vuelto tras una larga ausencia. Adega, cuando se reunía en el monte con otros pastores, oíales decir que anduviera en una cuadrilla de ladrones todo aquel tiempo. Los pastores referían historias que ponían miedo en el alma de la niña: Eran historias de caminantes que se hospedaban una noche en la venta y desaparecían, y de iglesias asaltadas, y de muertos que amanecían en los caminos. Un viejo que guardaba tres cabras grandes y negras era quien mejor sabía aquellas historias. Adega pensaba todos los días en huir de la venta, pero temía que la alcanzasen de noche, perdida en algún camino solitario, y que también la matasen. Llena de fe ingenua esperaba que el peregrino llegaría para libertarla, y, dormida en el establo, sobre el oloroso monte de heno, suspiraba viéndole llegar en su sueño.

El peregrino se transfiguraba en aquellas visiones de la pastora. Nimbo de luceros circundaba su cabeza penitente, apoyábase en un bordón de plata, y eran áureas las conchas de su esclavina: Los rosarios, las cruces, las medallas que temblaban sobre su pecho derramaban un resplandor piadoso, y tenían el aroma de los cuerpos santos que habían tocado en sus sepulcros. El peregrino caminaba despacio y con fatiga por aquel sendero entre tojos. Las espinas desgarraban sus pies descalzos, y en cada gota de sangre florecía un lirio. Cuando entraba en el establo las vacas se arrodillaban mansamente, el perro le lamía las manos, y el mirlo, que la pastora tenía prisionero en una jaula de cañas, cantaba con dulcísimo gorjeo y su voz parecía de cristal. El peregrino llegaba para libertar a su sierva del cautiverio en que vivía, y también para castigar la dureza y la crueldad de los amos. Adega sentía que su alma se llenaba de luz, y al mismo tiempo las lágrimas caían en silencio de sus ojos: Lloraba por sus ovejas, por el perro, por el mirlo cantador que se quedaban allí. El peregrino adivinaba su pensamiento, y desde el sendero volvía atrás los ojos con lo cual bastaba para que se obrase el milagro. La pastora veía salir las ovejas una a una, y al mirlo que volaba hasta posársele en el hombro, y al perro aparecerse a su lado lamiéndole las manos.

Adega despertábase a veces en medio de su sueño y oía tenaces ladridos y trotar de caballos. Recordaba las siniestras historias que contaban los pastores, y permanecía temerosa, sin osar moverse, atenta a los rumores de. la noche. Por la mañana, al entrar en el aprisco, parecíale hallar tierra removida, y creía ver en la hierba salpicaduras de sangre, borrosas por el rocío.

V. Cantó un gallo, después otro. Era media noche: La vasta cocina de la venta aparecía desierta. Adega, que dormitaba sentada al pie del fuego, incorporóse con sobresalto oyendo a la dueña que le daba voces:

—¡Adega!... ¡Adega!...

—¡Mande mi ama!

—Entra en la tenada y saca para el campo las ovejas. ¿No sabe que hoy es la primera luna?

Adega se restregaba los ojos cargados de sueño:

—¿Qué decía mi ama?

—¡Que saques las ovejas para el campo! Vamos a la fuente de San Gundián.

Adega obedeció en silencio. La ventera aun rezongaba:

—¡Bien se alcanza que no son tuyas las ovejas! Tú dejaríaslas morir una a una sin procurarle remedio...¡Ay, mi alma!

Adega sacó las ovejas al campo. Era una noche de montaña, clara y silenciosa, blanca por la luna. Las ovejas se juntaban en mitad del descampado como destinadas a un sacrificio en aquellas piedras célticas que doraban líquenes milenarios. La vieja y la zagala bajaron por el sendero: El rebaño se apretaba con tímido balido, y el tremante campanilleo de las esquilas despertaba un eco en los montes lejanos donde dormían los lobos. El perro caminaba al flanco, fiero y roncador, espeluznado el cuello en torno del ancho dogal guarnecido de hierros. La ventera llevaba encendido un hachón de paja, porque el fuego arredrase a los lobos. Las dos mujeres caminaban en silencio, sobrecogidas por la soledad de la noche y por el misterio de aquel maleficio que las llevaba a la fuente de San Gundián.

Desde lejos se distinguía la espadaña de la iglesia dominando las copas oscuras de los viejos nogales: Destacábase sobre el cielo que argentaba la luna, y percibíase el azul de la noche estrellada, por los dos arcos que sostenían las campanas, aquellas campanas de aldea, piadosas, madrugadoras, sencillas como dos viejas centenarias. El atrio era verde y oloroso, todo cubierto de sepulturas. A espaldas de la iglesia estaba la fuente sombreada por un nogal que acaso contaba la edad de las campanas, y bajo la luz blanca de la luna, la copa oscura del árbol extendíase patriarcal y clemente sobre las aguas verdeantes que parecían murmurar un cuento de brujas.

La vieja y la zagala, al encontrarse delante del atrio, se santiguaron devotas y temerosas. Las ovejas, que entraban apretándose por la cancela, derramábanse después en holganza, mordiendo la hierba lozana que crecía entre las sepulturas. Las dos mujeres corrieron de un lado al otro por juntar el rebaño y luego lo guiaron hasta la fuente, donde las ovejas habían de beber para que quedase roto el hechizo. Las ovejas acudían solícitas rodeando la balsa, y en el silencio de la noche sentíase el rumor de las lenguas que rompían el místico cristal de la fuente. La luna espejábase en el fondo inmóvil y blanca, atenta al milagro.

Mientras bebía el ganado, las dos mujeres rezaban en voz baja. Después, silenciosas y sobrecogidas por el aliento sobrenatural del misterio, salieron del atrio. El rebaño ondulaba ante ellas. La luna se ocultaba en el horizonte, el camino oscurecía lentamente, y en los pinares negros y foscos se levantaba gemidor el viento. Las eras encharcadas y desiertas, ya habían desaparecido en la noche, y a lo lejos brillaban los fachicos de paja con que se alumbraban los mozos de la aldea que volvían de rondar a las mozas. Las dos mujeres, siempre en silencio, seguían tras el rebaño atentas a que ninguna oveja se descarriase. Cuando llegaron al descampado de la venta, ya todo era oscuridad en torno. Brillaban sólo algunas estrellas remotas, y en la soledad del paraje oíase bravio y ululante el mar lejano, como si fuese un lobo hambriento escondido en los pinares.

La vieja llamó en el portón con el herrado zueco: Tardaban en abrir y llamó otras muchas veces acompañada por los ladridos del perro: Al cabo acudieron de dentro, sintióse rechinar el cerrojo, y el hijo de la ventera asomó en el umbral. Destacábase sobre el rojizo resplandor de la jara que restallaba en el hogar, con un pañuelo atado a la frente y los brazos desnudos, llenos de sangre. Adega sintió que el miedo la cubría como un pájaro negro que extendiese sobre ella las alas. La ventera interrogó en voz baja:

—¿Quién ha llegado?

El mozo repuso con un reír torcido:

—¡Nadie!...

—¿Y esa matanza?
—He desollado la cabra machorra.

Tercera Estancia

I. Una tarde, sentada en el atrio de San Clodio, a la sombra de los viejos cipreses, Adega hilaba en su rueca, copo tras copo, el lino del último espadar. En torno suyo pacían y escarbaban las ovejas, y el mastín, echado a sus pies, se adormecía bajo el tibio halago del sol poniente que empezaba a dorar las cumbres de los montes. Avizorado de pronto, espeluznó las mutiladas orejas, incorporóse y ladró. Adega, sujetándole del cuello, miró hacia el camino en confusa espera de una ideal ventura: Miró y las violetas de sus ojos sonrieron, y aquella sonrisa de inocente arrobo tembló en sus labios y como óleo santo derramóse por su faz. El peregrino subía hacia el atrio: La morena calabaza oscilaba al extremo de su bordón y las conchas de su esclavina tenían el resplandor piadoso de antiguas oraciones. Subía despacio y con fatiga: Al andar, la guedeja penitente oscurecíale el rostro, y las cruces y las medallas de los rosarios que llevaba al cuello sonaban como un pregón misionero. La pastora llegó corriendo y se arrodilló para besarle las manos. Quedándose hinojada sobre la hierba, murmuró:

—¡Alabado sea Dios!... ¡Cómo viene de los tojos y las zarzas!... ¡Alabado sea Dios!.. ¡Cuántos trabajos pasa por los caminos!..

El mendicante inclinó la cabeza asoleada y polvorienta:

—En esta tierra no hay caridad... Los canes y Los rapaces me persiguen a lo largo de los senderos. Los hombres y las mujeres asoman tras de las cercas y de los valladares para decirme denuestos. ¿Podré tan siquiera descansar a la sombra de estos árboles? ¿Y tú, querrás concederme esta noche hospedaje en el establo?

—¡Ay, señor, fuera el palacio de un rey!

El alma de la pastora sumergíase en la fuente de la gracia, tibia como la leche de las ovejas, dulce como la miel de las colmenas, fragante como el heno de los establos. Sobre su frente batía, como una paloma de blancas alas, la oración ardiente de la vieja Cristiandad, cuando los peregrinos iban en los amaneceres cantando por los senderos florecidos de la montaña. El mendicante, con la diestra tendida, hacia el caserío, ululó rencoroso, y profètico:

—¡Ay de esta tierra!... ¡Ay de esta gente que no tiene caridad!

Cobró aliento en largo suspiro, y apoyada la frente en el bordón, otra vez clamó:

—¡Ay de esta gente!... ¡Dios la castigará!

Adega juntó las manos, candorosa y humilde:

—Ya los castiga, señor. Mire cómo secan los castañares... Mire cómo perecen las vides...¡Esas plagas vienen de muy alto!

—Otras peores tienen de venir. Se morirán los rebaños sin quedar una triste oveja, y su carne se volverá ponzoña...¡Tanta ponzoña, que habrá para envenenar siete reinos!...

—¿Y no se arrepentirán?

—No se arrepetirán. Son muchos los hijos del pecado. La mujer yace con el rey de los infiernos, con el Gran Satanás, que toma la apariencia de un galán muy cumplido. ¡No se arrepentirán! ¡No se arrepentirán!

El peregrino descubrióse la cabeza, echó el sombrero encima de la hierba y se acercó a la fuente del atrio con ánimo de apagar la sed. Adega le detuvo tímidamente:

—Escuche, señor... ¿No quiere que le ordeñe una oveja? Repare aquella de los dos corderos qué ricas ubres tiene. ¡La leche que da es tal como manteca!

El peregrino se detuvo y miró con avaricia al rebaño, que se apretaba sobre una mancha de césped, en medio del atrio:

—¿Cuál dices, rapaza?

—Aquella blanca del cordero virriato.

—¿Y podrás ordeñarla?

—¡Asús, señor!

Y la pastora, al mismo tiempo que se acercaba a la oveja, iba llamándola amorosamente:

—¡Hurtada!... ¡Ven, Hurtada!...,

La oveja acudió dando balidos, y Adega, para sujetarla, enredóle una mano al vellón.

II. Los ojos del peregrino estaban atentos a la pastora y a la oveja. Hallábase detenido en medio del atrio, apoyado en el lustroso bordón, descubierta la cabeza polvorienta y greñuda. Adega seguía repitiendo por veces:

—¡Quieta, Hurtada!

El mendicante preguntó con algún recelo:

—Oye, rapaza, ¿por ventura no era tuya la res?

—¡Mía no es ninguna!... Son todas del amo, señor. ¿No sabe que yo soy la pastora?

Y bajó los ojos acariciando el hocico de la oveja, que alargaba la lengua y le lamía las manos. Después, para ordeñarla, se arrodilló sobre la hierba. El añoto retozaba junto al ijar de la madre y la pastora le requería blandamente:

—¡Sus! ¡Está quedo!... ¡Ay, Hurtado!...

—¿Por qué le dices con tal nombre de Hurtado?

Adega levantó hasta el peregrino las tímidas violetas de sus ojos:

—No piense mal, señor...

—¿Mas de quién era antaño la oveja?

—Antaño fué de un pastor... El pastor que la vendió al amo con aquellas otras cuatro... Llámase él Hurtado, y vive al otro lado del monte.

—¡Buenas reses!... Parecen todas ellas de tierra castellana.

—De tierra castellana son, mi señor. ¡San Clodio las guarde!

Piadosa y humilde, se puso a ordeñar la leche en el cuenco de corcho labrado por un boyero muy viejo que era nombrado en todo el contorno. Mientras el corcho se iba llenando con la leche tibia y espumosa, decía la pastora:

—¿Ve aquellas siete ovejas tan lanares?... A todas las llamamos Dormidas, porque siendo corderas vendióselas al amo un rabadán, que cuando vuelve de la feria en su buena mula, siempre acontece que se queda traspuesto, y ya todos lo saben...

Se levantó, y con los ojos bajos y las mejillas vergonzosas, presentó al mendicante aquel don de su oveja: Bebió el peregrino con solaz, y como hacía reposorios para alentarse, murmuraba:

—¡Qué regalía, rapaza!... ¡Qué regalía!

Cuando terminó, la pastora apresuróse a tomarle el cuenco de las manos:

—¿Quiere que le ordeñe otra oveja?

—No es menester. ¡El Apóstol Santiago te lo recompense!

Adega sonreía. Después llegóse a la fuente del atrio, cercada por viejos laureles, y llenando de agua el corcho que el peregrino santificara, bebió feliz y humilde, oyendo al ruiseñor que cantaba escondido. El peregrino siguió adelante por el camino que trajera, un camino llano y polvoriento entre maizales. Los ojos de la pastora fueron tras él, hasta que desapareció en la revuelta:

—¡El Santo Apóstol le acompañe!

Suspirosa llamó al mastín, y acudió a reunir el hato esparcido por todo el campo de San Clodio. Un cordero balaba encaramado sobre el muro del atrio, sin atreverse a descender. Adega le tomó en brazos, y, acariciándole, fué a sentarse un momento bajo los cipreses. El cordero, con movimientos llenos de gracia, ofrecía a los dedos de la pastora el picaresco testuz marcado con una estrella blanca: Cuando perdió toda zozobra, huyó haciendo corcovos. Adega alzó la rueca del césped y continuó el hilado.

Allá en la lejanía, por la falda del monte, bajaban esparcidos algunos rebaños que tenían el aprisco distante y se recogían los primeros. Oíase en la quietud apacible de la tarde el tañido de las esquilas y las voces con que los zagales guiaban. Adega arreó sus ovejas, y antes de salir al camino las llevó a que bebiesen en la fuente del atrio. Bajo Los húmedos laureles, la tarde era azul y triste como el alma de una santa princesa. Las palomas familiares venían a posarse en los cipreses venerables, y el estremecimiento del negro follaje, al recibirlas, uníase al murmullo de la fuente milagrosa cercada de laureles, donde una mendiga sabia y curandera ponía a serenar el hinojo tierno con la malva de olor. Y el sonoro cántaro cantaba desbordando con alegría campestre bajo la verdeante teja de corcho que aprisionaba y conducía el agua. Las ovejas bebían con las cabezas juntas, apretándose en torno del brocal cubierto de musgo. Al terminar se alejaban hilando agua del hocico y haciendo sonar las esquilas. Sólo un cordero no se acercó a la fuente: Arrodillado al pie de los laureles, quejábase con moribundo balido, y la pastora, con los ojos fijos en el sendero por donde se alejó el peregrino, lloraba cándidamente. ¡Lloraba porque veía cómo las culpas de los amos eran castigadas en el rebaño por Dios Nuestro Señor!

III. Adega recorría el camino de la venta cargada con el cordero, que lanzaba su doliente balido en la paz de la tarde. Temerosa de los lobos, daba voces a unos

zagales para que la esperasen. Se reunió con ellos acezando:
—¿Van para San Clodio?
Un pastor viejo repuso gravemente:
—Esa intención hacemos, ahora lo que sea, solamente lo sabe Dios. Y tú, ¿subes para la venta?
—Subo, sí, señor...
—Pues cuida que no se envuelvan los rebaños.
—Por eso no tenga duda.
Adega respondía oasi sin aliento, agobiada bajo el peso del cordero, que seguía balando tristemente. El viejo, después de caminar algún tiempo en silencio, interrogó:
—¿Qué tiene esa res?
—No sabré decirle qué mal tiene.
—¿Entróle de pronto?
—De pronto, sí, señor...
Los rebaños ondulaban por un sendero de verdes orillas, largo y desierto, que allá en la lontananza aparecía envuelto en el rosado vapor de la puesta solar. De tiempo en tiempo los zagales corrían dando voces y agitando los brazos para impedir que los rebaños se juntasen. Después volvía a reinar el silencio de la tarde en los montes, que se teñían de amatista. Extendíase en el aire una palpitación de sombra azul, religiosa y mística como las alas de esos pájaros celestiales que al morir el día vuelan sobre los montes llevando en el pico la comida de los santos ermitaños. Adega, al comienzo de una cuesta, tuvo que sentarse en la orilla del camino y posar el cordero sobre la hierba, suspirando con fatiga. El viejo le dijo:
—¡Anda, rapaza, que poco falta!
Ella repuso llorosa:
—No puedo más, señor...
Y quedó sola, sentada al abrigo de un valladar. Sus ojos tristes miraban alejarse a los otros pastores. Empezaba a oscurecer, y muerta de miedo volvió a ponerse en camino antes que desapareciesen en una revuelta; pero la noche se los alejaba cada vez más. Corrió para alcanzarlos:
—¡No me dejar aquí sola! ¡Esperadme! ¡Esperadme!
Sus gritos hallaban un eco angustioso en la soledad del camino, y cuando callaba para cobrar aliento, resonaban los balidos del cordero más tristes y apagados por instantes.
—Anda, rapaza, que ya te esperamos.
Adega corría arreando sus ovejas, y para sentir menos el miedo hablaba a desgarrados gritos con los zagales, que respondían cada vez más lejos:
—¡Corre, Adega....¡Corre!...
De esta suerte, sin conseguir alcanzarlos, arreando afanosa su rebaño, llegó al descampado donde estaba la venta. Hallábase abierto el portalón, y desde el camino distinguíase el resplandor del hogar. La ventera, advertida por el son de las esquilas, salió al umbral. Adega acudió a ella murmurando en voz baja y religiosa:

—¡Vea este corderillo!... Dióle el mal que a los otros, mi ama.
La vieja tomóle en brazos con amoroso desconsuelo, y entró de nuevo en la cocina. Sentada al pie del fuego,, repetía una y otra vez, al mismo tiempo que trazaba en el testuz del cordero el círculo del Rey Salomón:
—¡Brujas, fuera! ¡Brujas, fuera! ¡Brujas, fuera!
Un mozo montañés, de Lugar de Condes, que hacía huelgo en la venta, murmuró con apagada y mansa voz:
—¡Conócese que le echaron una fada al corderillo!...
Y como nadie le respondiese, quedó silencioso, contemplando el fuego. Era un zagal agigantado y fuerte, con los ojos llenos de ingenuidad, y la boca casta y encendida. La barba rizada y naciente, que tenía el color del maíz, orlaba apenas su rostro bermejo. Se dirigía a la villa, con un lobo que había matado en el monte, para demandar los aguinaldos de puerta en puerta. Después de mirar largamente el fuego, murmuró:
—Yo tuve un amo a quien le embrujaron todo un rebaño.
El hijo de la ventera, que estaba echado sobre un arcón en el fondo de la cocina, se incorporó lentamente:
—¿Y tu amo qué hizo?
—Pues verse con quien se lo tenía embrujado y darle una carga de trigo porque lo libertase. Mi amo no sabía quién fuese, pero Una saludadora le dijo que cogiera la res más enferma y la echare viva en una fogata. Aquella alma que primero acudiere al oír los balidos, aquélla era...
El hijo de la ventera irguióse más en el arcón:
—¿Y acudió?
—Acudió.
—¿Y tu amo dióle una carga de trigo?
—No lo pudo hacer por menos.
—¡Malos demonios lo lleven!
Y volvió a recostarse sobre el arcón. El montañés se había levantado para irse: Su sombra cubría toda la pared de la cocina. Ayudándose con un grito, echóse a la espalel lobo muerto que tenía a sus pies, empuñó el hocino que llevaba calzado en un largo palo, y salió. Desde la puerta volvióse murmurando con su voz infantil y cansada:
—¡Queden a la paz de Dios!
Solamente respondió Adega, que volvía de encerrar el ganado:
—¡Vaya muy dichoso, en su santa compaña!

IV. Sentada ante la puerta del establo, Adega esperaba al peregrino que le había demandado albergue aquella tarde al mostrársele en el atrio de San Clodio. El mastín velaba echado a sus plantas. Caía sobre el descampado la luz lejana de la luna y oíase el mar, también lejano. De pronto la pastora tembló con medrosa zozobra. Abríase la puerta de la venta. El ama asomaba con haz de paja, y en mitad del raso encendía una hoguera: Encorvada sobre el fuego, iba añadiendo brazados de jara seca, mientras el hijo, allá en el fondo arrebolado de la cocina, sujetaba las patas del cordero con la jereta de las vacas. Adega escuchaba conmovida el trémulo balido, que parecía subir llenando el azul de la noche, como el llanto de un niño. Restallaba la jara entre las lenguas de la llama, y la vieja limpiábase los ojos que hacía llorar el humo. El hijo asomóse en la puerta, y desde allí, cruel y adusto, arrojó el cordero en medio de la hoguera. Adega se cubrió el rostro horrorizada. Los balidos se levantaron de entre las llamas, prolongados, dolorosos, penetrantes. La vieja atizaba el fuego, y con los ojos encendidos vigilaba el camino que se desenvolvía bajo la luna, blanquecino y desierto. De pronto llamó al hijo:

—Mira allí, rapaz.

Y le mostraba una sombra alta y desamparada que parecía haberse detenido a lo lejos. El mozo murmuró:

—Deje que llegue quien sea...

—¡Puede ser que recele y se vuelva!

Adega suspiraba sin valor para mirar hacia el camino: Su corazón se estremecía adivinando que era el peregrina quien llegaba. Juntó las manos para rezar, pero en aquel momento la ventera le gritó:

—Recógete a dormir, rapaza. ¡Mañana tienes que madrugar con el sol!

Se incorporó obediente, y sus ojos de violeta miraron en torno con amoroso sobresalto. El peregrino estaba detenido en medio de aquel sendero donde se había mostrado a la pastora por primera vez. Adega quedó un momento contemplándole: Luego entró en el establo y fué a echarse sobre el monte de heno: Suspirando reclinó la cabeza en aquella olorosa y regalada frescura. El mastín comenzó a ladrar arañando la puerta, que sólo estaba arrimada y cedió lentamente. Adega se incorporó: Sobre el umbral del establo temblaba el claro de la luna, lejano y cándido como los milagros que soñaba aquella pastora de cejas de oro y maravillada sonrisa.

Cesaron poco a poco los balidos del cordero, y por el descampado cruzó el hijo de la ventera con una hoz al hombro. Adega sintió miedo, y toda estremecida cerró los ojos. Permaneció así mucho tiempo. Le parecía que estuviese atada sobre el monte de heno. El sopor del sueño la vencía con la congoja y la angustia de un desmayo. Era como si lentamente la cubriesen toda entera con velos negros, de sombras pesadas y al mismo tiempo impalpables. De pronto se halló en medio de una vereda solitaria. Iba caminando guiada por el claro de la luna que temblaba milagroso ante sus zuecos de aldeana. Sentíase el rumor de una fuente rodeada por árboles llenos de cuervos. El peregrino se alejaba bajo la sombra de aquellos ramajes. Las conchas de su esclavina resplandecían como estrellas en la negrura del camino. Una manada de lobos rabiosos, arredrados por aquella luz, iba detrás... Súbitamente, la pastora se despertó. El viento golpeaba la puerta del establo, y fué a cerrarla. En medio del descampado brillaban las últimas brasas de la hoguera: La voz del mar resonaba cavernosa y lejana. Una sombra llamaba sigilosa en la venta: La. hoz que tenía al hombro brillaba en la noche con extraña ferocidad. De dentro abrieron sin ruido, y hubo un murmullo de voces. Adega las reconoció. El hijo decía:

—Esconda la hoz.
Y la madre:
—Mejor será enterrarla.
Pavorida se lanzó al campo, y corrió, guiada del presentimiento, bajo la luna blanca, en la noche del monte sagrada de terrores.

V. Y amanecía, cuando la pastora, después de haber corrido todo el monte, llegaba desfallecida y llorosa al borde de una fuente. Al mismo tiempo que reconocía el paraje de su sueño, vió el cuerpo del peregrino tendido sobre la hierba. Conservaba el bordón en la diestra, sus pies descalzos parecían de cera, y bajo la guedeja penitente, el rostro se perfilaba cadavérico. Adega cayó de rodillas:
—¡Dios Nuestro Señor!
Trémulas y piadosas, sus manos apartaban la guedeja llena de tierra y de sangre, pegada sobre la yerta faz, que besó con amorosa devoción, llorando sobre ella:
—¡Cuerpo bendito!... ¿Dónde habéis topado con los verdugos de Jerusalén?... ¡Qué castigo tan grande habrán de tener!... ¡Y cómo ellos vos dejaron cuidado del mío querer! Un ángel bajará del cielo, y cargados de hierros los llevará por toda la Cristiandad, y no habrá parte ninguna de donde no corran a tirarles piedras...¡Luz de mis tristes ojos!... ¡Mi señor! ¡Mi gran señor!
Sobre su cabeza los pájaros cantaban saludando el amanecer del día. Dos cabreros madrugadores conducían sus rebaños por la falda de una loma: El humo se levantaba tenue y blanco en las aldeas distantes, y todavía más lejos levantaban sus cimas, ungidas por el ámbar de la luz, los cipreses de San Clodio Mártir. Algunas aldeanas bajaban a la fuente para llenar sus cántaros, y al oír los gritos de la pastora, interrogaban desde el camino, pálidas y asustadas:
—¿Qué te acontece, Adega?
Adega, arrodillada sobre la hierba, tendía los brazos desesperada sobre el cuerpo del peregrino:
—¡Mirad! ¡Mirad!
—¿Está frío?
La pastora sollozaba:
—¡Está frío como la muerte!
—¿Era algo tuyo?
—Era Dios Nuestro Señor.
Las aldeanas la miraban supersticiosas y desconfiadas. Descendían santiguándose:
—¿Qué dices, rapaza?
Adega gritaba con la boca convulsa:
—¡Era Dios Nuestro Señor! Una noche vino a dormir conmigo en el establo: Tuvimos por cama un monte de heno.
Y levantaba el rostro transfigurado, con una llama de mística lumbre en el fondo de los ojos, y las pestañas de oro guarnecidas de lágrimas. Las mujerucas volvían a santiguarse:

—¡Tú tienes el mal cativo, rapaza!
Y la rodeaban, apoyados los cántaros en las caderas, hablándose en voz baja con un murmullo milagrero y trágico. La pastora, de hinojos sobre la hierba, clamaba:
—¡Cuidado! Ya veréis cómo los verdugos han de sufrir todos los trabajos de este mundo, y al cabo han de perecer arrastrados por los caminos. ¡Y nacerán las ortigas cuando ellos pasen!...
Las mujerucas, incrédulas y cándidas, volvían a decirle:
—¿Pero era algo tuyo?
Adega se erguía sobre las rodillas, gritando con la voz ya ronca:
—¡Era Dios Nuestro Señor!... ¿Vosotras sois capaces de negarlo? ¡Arrastradas os veréis!
Las mujeres, después de oírla, salían lentamente del corro, y mientras llenaban los cántaros en la fuente hacían su comento, la voz asombrada y queda:
—Ese peregrino llevaba ya tiempo corriendo por estos contornos.
—¡Famoso prosero estaba!
—Y la rapaza, ¿cómo dice que era Dios Nuestro Señor?
—La rapaza tiene el mal cativo.
—¡San Clodio Glorioso, y puede ser que lo tenga!
Las mujerucas hablaban reunidas en torno de la fuente, sus rostros se espejaban temblorosos en el cristal, y su coloquio parecía tener el misterio de un cuento de brujas. El agua, que desbordaba en la balsa, corría por el fondo de una junquera, deteniéndose en remansos y esmaltando flores de plata, en los céspedes.

VI. La pastora ya no tornó a la venta. Anduvo perdida por los caminos clamando su cuita, y durmió en los pajares, donde le daban albergue por caridad. Los aldeanos que trabajaban los campos, al divisarla desde lejos, abandonaban su labor, y pausadamente venían a escucharla desde el lindar de los caminos. Adega cruzaba trágica y plañidera:
—¡Todos lo veréis, el lindo infante que me ha de nacer!... Conoceréisle porque tendrá un sol en la frente. ¡Nacido será de una pobre pastora y de Dios Nuestro Señor!
Los aldeanos se santiguaban supersticiosos:
—¡Pobre rapaza, tiene el mal cativo!
Adega, jadeante, con los pies descalzos, con los brazos en alto, con la boca trémula por aquellos gritos proféticos, se perdía a lo largo de los caminos. Sólo hacía algún reposo en el monte con los pastores: Sentada al abrigo de las viejas piedras célticas, les contaba sus sueños. El sol se ponía y los buitres que coronaban la cumbre batían en el aire sus alas, abiertas sobre el fondo encendido del ocaso:
—¡Será un lindo infante, lindo como el sol! ¡Ya una vez lo tuve en mis brazos! ¡La Virgen María me lo puso en ellos! ¡Rendidos me quedaron de lo bailar!
Un pastor viejo le replicaba:
—¿Cómo lo tuviste en brazos, si no es nacido? ¡Ay, rapaza, busca un abade que te diga retorneada la oración de San Cidrán!

Y otro pastor, con los ojos en lumbre, repetía:
—¡Muy bien pudo ser aparición de milagro! ¡Aparición de milagro pudo ser!
Adega clamaba:
—Estas manos mías lo bailaron, y era su risa un arrebol.
La fe de aquellos relatos despertaba la candida fantasía de los pastores, que, sentados en torno sobre la hierba, la contemplaban con ojos maravillados y le ofrecían con devoto empeño la merienda de sus zurrones. Después, ellos también contaban milagros y prodigios: Historias de ermitaños, de tesoros ocultos, de princesas encantadas, de santas apariciones. Un viejo, que llevaba al monte tres cabras negras, sabía tantas, que un día entero, de sol a sol, podía estar contándolas. Tenía cerca de cien años, y muchas de sus historias habían ocurrido siendo él zagal. Contemplando sus tres cabras negras, el viejo suspiraba por aquel tiempo, cuando iba al monte con un largo rebaño que tenían en la casa de sus abuelos. Un coro infantil de pastores escuchaba siempre los relatos del viejo: Había sido en aquel buen tiempo lejano, cuando se le apareciera una dama sentada al pie de un árbol, peinando los largos cabellos con peine de oro. Oyendo al viejo, algunos pastores murmuraban con ingenuo asombro.
—¡Sería una princesa encantada!
Y otros, sabedores del suceso, contestaban:
—¡Era la reina mora, que tiene prisionera un gigante alarbio!...
El viejo asentía moviendo gravemente la cabeza, daba una voz a sus tres cabras para que no se alejasen, y proseguía:
—¡Era la reina mora!... A su lado, sobre la hierba, tenía abierto un cofre de plata lleno de ricas joyas que rebrillaban al sol... El camino iba muy desviado, y la dama, dejándose el peine de oro preso en los cabellos, me llamó con la su mano blanca, que parecía una paloma en el aire. Yo, como era rapaz, dime a fujir, a fujir...
Y los pastores interrumpían con candoroso murmullo:
—¡Si a nos quisiera aparecerse!
El viejo respondía con su entonación lenta y religiosa, de narrador milenario:
—¡Cuantos se acercan, cuantos perecen encantados!
Y aquellos pastores que habían oído muchas veces la misma historia, se la explicaban a los otros pastores, que nunca la habían oído. El uno decía:
—Vos no sabéis que, para encantar a los caminantes, con su gran hermosura los atrae.
Y otro agregaba:
—Con la riqueza de las joyas que les muestra, los engaña.
Y otro, más tímidamente, advertía:
—Tengo oído que les pregunta cuál de todas sus joyas les place más, y que ellos, deslumbrados viendo tantos broches, y cintillos y ajorcas, y joyeles, pénense a elegir, y así quedan presos en el encanto.
El viejo dejaba que los murmullos se acallasen, y proseguía con su vieja inventiva, llena de misterio la voz:

Para desencantar a la reina y casarse con ella, bastaría con decir: "Entre tantas joyas, sólo a vos quiero, señora reina." Muchos saben aquesto, pero cegados por la avaricia se olvidan de decirlo y pónense a elegir entre las joyas...

El murmullo de los zagales volvía a levantarse como un deseo fabuloso y ardiente:

—¡Si a nos quisiese aparecerse!

El viejo los miraba compasivo:

—¡Desgraciados de vos! El que ha de romper ese encanto no ha nacido todavía...

Después, todos los pastores, como si un viento de ensueño removiese el lago azul de sus almas, querían recordar otros prodigios. Eran siempre las viejas historias de los tesoros ocultos en el monte, de los lobos rabiosos, del santo ermitaño por quien al morir habían doblado solas las campanas de San Gundián: ¡Aquellas campanas que se despertaban con el sol, piadosas, madrugadoras, sencillas como dos abadesas centenarias! Adega escuchaba atenta estos relatos que extendían ante sus ojos como una estela de luz, y cuando tornaba a recorrer los caminos, las princesas encantadas eran santas doncellas que los alarbios tenían prisioneras, y los tesoros escondidos iban a ser descubiertos por las ovejas escarbando en el monte, y con ellos haríase un capilla de plata, que tendría el tejado todo de conchas de oro:

—¡En esa capilla bautizaráse aquel hijo que me conceda Dios Nuestro Señor! ¡Vosotros lo habéis de alcanzar! Tocarán solas las campanas ese amanecer, y resucitará aquel santo peregrino que los judíos mataron a la vera de la fuente. ¡Vosotros lo habéis de ver! Y jadeante, con los pies descalzos, con los brazos en alto, con la boca trémula, se perdía clamando sus voces, a lo largo de los caminos.

Cuarta Estancia

I. Con las luces del alba se despierta Adega. El rocío brilla sobre el oro de sus cabellos. Ha dormido al borde de un sendero, después de vagar perdida por el campo, y sus ojos, donde aun queda el miedo de la noche, miran en torno reconociendo el paraje y las casas distantes de la aldea. Una vieja camina con su nieto de la mano, por el sendero. Adega, viéndola llegar, se incorpora entumecida de frío:

—¿Van para la villa?

—Para allá vamos.

—Yo también tengo de ir.

La vieja y el niño siguen andando. Adega sacude sobre una piedra los zuecos llenos de arena, y se los calza. Después da una carrera para alcanzar a la vieja que camina encorvada, exhortando al niño que llora en silencio, balanceando la cabeza:

—Agora que comienzas a ganarlo, has de ser humildoso, que es ley de Dios.

—Sí, señora, sí...

—Has de rezar por quien te hiciere bien y por el alma de sus difuntos.

—Sí, señora, sí...

—En la feria de San Gundián, si logras reunir para ello, has de comprarte una capa de juncos, que las lluvias son muchas.
—Sí, señora, sí...
Para caminar por las veredas has de descalzarte los zuecos.
—Sí, señora, sí...
La soledad del camino hace más triste aquella salmodia infantil, que parece un voto de humildad, de resignación y de pobreza hecho al comenzar la vida. La vieja arrastra penosamente las madreñas, que choclean en las piedras del camino, y suspira bajo el mantelo que lleva echado por la cabeza. El nieto llora y tiembla de frío: Va vestido de harapos: Es un zagal albino, con las mejillas asoleadas y pecosas: Lleva trasquilada sobre la frente, como un siervo de otra edad, la guedeja lacia y pálida, que recuerda las barbas del maíz. La abuela y el nieto siguen siempre una orilla del sendero, y por la otra orilla, caminando a su par, va la pastora. Después de algún tiempo, la vieja le habla así:
—¿Tú por qué no buscas un amo y dejas de andar por los caminos, rapaza?
Adega baja los ojos. Aquel consejo de la vieja lo escucha en todas partes, lo mismo en las puertas donde se detiene a pedir limosna, que en las majadas donde es acogida por la noche, y siempre responde igual, con las pestañas de oro temblando sobre la flor triste de sus pupilas:
—Ya lo busco, mas no lo topo.
La vieja murmura sentenciosa:
—Los amos no se topan andando por los caminos. Así tópanse solamente moras en los zarzales.
Y sigue en silencio, con su nieto de la mano. Oyese distante el ladrido de los perros y el canto de los gallos. Lentamente el sol comienza a dorar la cumbre de los montes. Brilla el rocío sobre la hierba, revolotean en torno de los árboles con tímido aleteo los pájaros nuevos, ríen los arroyos, murmuran las arboledas, y aquel camino de verdes orillas, triste y desierto, se despierta como viejo camino de sementeras y de vendimias. Rebaños de ovejas suben por la falda del monte, y mujeres cantando van para el molino con maíz y con centeno. Por medio del sendero cabalga lentamente el señor arcipreste, que se dirige a predicar en una fiesta de aldea. A su paso salmodian la vieja, la pastora y el nieto:
—¡Santos y buenos días nos dé Dios!
El señor arcipreste refrena la yegua, de andadura mansa y doctoral:
—¿Vais de feria?
La vieja responde:
—¡Los pobres no tenemos qué hacer en la feria! Vamos a la villa buscando amo para el rapaz.
—¿Sabe la doctrina?
—Sabe, sí, señor. La pobreza no quita el ser cristiano.
—Y la rapaza, ¿qué hace?
—La rapaza no es sangre mía. A la cuitada dale por veces un ramo cativo.

Adega escucha con los ojos bajos. El señor arcipreste la interroga con indulgente gravedad:
—¿No tienes padres?
—No, señor.
—¿Y qué haces?
—Ando a pedir...
—¿Por qué no buscas un amo?
—No lo topo...
—¡Válate Dios! Pues hay que sacarse de correr por los caminos.

El señor arcipreste deja caer una lenta bendición, y se aleja el paso majestuoso de su yegua. La vieja insiste aconsejadora:
—Ya has oído... Hoy júntase en la villa el mercado de los sirvientes. Allí voy con mi nieto, y allí tienes tú de encontrar amo, aun cuando solamente sea por el yantar.

Adega murmura resignada:
—En la venta también servía por el yantar.

Y todavía, al recuerdo estremécese de miedo bajo sus harapos, y milagrera sueña.

II. En la villa, descansando a la sombra de un palacio hidalgo, la pastora miraba la procesión de gentes, con ojos maravillados, mientras la vieja, sentada a su lado con las manos debajo del mantelo, murmuraba siempre aconsejadora:
—Estarás aquí sin dar voces ni decir cosa ninguna.
—Estaré, sí, señora.
—¡Sin dar voces!
—Como me manden.
—¡Repara la compostura que guarda mi nietó!
—Sí, señora, sí.

También descansaban a la sombra viejas parletanas vestidas con dengue y cofia como para una boda, y zagalas que nunca habían servido y ocultaban vergonzosas los pies descalzos bajo los refajos amarillos, y mozos bizarros de los que campan y aturujan en las romerías, y mozas que habían bajado de la montaña y suspiraban por su tierra, y rapaces humildes que llevaban los zuecos en la mano y la guedeja trasquilada sobre la frente como los siervos antiguos. Por medio de la calle, golpeando las losas con el cueto herrado del palo, iba y venía el ciego de la montera parda y los picareccos decires. La abertura de su alforja dejaba asomar las rubias espigas de maíz que había recogido de limosna, a su paso por las aldeas. Una de aquellas viejas parletanas le llamó:
—¡Escucha una fabla!

El ciego se detuvo, reconociendo la voz:
—¿Eres Sabela la Galana?
—La misma. ¿Has estado en el Pazo de Brandeso?
—Hace dos días pasé por allí.
—¿Pregustaste si necesitaban una criada?
—Por sabido que pregunté.

—¿Y qué te han dicho?
—Que te llegues por aquella banda y hablarás con el mayordomo. Yo en todo he respondido por ti.
—¡Dios te lo premie!
La abuela también llamó al ciego:
—¡Oye!... ¿Para un nieto mío no podrás darme razón de alguna casa donde me lo traten con blandura, pues nunca ha servido?
—¿Qué tiempo tiene?
—El tiempo de ganarlo. Nueve años hizo por el mes de Santiago.
—Como él sea despierto, amo que le mire bien no faltará.
—Pobre soy, mas en aquello que pudiese habría de corresponder contigo.
—Espérame aquí con el rapaz, que acaso os traiga luego una razón.
—También tengo de hablarte por una pobre cuitada.
—Cuando retorne.
Y se alejaba golpeando las losas con el cueto del palo. Tres zagales le llamaban desde lejos:
—Una fabla, Electus. Dijéronnos que se despedía el criado del señor abade de Cela.
—Nada he oído.
—¿No te dieron encargo de que buscases otro?
—De esta vez ninguna cosa me han dicho.
—Será entonces mentira.
—Puede que lo sea.
—¿Y tú no sabes de ningún acomodo?
—Tal que pueda conveniros a vosotros, solamente sé de uno.
—¿Dónde?
—Aquí en la villa. Las tres nietas del señor mi conde. Tres rosas frescas y galanas: ¡Para cada uno de vosotros la suya!
Los zagales reían al oírle:
—Estas rosas están guarnidas de muy luengas espinas: Solamente tú puédeslas coger.
Y volvieron a estallar las risas con alegre e ingenua mocedad. Adega, temerosa de no encontrar amo a quien servir, ponía en todo una atención llena de zozobra. Cuando alguien cruzaba por su lado, las tristes violetas de sus ojos se alzaban como implorando, pero nadie reparaba en ella. Pasaban los hidalgos llevando del diestro sus rocines enjaezados con antiguas sillas jinetas; pasaban viejos labradores arrastrando lucientes capas de paño sedán; y molineros blancos de harina, y trajinantes que ostentaban botones de plata en el calzón de pana, y clérigos de aldea, cetrinos y varoniles, con grandes paraguas bajo el brazo. Cuantos iban en busca de criado, desfilaban deteniéndose e interrogando:
—¿Qué años tienes, rapaz?
—No le podré decir, pero paréceme que han de ser doce.
—¿Sabes segar hierba?

—Sé, sí, señor.
—¿Y cuánto ganas?
—Eso será aquello que tenga voluntad de darme. Hasta agora solamente serví por los bocados.

Y un poco más adelante:
—¿Tú de qué banda eres, moza?
—Una legua desviado de Cela.
—¿Dónde servías?
—Nunca tuve amo.

Y todavía más lejos:
—¿Tú serviste aquí en la villa?
—Serví, sí, señor.
—¿Muchos años?
—Pasan de siete.
—¿Cuántos amos tuviste?
—Tuve dos.
—¿Cuánto ganabas?
—Según. ¿Cuánto acostumbra de dar?
—Agora yo también te digo según.
—Y dice bien. Conforme el servicio del criado, conforme ha de corresponder el amo. No es alabanza, pero si nos arreglamos paréceme no quedará quejoso.

Se hacían corros y nunca faltaban viejas comadres que se acercasen, entremetidas y conqueridoras:
—¡Buenos días nos dé Dios!... Sus padres sonle muy honrados. Por la soldada no se desarreglen. Verá qué pronto toma ley a la casa. Mire que tan bueno encontrará, mejor, mía fe, que no.

E iban así de corro en corro, pero no gozaban de aquel favor popular que gozaba el ciego de la montera parda. Cuando reapareció en el confín de la calle golpeando las losas con el cueto herrado del bordón, nuevamente comenzaron a llamarle de uno y otro lado. El respondía sacudiendo las alforjas de piel de cordero, ya escuetas:
—¡Considerad que bajo este peso me doblo!... Dejad que llegue donde pueda reposarme.

Viejos y mozos reían al oírle. La abuela también le gritó festera:
—Aquí estamos esperándote con un dosel.

El ciego repuso gravemente:
—Agora iré a sentarme debajo para decirte lo que hay... Paréceme que hallé acomodo para los dos rapaces.

Y entró en el palacio solariego, con una de aquellas viejas parletanas, muy nombrada porque hacía la compota de guindas y la trepezada de membrillo corno las señoras monjas de San Payo. A todo esto la gente se agrupaba para ver a un hombre que llevaban preso. Adega se acercó también, y al verle, sus pestañas de oro temblaron asustadas. Aquel hombre a quien conducían con los brazos atados era el hijo de la ventera.

III. Por la puerta del Deán, que aun quedaba en pie de la antigua muralla, salían a la media tarde la vieja, la pastora y el niño. La vieja iba diciéndoles:

—Ya habéis encontrado acomodo: Agora vos cumple ser honrados y trabajadores.

Los tres caminan acezando, temerosos de que la noche les coja en despoblado. Ya lejos de la villa, en una encrucijada del camino, la vieja se detiene irresoluta:

—¡Oye, Adega!... Si nos pasamos por el Pazo de Brandeso, no tendremos día para llegar a San Clodio.

Adega murmura tristemente:

—Si no puede acompañarme, yo iré sola... El camino lo sé: Con todo, sería gustante que hablase por mí a tan gran señora.

La vieja se siente compadecida:

—Iremos primero donde esperan al rapaz, y luego, con la luna, nos llegaremos al Pazo, que es poco arrodeo.

Bajo aquel sol amable; que luce sobre los montes, cruza por los caminos la gente de las aldeas. En una lejanía de niebla azul se divisan los cipreses de San Clodio, oscuros y pensativos, con las cimas ungidas por un reflejo dorado y crepuscular. Los rebaños vuelven hacia la aldea, y el humo indeciso y blanco que sube de los hogares se disipa en la luz como salutación de paz. Sentado en la puerta del atrio, un ciego pide limosna y levanta al cielo los ojos, que parecen dos ágatas blanquecinas:

—¡Santa Lucía bendita vos conserve la amable vista y salud en el mundo para ganarlo!... ¡Dios vos otorgue qué dar y qué tener!... ¡Salud y vista en el mundo para ganarlo!... ¡Tantas buenas almas del Señor como pasan, no dejarán al pobre un bien de caridad!....

Y el ciego tiende la palma seca y amarillenta. La vieja, dejando a la pastora en el camino, se acerca con su nieto de la mano, y murmura tristemente:

—¡Somos otros pobres!... Dijéronme que buscabas un criado...

—Dijéronte verdad. Al que tenía enantes abriéronle la cabeza en la romería de San Amaro. ¡Está que loquea!

—A mí mándame Electus.

—¡Ese no necesita criado! Sabe los caminos mejor que muchos que tienen vista.

—Vengo con mi nieto.

—Vienes bien.

El ciego extiende sus brazos palpando en el aire.

—Llégate, rapaz.

La vieja empuja al niño, que tiembla como un cordero acobardado y manso ante aquel hombre hosco, envuelto en un roto capote de soldado. La mano amarillenta y pedigüeña del ciego se posa sobre los hombros del niño, ándale a tientas por la espalda, corre a lo largo de las piernas:

—¿Te cansarás de caminar con las alforjas?

—No, señor: Estoy hecho a eso.
—Para llenarlas hay que correr muchas puertas. ¿Tú conoces bien los caminos de las aldeas?
—Donde no conozca, pregunto.
—En las romerías, cuando yo eche una copla, tú tienes que responderme con otra. ¿Sabrás?
—En deprendiendo, sí, señor.
—Ser criado de ciego es acomodo que muchos quisieran.
—Sí, señor, sí.
—Puesto que has venido, vamos hasta la rectoral. ¡Allí hay caridad! En este paraje no se recoge una triste limosna.

El ciego se incorpora entumecido, y apoya la mano en el hombro del niño, que contempla tristemente el largo camino y la campiña verde y húmeda que sonríe en la paz de la tarde, con el caserío de las aldeas disperso y los molinos lejanos desapareciendo bajo el emparrado de las puertas, y las montañas azules, y la nieve en las cumbres. A lo largo del camino un zagal anda encorvado segando hierba, y la vaca de trémulas y rosadas ubres pace mansamente arrastrando el ronzal. Mozos y mozas vuelven a la aldea cantando por los caminos, y el humo blanco parece salir de entre las higueras. El ciego y el niño se alejan lentamente, y la abuela suspira enjugándose los ojos al mismo tiempo que se junta con Adega.

—¡Malpocado, nueve años y gana el pan que come!... ¡Alabado sea Dios!...

Adega, sintiendo pasar sobre su rostro el aliento encendido del milagro, murmura:

—Ese ciego es un santo del cielo que anda por el mundo para saber dónde hay caridad y luego darle cuenta a Nuestro Señor.

La vieja responde:

—Nuestro Señor, para saber dónde se esconden las buenas almas, no necesita experimentarlo.

Y callaron porque ya iban acezando, en su afán de llegar con día al Pazo de Brandeso.

IV. Pasaba el camino entre dos lomas redondas e iguales como los senos de una giganta, y la pastora se detuvo mostrándole a la vieja una sombra lejana que allá, en lo más alto, parecía leer atentamente, alumbrándose con un cirio que oscilaba misterioso bajo la brisa crepuscular. La vieja miró largo tiempo, y luego advirtió.:

—A ese hombre yo le vide en otros parajes. ¿Sabes cómo se llama el libro donde lee? El Libro de San Cidrián. ¡También un hermano de mi padre lo tenía!...

Adega bajó la voz misteriosa y crédula:

—Con él descúbrense los tesoros ocultos.

La vieja negaba moviendo la cabeza, porque tenía la enseñanza de sus muchos años.

—Aquel hermano de mi padre vendió las tierras, vendió las vacas, vendió hasta el cuenco del caldo, y nunca descubrió cosa ninguna.

—Mas otros han hallado muy grandes riquezas...
—Yo a ninguno conocí. Cuando era rapaza, tengo oído que entre estas dos lomas hay oculto dinero para siete reinados; pero dígote que son cuentos.

Adega, con las violetas de sus ojos resplandecientes de fe, murmuró como si repitiese una oración aprendida en un tiempo lejano:

—Entre los penedos y el camino que va por bajo hay dinero para siete reinados, y días de un rey habrán de llegar en que las ovejas, escarbando, los descubrirán.

La vieja suspiró desengañada:
—Ya te digo que son cuentos.
—Cuentos serán; pero sin fin de veces lo escuché en el monte a un viejo de San Pedro de Cela.
—¡Si fuese verdad todo lo que se escucha, rapaza! A ese que lee, yo le conozco. Vino poco hace de la montaña y anda por todos estos parajes leyendo en ese gran libro luego que se pone el sol. Tiene los ojos lucientes como un can adolecido y la color más amarilla que la cera.

Y dijo Adega:
—Yo también le conozco. En la venta se reposó muchas veces. Allí, contó un día que los alarbios guardadores de los tesoros solamente se muestran en esta hora y que habrán de leerse las palabras escritas a la luz de un cirio bendito.

Susurraron largamente los maizales, levantóse la brisa crepuscular removiendo las viejas hojas del infolio, y la luz del cirio se apagó ante los ojos de las dos mujeres. Habíase puesto el sol y el viento de la tarde pasaba como una última alegría sobre los maizales verdes y rumorosos. El agua de los riegos corría en silencio por un cauce limoso, y era tan mansa, tan cristalina, tan humilde, que parecía tener alma como las criaturas del Señor. Aquellas viejas campanas de San Gundián y de San Clodio, de Santa Baya de Brandeso y de San Berísimo de Cétigos dejaban oír sus voces en la paz de la tarde, y el canto de un ruiseñor parecía responderles desde muy lejos. Se levantaba sobre la copa oscura de un árbol, al salir la luna, ondulante, dominador y gentil como airón de plata en la cimera de un arcángel guerrero. Y las dos mujeres iban siempre camino adelante, acezando en su afán de llegar. Al cabo la vieja murmuró haciendo un alto:

—¡Ya poco falta, rapaza!
Y Adega repuso:
—¡Ya poco falta, sí, señora!

Continuaron en silencio. El camino estaba lleno de charcos nebulosos donde se reflejaba la luna, y las ranas que bajo la luz de plata cantaban en la orilla su solo monótono y senil saltaban al agua apenas los pasos se acercaban. A lo lejos, sobre el cielo azul y constelado de luceros, destacábase una torre almenada, como en el campo de un blasón. Era la torre del Pazo de Brandeso. Estaba en el fondo de un gran jardín antiguo que esparcía en la noche la fragancia de sus flores. Tras la cancela de hierro los cipreses asomaban muy altas sus cimas negras, y los cuatro escudos del fundador que coronaban el arco de la puerta aparecían iluminados por la luna. Adega murmuró en voz baja cuando llegaron:

—¡Todas las veces que Vine a esta puerta, todas, me han socorrido!
Y la vieja repuso:
—¡Es casa de mucha caridad!
Acercáronse las dos juntas, llenas de respeto, y miraron por el enrejado de la cancela.
—No se ve a nadie, rapaza.
—¡Acaso sea muy tarde!
—Tarde, no, pues hállase abierto... Entraremos hasta la cocina.
—¿Y si están sueltos los perros?...
—¿Tienen perros?
—Tienen dos, y un lobicán muy fiero.
En esto vieron una sombra que se acercaba y esperaron. Poco después reconocían al que llegaba, aun cuando encubríale por entero la parda anguarina. Los ojos calenturientos fulguraban bajo el capuz, y las manos, que salían del holgado ropaje como las de un espectro, estrechaban un infolio encuadernado en pergamino. Llegó hasta la cancela hablando a solas, musitando concordancias extrañas, fórmulas oscuras y litúrgicas para conjurar brujas y trasgos. Iba a entrar, y la vieja le interrogó con una cadencia de salmodia:
—¿No andarán sueltos los perros?
—Nunca los sueltan hasta después de cerrar.
Era su voz lenta y adormecida como si el alma estuviese ausente. Empujó la cancela, que tuvo un prolongado gemir, y siempre musitando aquellas oraciones de una liturgia oscura penetró en el jardín señorial. Las dos mujeres, cubiertas las cabezas con los mantelos, como sombras humildes, entraron detrás.

V. Los criados están reunidos en la gran cocina del Pazo. Arde una hoguera de sarmientos y las chispas y el humo suben retozando por la negra campana de la chimenea que cobija el hogar y los escaños donde los criados se sientan. Es una chimenea de piedra que pregona la generosidad y la abundancia, con sus largos varales de donde cuelga la cecina puesta al humo. La sombra del buscador de tesoros Se desliza a lo largo del muro, con el infolio apretado sobre el pecho, y desaparece en un rincón murmurando sus oraciones cabalísticas. Los criados le tienen por loco. Presentóse hace tiempo como nieto de un antiguo mayordomo, y está allí recogido, que todo es tradicional en el Pazo. La vieja y la zagala, que han entrado detrás, murmuran Humildes:
—¡Santas y buenas noches!
Algunas voces responden:
—¡Santas y buenas!
Una moza encendida como manzana sanjuanera, con el cabello de cobre luciente y la nuca más blanca que la leche, está en pie llenando los cuencos de caldo, arremangada hasta el codo la camisa de estopa. Con el rostro iluminado por la llama se vuelve hacia las dos mujeres.
—¿Qué deseaban?

La vieja se acerca al fuego estremeciéndose de frío.
—Venimos por ver si esta rapaza halla aquí acomodo.
Un criado antiguo murmura:
—Somos ya diez para holgar.
La vieja vuelve a estremecerse, y toda encorvada sigue acercándose al hogar.
—¡Asús!... Parece mismo como que da vida esta lumbre. ¿Por qué te quedas ahí, rapaza?
Adega responde con los ojos bajos:
—Deje, que el frío no me hace mal.
La moza de la cara bermeja se vuelve compasiva.
—Anda, que tomarás un cuenco de caldo.
Adega murmura:
—¡Nuestro Señor se lo premie!
La vieja sigue estremeciéndose.
—En todo el santo día no hemos probado cosa caliente.
El criado de las vacas, al mismo tiempo que sumerge en el caldo la cuchara de boj, mueve gravemente la cabeza.
—¡Lo que pasan los pobres!
La vieja suspira:
—¡Sólo ellos lo saben, mi fijo!
Hay algo de patriarcal en aquella lumbre de sarmientos que arde en el hogar y en aquella cena de los criados, nacidos muchos de ellos bajo el techo del Pazo. La vieja y la zagala sostienen en ambas manos los cuencos humeantes, sin osar catarlos mientras las interroga una dueña de cabellos blancos que llevó en brazos a la señora:
—¿Quién os encaminó aquí?
—Electus.
—¿El ciego?
—Sí, señora, el ciego. Díjonos que necesitaban una rapaza para el ganado y que tenía a su cargo buscarla...
El criado de las vacas murmura:
—¡Condenado Electus!
La dueña se encrespa de pronto.
—¡Luego querrá que la señora le recompense por haberle traído una boca más!
Otros criados repiten por lo bajo, con cierto regocijo:
—¡Cuántas mañas sabe!
—¡Qué gran raposo!
—¡Conoce el buen corazón de la señora!
La vieja, decidiéndose a catar el caldo, murmura componedora y de buen talante:
—No se apure, mi ama. La rapaza servirá por los bocados.
Adega murmura tímidamente:
—Yo sabré ganarlo.
La dueña se yergue, sintiendo el orgullo de la casa, cristiana e hidalga:
—Oye, moza, aquí todos ganan su soldada, y todos reciben un vestido cada año.

Los criados, con las cabezas inclinadas, sorbierdo las berzas en las cucharas de boj, musitan alabanzas de aquel fuero generoso que viene desde el tiempo de los bisabuelos. Después la dueña de los cabellos blancos se aleja sonando el manojo de sus llaves, y al desaparecer por una puerta oscura va diciendo, como si hablase sola:

—Esta noche dormirán en el pajar. Mañana, que disponga la señora.

Cuando desaparece, la moza de la cara bermeja se acerca a la pastora y le dice risueña:

—¿Cómo te llamas?

—Adega.

—Pues no tengas temor, Adega. Tú quedarás aquí, como quedan todos. Aquí a nadie se cierra la puerta.

Y allá, en el fondo de la cocina, se eleva la voz religiosa y delirante del buscador de tesoros, mientras su sombra se acerca lentamente.

—¡Rapaza, puerta de tanta caridad no la hay en todo el mundo!... ¡Los palacios del rey todavía no son de esta noble conformidad!...

Quinta Estancia

I. Los criados velaron en la cocina, donde toda la noche ardió el fuego. Una cacería de lobos estaba dispuesta para el amanecer. De tiempo en tiempo, mientras se recuerdan los lances de otras batidas, los más viejos descabezan un sueño en los escaños. Cuando alguien llama en la puerta de la cocina se despiertan sobresaltados. La moza de la cara bermeja, que está siempre dispuesta para abrir, descorre los cerrojos, y entra, murmurando las santas noches, algún galán de la aldea, celebrado cazador de lobos. Deja su escopeta en un rincón y toma asiento al pie del fuego. La dueña de los cabellos blancos aparece y manda que le sirvan un vaso de vino nuevo. El cazador, antes de apurarlo, salmodia la vieja fórmula:

—¡De hoy en mil años y en esta honrada compaña!

La moza de la cara bermeja vuelve al lado de Adega.

—A mí paréceme que te conozco. Tú ¿no eres de San Clodio?

—De allí soy, y allí tengo todos mis difuntos.

—Yo soy poco desviado... En San Clodio viven casadas dos hermanas de mi padre; pero nosotros somos de Andrade. Yo me llamo Rosalva. La señora es mi madrina.

Adega levanta las violetas de sus ojos y sonríe, humilde y devota.

—¡Rosalva! ¡Qué linda pudo ser la Santa que tuvo ese nombre, que mismo parece cogido en los jardines del cielo!

Y queda silenciosa, contemplando el fuego que se abate y se agiganta bajo la negra campana de la chimenea, mientras el criado de las vacas, al otro lado del hogar, endurece en las lenguas de la llama una vara de roble para calzar en ella el hocino. Armado de esta suerte irá en la cacería, y entraráse con los perros por los tojares donde los lobos tienen su cubil. En el fondo de la cocina otro de los criados afila la hoz y produce crispamiento aquel penetrante chirrido que va y viene al pasar

del filo por el asperón. Poco a poco Adega se duerme en el escaño, arrullada por el murmullo de las voces que, apagadas y soñolientas, hablan de las sementeras, de las lluvias y del servicio en los; ejércitos del rey. A lo largo del corredor resuenan las llaves y las toses de la dueña, que un momento después asoma preguntando:
—¿Cuántos os juntáis?
Cesan de pronto las conversaciones y, sin embargo, una ráfaga de vida pasa sobre aquellas cabezas amodorradas; anímanse los ojos, y se oye, como rumor de marea, el ras de los zuecos en las losas. La moza de la cara bermeja, puesta en pie, comienza a contar:
—Uno, dos, tres...
Y la dueña espera allá en el fondo oscuro. En tanto, sus ojos compasivos se fijan en la pastora.
—¡Divino Señor!... Duerme como un serafín. Tengan cuidado, que puede caerse en el fuego.
La vieja toca el hombro de Adega:
—¡Eh!... ¡Alzate, rapaza!
Adega abre los ojos y vuelve a cerrarlos. La dueña murmura:
—No la despierten... Pónganle algo bajo la sien, que descansará más a gusto.
La vieja dobla el mantelo y con una mano suspende aquella cabeza melada por el sol como las espigas. La pastora abre de nuevo los ojos, y al sentir la blandura del cabezal, suspira. La vieja vuélvese hacia la dueña con una sonrisa de humildad y de astucia.
—¡Pobre rapaza sin padres!
—¿No es hija suya?
—No, señora... A nadie tiene en el mundo. Yo la acompaño por compasión que me da. A la cuitada, éntrale por veces un ramo cativo y mete dolor de corazón verla correr por los caminos cubierta de polvo, con los pies sangrando. ¡Crea que es una gran desgracia!
—¿Y por qué no la llevan a Santa Baya de Cristamilde?
—Ya le digo que no tiene quien mire por ella...
El nombre de la Santa ha dejado tras sí un largo y fervoroso murmullo que flota en torno del hogar, como la estela de sus milagros. En el mundo no hay Santa como Santa Baya de Cristamilde. Cuantos llegan a visitar su ermita sienten un rocío del cielo. Santa Baya de Cristamilde protege las vendimias y cura las mordeduras de los canes rabiosos; pero sus mayores prodigios son aquellos que obra en su fiesta, sacando del cuerpo los malos espíritus. Muchos de los que velan al amor de aquel fuego de sarmientos han visto cómo las enfermas del ramo cativo los escupían en forma de lagartos con alas. Un aire de superstición pasa por la vasta cocina del Pazo. Los sarmientos estallan en el hogar acompañando la historia de una endemoniada. La cuenta con los ojos extraviados y poseído de un miedo devoto el buscador de tesoros. Fuera, los canes, espeluznados de frío, ladran a la luna. Resuenan otra vez las llaves de la dueña. Desde la puerta hace señas con la mano. La moza de la cara bermeja se acerca.

—¿Mandaban alguna cosa?
—¿Cuántos has contado?
—Conté veinte, y todavía vendrán más.
—Está bien. Baja a la bodega y sube del vino de la Arnela.
—¿Cuánto subo?
—Sube el odre mediano. Si tú no puedes, que baje uno contigo... Dejarás bien cerrado.
—Descuide.
La dueña, al entregarle el manojo de sus llaves, destaca una.
—Esta es la que abre.
—Ya la conozco.

Vase la dueña de los cabellos blancos, y la moza de la cara bermeja enciende un candil para bajar a la bodega. Ulula el viento atorbellinado en la gran campana de la chimenea, y las llamas se tienden y se agachan poniendo un reflejo más vivo en todos los rostros. De tarde en tarde llaman en la puerta, y un cazador aparece en la oscuridad con los alanos atraillados y una vara al hombro. Los que vienen de muy lejos llegan ya cerca del amanecer y, al abrirles, una claridad triste penetra en la vasta y cuadrada cocina donde la hoguera de sarmientos, después de haber ardido toda la noche, muere en un gran rescoldo. La roja pupila parpadea en el hogar lleno de ceniza, y, como en una bocanada marina, en la negra chimenea ruge el viento.

II. Adega fué admitida en la servidumbre de la señora y aquel mismo día llegaron las mozas de la aldea que todos los años espadaban el lino en el generoso. Pazo de Brandeso. Comenzaron su tarea cantando, y cantando la dieron fin. Adega las ayudó. Espadaban en la solana, y desde el fondo de un balcón oía sus cantos la señora, que hilaba en su rueca de palo santo, olorosa y noble. A la señora, como a todas las mayorazgas campesinas, le gustaban las telas de lino y las guardaba en los arcones de nogal, con las manzanas tabardillas y los membrillos olorosos. Después de hilar todo el invierno había juntado cien madejas, y la moza de la cara bermeja y la dueña de los cabellos blancos pasaron muchas tardes devanándolas en el fondo de una gran sala desierta. La señora pensaba hacer con ellas una sola tela, tan rica como no tenía otra.

Las espadadoras trabajaban por tarea, y habiendo dado fin el primer día poco después de la media tarde, se esparcieron, por el jardín, alegrándolo con sus voces. Adega bajó con ellas. Sentada al pie de una fuente atendía sus cantos y sus juegos con triste sonrisa. Las vió alejarse y se sintió feliz. Sus ojos se alzaron al cielo como dos suspiros de luz. Aquella zagala de candida garganta y cejas de oro volvía a vivir en perpetuo ensueño. Sentada en el jardín señorial bajo las sombras seculares, suspiraba viendo morir la tarde, breve tarde azul llena de santidad y de fragancia. Sentía pasar sobre su rostro el aliento encendido del milagro, y el milagro acaeció. Al inclinarse para beber en la fuente, que corría escondida por el laberinto de arrayanes, las violetas de sus ojos vieron en el cristal del agua, donde temblaba el sol poniente, aparecerse el rostro de un niño que sonreía. Era aquella aparición un santo presagio.

Adega sintió correr la leche por sus senos, y sintió la voz saludadora del que era hijo de Dios Nuestro Señor. Después sus ojos dejaron de ver. Desvanecida al pie de la fuente sólo oyó un rumor de ángeles que volaban. Recobróse pasado mucho tiempo y sentada sobre la hierba, haciendo memoria del cándido y celeste suceso, lloró sobrecogida y venturosa. Sentía que en la soledad del jardín su alma volaba como los pájaros que se perdían cantando en la altura.

Tras los cristales del balcón todavía hilaba la señora con las últimas luces del crepúsculo. Y aquella sombra encorvada hilando en la oscuridad estaba llena de misterio. En torno suyo todas las cosas parecían adquirir el sentido de una profecía. El huso de palo santo temblaba en el hilo que torcían sus dedos, como temblaban sus viejos días en el hilo de la vida. La mayorazga del Pazo era una evocación de otra edad, de otro sentido familiar y cristiano, de otra relación con los cuidados del mundo. Había salido la luna y su luz bañaba el jardín, consoladora y blanca como un don eucarístico. Las voces de las espadadoras se juntaban en una palpitación armónica con el rumor de las fuentes y de las arboledas. Era como una oración de todas las criaturas en la gran pauta del Universo.

III. Los criados, viéndola absorta como si viviese en la niebla blanca de un ensueño, la instaban para que contase sus visiones. Atentos al relato se miraban, unos, incrédulos, y otros, supersticiosos. Adega hablaba con extravío trémulos los labios y las palabras ardientes. Como óleo santo, derramábase sobre sus facciones mística ventura. Encendida por la ola de la Gracia, besaba el polvo con besos apasionados y crepitantes, como las llamas besaban los sarmientos en el hogar. A veces las violetas de sus ojos fosforecían con extraña lumbre en el cerco dorado de las pestañas, y la dueña de los cabellos blancos, que juzgaba ver en ellos la locura, santiguábase y advertía a los otros criados:

—¡Tiene el ramo cativo!

Adega clamaba al oírla:

—Anciana sois; mas aun así, habéis de ver al hijo mío... Conoceréisle porque tendrá un sol en la frente. ¡Hijo será de Dios Nuestro Señor!

La dueña levantaba los brazos como una abuela benévola y doctoral.

—Considera, rapaza, que quieres igualarte con la Virgen María.

Adega, con el rostro resplandeciente de fervor, suspiraba humilde:

—¡Nunca tal suceda!... Bien se me alcanza que soy una triste pastora y que es una dama muy hermosa la Virgen María. Mas a todas vos digo que en las aguas de la fuente he visto la faz de un infante que al mismo tiempo hablaba dentro de mí... Agora mismo oigo su voz y siento que me llama, batiendo blandamente, no con la mano, sino con el talón del pie, menudo y encendido como una rosa de mayo...

Algunas voces murmuraban supersticiosas:

—¡Con verdad es el ramo cativo!

Y la dueña de los cabellos blancos, haciendo sonar el manojo de sus llaves, advertía:

—Es el demonio, que con ese engaño metióse en ella, y tiénela cautiva y habla por sus labios para hacernos pecar a todos.

El rumor embrujado de aquellas conversaciones sostenidas al amor del fuego, bajo la gran campana de la chimenea, corrió ululante por el Pazo. Lo llevaba el viento nocturno que batía las puertas en el fondo de los corredores y llenaba de ruidos las salas desiertas, donde los relojes marcaban una hora quimérica. La señora tuvo noticia y ordenó que viniese el abad para decidir si la zagala estaba poseída de los malos espíritus. El abad llegó haciendo retemblar el piso bajo su grave andar eclesiástico. Dábanle escolta dos galgos viejos. Adega compareció y fué interrogada. El abad quedó meditabundo, halagando el cuello de un galgo. Al cabo resolvió que aquella rapaza tenía el mal cativo. La señora se santiguó devota, y los criados, que se agrupaban en la puerta, la imitaron con un sordo murmullo. Después el abad calábase los anteojos de recia armazón dorada, y hojeando familiar el breviario comenzaba a leer los exorcismos, alumbrado por llorosa vela de cera que sostenía un criado, en candelero de plata.

Adega se arrodilló. Aquel latín litúrgico le infundía un pavor religioso. Lo escuchó llorando, y llorando pasó la velada. Cuando la dueña encendió el candil para subir a la torre donde dormían, siguió tras ella en silencio. Se acostó estremecida, acordándose de sus difuntos. En la sombra vió fulgurar unos ojos, y temiendo que fuesen los ojos del diablo, hizo la señal de la cruz. Llena de miedo intentó recogerse y rezar, pero los ojos, apagados un momento, volvieron a encenderse sobre los suyos. Viéndolos tan cerca extendía los brazos en la oscuridad, queriendo alejarlos. Se defendía, llena de angustia, gritando:

—¡Arreniégote! ¡Arreniégote!...

La dueña acudió. Adega, incorporada en su lecho, batallaba contra una sombra.

—¡Mirad allí el demonio!... ¡Mirad cómo ríe! Queríase acostar conmigo y llegó a oscuras. ¡Nadie lo pudiera sentir! Sus manos velludas anduviéronme por el cuerpo y estrujaron mis pechos. Peleaba por poner en ellos la boca, como si fuese una criatura. ¡Oh! ¡Mirad dónde asoma!...

Adega se retorcía, con los ojos extraviados y los labios blancos. Estaba desnuda, descubierta, en su lecho. El cabello de oro, agitado y revuelto en torno de los hombros, parecía una llama siniestra. Sus gritos despertaban a los pájaros que tenían el nido en la torre.

—¡Oh!... ¡Mirad dónde asoma el enemigo! ¡Mirad cómo ríe! Su boca negra quería beber en mis pechos... No son para ti, demonio cativo, son para el hijo de Dios Nuestro Señor. ¡Arrenegado seas, demonio! ¡Arrenegado!

A su vez la dueña repetía amedrentada:

—¡Arrenegado por siempre jamás, amén!

Con las primeras luces del alba, que temblaban en los cristales de la torre, huyó el Malo batiendo sus alas de murciélago. La señora, al saber aquello, decidió que la zagala fuese en romería a Santa Baya de Cristamilde. Debían acompañarla la dueña y un criado.

IV. Santa Baya de Cristamilde está al otro lado del monte, allá en los arenales donde el mar brama. Todos los años acuden a su fiesta muchos devotos. La ermita, situada en lo alto, tiene un esquilón que se toca con una cadena. El tejado es de losas, y bien pudiera ser de oro si la santa quisiera. Adega, la dueña y un criado han salido a la media tarde para llegar a la medianoche, que es cuando se celebra la misa de las endemoniadas. Caminan en silencio, oyendo el canto de los romeros que van por otros atajos. A veces, a lo largo de la vereda, topan con algún mendigo que anda arrastrándose, con las canillas echadas a la espalda. Se ha puesto el sol, y dos bueyes cobrizos beben al borde de una charca. En la lejanía se levanta el ladrido de los perros, vigilantes en los pajares. Sale la luna, y el mochuelo canta escondido en un castañar.

Cuando comienzan a subir el monte es noche cerrada, y el criado, para arredrar a los lobos, enciende el farol que lleva colgado del palo. Delante va una caravana de mendigos. Se oyen sus voces burlonas y descreídas. Como cordón de orugas se arrastran a lo largo del camino. Unos son ciegos, otros tullidos, otros lazarados. Todos ellos comen del pan ajeno y vagan por el mundo sacudiendo vengativos su miseria y rascando su podre a la puerta del rico avariento. Una mujer da el pecho a su niño, cubierto de lepra; otra empuja el carro de un paralítico. En las alforjas de un asno viejo y lleno de mataduras van dos monstruos. Las cabezas son deformes, las manos palmípedas. Adega reconoce al ciego de San Clodio y al lazarillo, que le sonríe picaresco.

—¿Estás en el Pazo, Adega?
—Allí estoy. Y a ti, ¿cómo te va en esta vida de andar con la alforja?
—No me va mal.
—¿Y tu abuela?
—Agora también anda a pedir.

Al descender del monte el camino se convierte en un vasto páramo de áspera y crujiente arena. El mar se estrella en las restingas, y de tiempo en tiempo una ola gigante pasa sobre el lomo deforme de los peñascos que la resaca deja en seco. El mar vuelve a retirarse bordeado y allá, en el confín, vuelve a erguirse negro y apocalíptico, crestado de vellones blancos. Guarda en su flujo el ritmo potente y misterioso del mundo. La caravana de mendigos descansa a lo largo del arenal. Las endemoniadas lanzan gritos estridentes al subir la loma donde está la ermita y cuajan espuma sus bocas blasfemas. Los devotos aldeanos que las conducen tienen que arrastrarlas. Bajo el cielo anubarrado y sin luna graznan las gaviotas. Son las doce de la noche y comienza la misa. Las endemoniadas gritan retorciéndose:

—¡Santa tiñosa, arráncale los ojos al frade!

Y con el cabello desmadejado y los ojos saltantes, pugnan por ir hacia el altar. A los aldeanos más fornidos les cuesta trabajo sujetarlas. Las endemoniadas jadean roncas, con los corpiños rasgados, mostrando la carne lívida de los hombros y de los senos. Entre sus dedos quedan enredados manojos de cabellos. Los gritos sacrílegos no cesan durante la misa:

—¡Santa Baya, tienes un can rabioso que te visita en la cama!

Adega, arrodillada entre la dueña y el criado, reza llena de terror. Terminada la misa, todas las posesas del mal espíritu son despojadas de sus ropas y conducidas al mar envueltas en lienzos blancos. Adega llora vergonzosa, pero acata humilde cuanto la dueña dispone. Las endemoniadas, enfrente de las olas, aúllan y se resisten enterrando los pies en la arena. El lienzo que las cubre cae y su lívida desnudez surge como un gran pecado legendario, calenturiento y triste. La ola negra y bordeada de espumas se levanta para tragarlas y sube por la playa, y se despeña sobre aquellas cabezas greñudas y aquellos hombros tiritantes. El pálido pecado de la carne se estremece y las bocas sacrílegas escupen el agua salada del mar. La ola se retira dejando en seco las peñas, y allá en el confín vuelve a encresparse cavernosa y rugiente. Son sus embates como las tentaciones de Satanás contra los Santos. Sobre la capilla vuelan graznando las gaviotas, y un niño, agarrado a la cadena, hace sonar el esquilón. La Santa sale en sus, andas procesionales, y el manto bordado de oro, y la corona de reina, y las ajorcas de muradana resplandecen bajo las estrellas. Prestes y monagos recitan sus latines, y las endemoniadas, entre las espumas de una ola, claman blasfemas:

—¡Santa, tiñosa!
—¡Santa, rabuda!
—¡Santa, salida!
—¡Santa, preñada!

Los aldeanos, arrodillados, cuentan las olas. Son siete las que habrá de recibir cada poseída para verse libre de los malos espíritus y salvar su alma de la cárcel oscura del infierno. ¡Son siete, como los pecados del mundo!

V. Tornábanse al Pazo de Brandeso la zagala, la dueña y el criado. El clarín de los gallos se alzaba sobre el sueño de las aldeas, y en la oscuridad fragante de los caminos hondos cantaban los romeros y ululaban las endemoniadas:

—¡Santa, salida!
—¡Santa, rabuda!
—¡Santa, preñada!

Comenzó a rayar el día y el viento llevó por sotos y castañares la voz de los viejos campanarios, como salutación de una vida aldeana, devota y feliz que parecía ungirse con el rocío y los aromas de las eras. A la espalda quedaba el mar, negro y tormentoso en su confín, blanco de espuma en la playa. Su voz ululante y fiera parecía una blasfemia bajo la gloria del amanecer. En el valle flotaba ligera neblina; el cuco cantaba en un castañar, y el criado interrogábale burlonamente, de cara al soto:

—¡Buen cucorey, dime los años que viviré!

El pájaro callaba como si atendiese, y luego, oculto en las ramas, dejaba oír su voz. El aldeano iba contando:

—Uno, dos, tres... ¡Pocos años son! ¡Mira si te has engañado, buen cucorey!

El pájaro callaba de nuevo, y después de largo silencio cantaba muchas veces. El aldeano hablábale:

—¡Ves cómo te habías engañado!

Y mientras atravesaron el castañar siguió la plática con el pájaro. Adega caminaba suspirante. Las violetas de sus pupilas estaban llenas de rocío, como las flores del campo, y la luz de la mañana, que temblaba en ellas, parecía una oración. La dueña, viéndola absorta, murmuró en voz baja al oído del criado:

—¿Tú reparaste?

El criado abrió los ojos sin comprender. La dueña puso todavía más misterio en su voz:

—¿No has reparado cosa ninguna cuando sacamos del mar a la rapaza? La verdad, odiaría condenarme por una calumnia, mas paréceme que la rapaza está preñada...

Y velozmente, con escrúpulos de beata, trazó una cruz sobre su boca sin dientes. En el fondo del valle seguía sonando el repique alegre, bautismal, campesino, de aquellas viejas campanas que, de noche, a la luz de la luna, contemplan el vuelo de brujas y trasgos. ¡Las viejas campanas que cantan de día, a la luz del sol, las glorias celestiales! ¡Campanas de San Berísimo y de Céltigos! ¡Campanas de San Gundián y de Brandeso! ¡Campanas de Gondomar y de Lestrove!...

FIN

LA CRÍTICA LITERARIA

Todo sobre literatura clásica, religión, mitología, poesía, filosofía...

La Crítica Literaria es la librería y distribuidor oficial de Ediciones Ibéricas, Clásicos Bergua y la Librería-Editorial Bergua fundada en 1927 por Juan Bautista Bergua, crítico literario y célebre autor de una gran colección de obras de la literatura clásica.

Nuestra pagina web, LaCriticaLiteraria.com, es el portal al mundo de la literatura clásica, la religión, la mitología, la poesía y la filosofía. Ofrecemos al lector libros de calidad de las editoriales más competentes.

Leer los libros gratis online
www.LaCriticaLiteraria.com

La Crítica Literaria no sólo esta dedicada a la venta de libros nacional e internacional, también permite al lector la oportunidad de leer la colección de Ediciones Ibéricas gratis online, acceso gratuito a mas que 100.000 páginas de estas obras literarias.

LaCriticaLiteraria.com ofrece al lector un importante fondo cultural y un mayor conocimiento de la literatura clásica universal con experto análisis y crítica. También permite leer y conocer nuestros libros antes del adquisición, y tener la facilidad de compra online en forma de libros tradicionales y libros digitales (ebooks).

Colección La Crítica Literaria

Nuestro nueva **"Colección La Crítica Literaria"** ofrece lo mejor de los clásicos y análisis de la literatura universal con traducciones, prólogos, resúmenes y anotaciones originales, fundamentales para el entendimiento de las obras mas importantes de la antigüedad.

Disfrute de su experiencia con nosotros.

www.LaCriticaLiteraria.com

www.ingramcontent.com/pod-product-compliance
Lightning Source LLC
LaVergne TN
LVHW011416080426
835512LV00005B/92